DISSERTATIONS

DE

MAXIME DE TYR,

TOME PREMIER.

Κατὰ πᾶσαν δὴ οὖν τῶν μελιττῶν τὴν εἰκόνα τῶν λόγων ἡμῖν μεθεκτέον. ἐκεῖναί τε γὰρ οὔτε ἅπασι τοῖς ἄνθεσι παραπλησίως ἐπέρχονται, οὔτε μὴν οἷς ἂν ἐπιπτῶσιν ὅλα φέρειν ἐπιχειροῦσιν, ἀλλ' ὅσον αὐτῶν ἐπιτήδειον πρὸς τὴν ἐργασίαν λαβοῦσαι, τὸ λοιπὸν χαίρειν ἀφῆκαν. ἡμεῖς τε ἢν σωφρονῶμεν, ὅσον οἰκεῖον ἡμῖν, ἢ συγγενὲς τῇ ἀληθείᾳ, παρ' αὐτῶν κομισάμενοι, ὑπερβησόμεθα τὸ λειπόμενον.

ΒΑΣΙΛ. ΜΕΓΑΛ.

Quocirca juxta totam apum similitudinem, orationum participes nos fieri convenit. Illæ enim neque ad flores omnes consimiliter accedunt, neque etiam eos ad quos advolant, totos auferre tentant; sed quantum ipsis ad mellis opificium commodum est accipientes, reliquum valere sinunt. Et nos sanè, si sapiamus, quantum sincerum est et veritati cognatum, ab ipsis adepti, quod reliquum est transiliemus.

DIV. BASIL.

« Il convient donc qu'en ce qui concerne ces monumens de l'esprit
» humain, nous imitions pleinement les Abeilles, qui ne s'approchent
» point de toutes les fleurs indifféremment, et qui ne picorent pas
» tous les sucs de celles dont elles s'approchent. Mais, après s'être em-
» parées de tout ce qui est propre à leur miel, elles laissent le reste.
» Nous aussi donc, si nous sommes sages, nous nous approprierons,
» dans les Ouvrages des Écrivains de l'Antiquité, tout ce qu'ils ren-
» ferment de principes purs, sains, tout ce qui tient à la vérité ; et le
» reste, nous passerons par-dessus ». *SAINT BASILE, dans son Discours adressé aux jeunes-gens, sur les moyens de profiter de la lecture des Auteurs Grecs.*

DISSERTATIONS

DE

MAXIME DE TYR,

PHILOSOPHE PLATONICIEN,

TRADUITES

SUR LE TEXTE GREC,

AVEC DES NOTES CRITIQUES, HISTORIQUES
ET PHILOSOPHIQUES,

PAR J. J. COMBES-DOUNOUS,

Membre du Corps-Législatif, et de quelques Sociétés Littéraires.

TOME PREMIER.

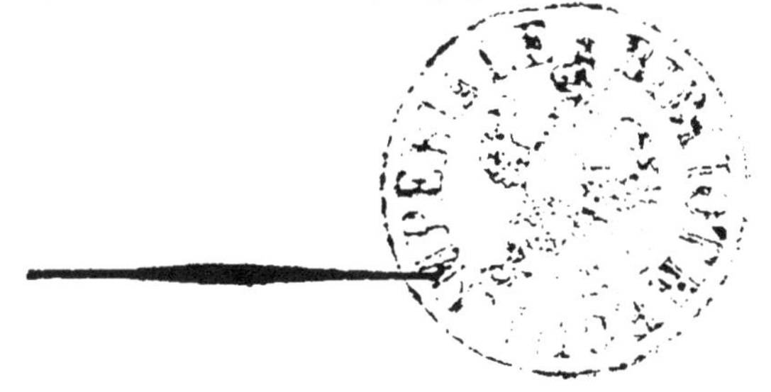

A PARIS,

CHEZ BOSSANGE, MASSON ET BESSON.

XI. — (1802.)

AU
PREMIER CONSUL.

CITOYEN CONSUL,

« *LES Peuples* », *a dit Platon*, « *seront heureux, lorsque* » *les Philosophes seront Chefs de* » *Gouvernement, ou lorsque les* » *Chefs de Gouvernement seront* » *Philosophes* ».

Il y a donc entre la Philosophie et la Politique une grande connexité, une étroite corrélation.

Les principes qui dirigent votre Administration, Citoyen CONSUL, et les fruits que le Peuple François en recueille, depuis que les rênes de la République sont entre vos mains, justifient la vérité de cet axiome du Prince des Philosophes; et, lorsqu'après vous avoir considéré comme Chef de Gouvernement, j'ai porté mes regards sur vos qualités personnelles, sur cet amour raisonné des lumières, qui vous les fait envisager comme le plus sûr fondement de toute morale, et du bonheur de l'espèce humaine, j'ai vu qu'à ce double *titre, je devois vous offrir la Dédicace de* Maxime de Tyr, *Philosophe Platonicien.*

Puisse, Citoyen Consul, *ce monument de l'Antiquité que j'ai entrepris de faire passer dans notre langue, contribuer à l'affermissement de ces idées salutaires, et de ces principes libéraux, qui, régulateurs de l'opinion et des mœurs privées des Citoyens, préparent les succès du Gouvernement, et garantissent en même temps la splendeur et la prospérité des Empires.*

Je suis avec respect,

J. J. Combes-Dounous.

PRÉFACE
DU TRADUCTEUR.

Entre les divers systèmes de la philosophie des Anciens, il n'en est point qui approche plus de la vraie sagesse, que celui de *Socrate* et de *Platon*. Il n'en est point qui, par le développement des principes de la droite raison, et des notions des lumières naturelles, ait mieux posé les véritables bases de la morale, ait mieux démontré l'existence et l'unité de Dieu.

Tel est le motif fondamental de la prédilection qu'a obtenue, et qu'obtiendra, dans tous les siècles, la philosophie de *Platon*, chez tous les hommes amis des lettres et des connoissances solides. Il est difficile d'étudier cette philosophie, sans se passionner pour elle. Il est impossible de s'y affectionner, sans regretter que les monumens qui la recèlent, écrits dans une langue savante, soient inaccessibles au plus grand nombre des lecteurs. J'avoue que je n'ai pu me défendre de ce sentiment de regret, en lisant les Dissertations du philosophe Platonicien dont j'ai osé entreprendre une traduction nouvelle. Partageant l'admiration qu'il a inspirée aux amateurs du *Platonisme*, j'ai désiré de pouvoir le lire plus à mon aise, et sans éprouver la fatigue de cette contention d'esprit qu'exigent toujours les originaux des langues mortes. J'ai dû faire entrer dans cette considération l'intérêt de ceux qui se plaisent à cultiver le même genre de connoissances, et céder alors aux encouragemens qu'ont daigné me donner quelques amis des lettres anciennes, et notamment les deux savans Hellénistes qui ont annoncé, l'année dernière, ma traduction d'*Alcinoüs*; l'un, dans le quatrième numéro de la *Bibliothèque-Françoise*, et l'autre, dans le *Magasin-Encyclopédique* de brumaire an 9, n°. 11. Le premier, le Cit. *Sainte-Croix*, m'a fait l'honneur de me « croire très-» capable de donner une bonne traduction de » tous les Discours de *Maxime de Tyr* ». Le second, le Cit. *Marron*, après avoir dit que *Maxime de Tyr* avoit été *assez négligemment traduit par Formey*, a fait espérer que la *nouvelle Traduction* que j'en préparois *seroit plus élégante et plus exacte*. Je serai trop heureux, si le Public et les Critiques qui me jugeront, pensent que j'ai fait un peu mieux que les deux Traducteurs qui m'ont précédé.

Mais le motif prépondérant de mon entreprise a eu sa base dans la considération de l'état actuel de l'opinion sur les matières qui appartiennent à la saine philosophie. Les Dissertations de *Maxime de Tyr*, présentent un intérêt particulier, sous le rapport de la lucidité, de la netteté, de la majesté de ses développemens sur la grande question de l'existence et de l'unité de

Dieu, sur les notions élémentaires de la Religion naturelle, ainsi que sur les principes fondamentaux de la morale. Notre philosophe m'a paru offrir, à ces divers égards, des aperçus présentés d'une manière si évidente, que les esprits les plus ordinaires ne peuvent point manquer d'en être frappés.

Or, c'est peut-être aujourd'hui, plus que jamais, le moment de fixer l'attention des hommes sur ces deux bases de toute organisation sociale, sur ces deux pivots de tout bonheur public et privé. Placés entre les plus formidables ennemis de l'espèce humaine, l'Athéisme prétendu philosophique, et le Fanatisme religieux, dont l'un travaille à inoculer de toutes parts sa pestilentielle doctrine, tandis que l'autre s'efforce de rétablir sourdement cet épouvantable empire qui a coûté au Monde tant de calamités, tant de catastrophes, et tant de sang, il nous importe d'arrêter la marche, et de barrer les progrès de ces deux fléaux de la terre. « *Phi-* » *lantropes, Philosophes*, amis de la liberté, » zélateurs de la propagation des lumières et » des succès de la raison, unissez-vous; liguez- » vous; confédérez-vous; formez une sainte » coalition pour le bonheur de l'humanité. Em- » pêchez les modernes *Diagoras* de la philoso- » phie d'accréditer ce funeste système, qui tend » à rompre la chaîne d'or par l'intermédiaire » de laquelle, selon la brillante allégorie de » l'Épique Grec, la Terre est suspendue au trône

» de l'Éternel ; à saper les mœurs publiques et les
» mœurs privées dans leur base ; à détruire tous les
» liens de la sociabilité ; à ôter aux tyrans armés
» du pouvoir le seul frein capable de suppléer à
» l'impuissance des lois, et aux infortunés jouets
» de leurs iniquités et de leurs caprices l'unique
» consolation qui puisse leur faire préférer les
» conseils de la résignation aux impulsions du
» désespoir. Mais, en même temps, opposez
» tous vos efforts aux modernes *Diagoras* du
» Sacerdoce ; empêchez, s'il est possible, le re-
» tour de cet autre système, non moins funeste,
» non moins ennemi des mœurs, non moins
» destructeur des fins sociales, qui n'a que trop
» long-temps comprimé la raison humaine sous
» le poids de la plus honteuse servitude, et de
» l'abrutissement le plus absolu, et qui, entre
» les mains de ses hypocrites et fanatiques Cory-
» phées, ne semble propre qu'à faire dégénérer ce
» qui devroit être un Pacte entre Dieu et l'Hom-
» me, en un Pacte entre l'Homme et les Esprits In-
» fernaux. Ce but salutaire, vous ne le remplirez,
» ce résultat philantropique, vous ne l'obtien-
» drez qu'en élevant autour de ces vérités éter-
» nelles, qui sont empreintes en caractères ineffa-
» çables dans l'imposant aspect du firmament et
» dans la conscience de l'homme, cette masse de
» principes lumineux contre laquelle viennent
» se briser toutes les tentatives de l'Athéisme,
» et tous les efforts de la Superstition. Ce n'est
» qu'en répandant, qu'en mettant à la portée

» de tous les esprits raisonnables et de bonne
» foi les productions de la vraie, de la saine
» philosophie, les ouvrages qui, comme les
» Dissertations de *Maxime de Tyr*, rattachent
» les principes élémentaires de la morale, à la
» doctrine de l'existence et de l'unité de Dieu,
» que vous défendrez la Raison des piéges, des
» entreprises de ses deux antagonistes; et que,
» trompant les vœux qu'ils forment, et brisant
» les ressorts qu'ils ne cessent de mettre en œuvre
» pour la faire rétrograder, vous assurerez sa
» marche, vous protégerez ses progrès, jus-
» qu'au moment où l'universalité de l'espèce
» humaine ne connoîtra plus d'autre empire
» que le sien ».

Revenons. Afin de laisser le moins possible
à désirer, sur le compte de l'Orateur philosophe, que j'offre aux amis de la philosophie et de
l'art oratoire, je dirai d'abord ce qu'on peut
savoir de plus certain touchant sa personne. Je
parlerai ensuite des diverses éditions qui ont été
faites de son ouvrage, ainsi que de ses versions
latines, et des manuscrits de la Bibliothèque
nationale qui le concernent. Je passerai de là
aux traductions françoises qui en ont été publiées, la première, en 1617, par *Guillebert*,
Bibliothécaire d'un Conseiller au ci-devant Parlement de Rouen; la seconde, en 1764, par
Formey, membre de l'Académie de Berlin. Je
finirai par quelques observations sur le caractère particulier des Dissertations de *Maxime*

de Tyr, et sur les principes que j'ai cru devoir suivre en le traduisant.

I. *Maxime de Tyr*, ainsi que l'indique l'espèce de surnom avec lequel son nom est venu jusqu'à nous, étoit originaire de cette célèbre ville de l'antiquité, qui étoit la métropole de la Phénicie, dans un temps où les Phéniciens étoient eux - mêmes, si l'on peut s'exprimer ainsi, les Métropolitains du Monde. On ignore à quel âge, et par quelle raison il en sortit, pour venir s'établir dans la Grèce, où il paroît, comme nous le dirons bientôt, qu'il passa la plus grande partie de sa vie. Le plus ancien des livres où se trouve mentionné notre Auteur, sous sa propre dénomination, c'est la Chronique d'*Eusèbe* de Césarée, ouvrage si précieux pour nous guider au travers des ténèbres chronologiques de l'Antiquité. Entre la neuvième et la dixième année du règne de *Marc-Antonin*, époque correspondante à la 231ᵉ. Olympiade, et à l'an 170 de l'Ère chrétienne, *Eusèbe* s'exprime ainsi : « Alors florissoient *Arrien* le philoso- » phe, de Nicomédie, *Maxime de Tyr*; *Apollo-* » *nius* le Stoïcien, de Chalcis, *Basilide*, de Scy- » thopolis, qui furent les instituteurs de l'Em- » pereur *Verissimus* (1) ». Nous remarquerons,

---

(1) *M. Antoninus, principio, avi sui nomen habuit, et Catilii Severi materni proavi. Post excessum verò patris, ab Adriano Annius Verissimus vocatus est. Post virilem autem togam, Annius Verus.* Lampridius ne dit point, comme l'Auteur que je viens de citer, que Marc-Antonin dût son nom de *Verissimus* à Adrien. Il dit formellement que ce fut

en passant, que c'est sous ce nom de *Verissi-mus* que *Marc-Antonin* fut connu dans sa jeunesse, pendant qu'il vécut à la cour d'*Adrien*, et jusqu'à l'âge de quinze ans qu'il prit la robe virile. *Syncelle*, Auteur Grec du huitième siècle, n'a fait que copier dans sa *Chronographie*, p. 351, le passage d'*Eusèbe*, si ce n'est qu'il ne parle point d'*Arrien* le philosophe; et qu'à la marge de l'exemplaire de cet Auteur, déposé à la Bibliothèque nationale, on lit le mot *Platonicien*, qui se rapporte à *Maxime de Tyr*.

C'est sur la foi de ces deux passages, et principalement de celui de la Chronique d'*Eusèbe*, que le savant *Joseph Scaliger* (1), dans ses *annotations* sur cet ouvrage de l'Évêque de Césarée, a pensé que *Maxime de Tyr* avoit été du nombre des instituteurs de *Marc-Antonin*. Il paroît que *Marc-Antonin* lui même a contribué à induire ce docte critique en erreur. En effet, dans le premier livre de ses *réflexions morales*, cet Empereur paye un juste tribut d'éloges aux grands hommes qui avoient coopéré à son éducation; et il dit du dernier d'entr'eux; « *Ma-* » *ximus* (2) m'a fait voir qu'il faut être le maître

---

d'abord son vrai nom. *Aliud est quum pronomen adsciscitur, aliud quum ipsum nomen imponitur. Nam Pius rerum nomen Antonini habuit, cognomen Pii. Marcus verum nomen Verissimi habuit; sed hoc sublato atque abolito, non prænomen Antonini, sed nomen accepit.* Il prit, en effet, le nom d'Antoninus-Pius, qui l'adopta.

(1) *Ex istis etiam Marci Magister Apollonius Chalcidensis, ut vidimus; et Maximus Tyrius, ut ipse Marcus testatur in vitâ suâ.*

(2) Je me sers de l'estimable traduction de Dacier.

» de soi-même, et ne se laisser jamais empor-
» ter à ses passions; conserver du courage dans
» les maladies et dans tous les accidens de la
» vie les plus fâcheux ». A la fin de ce même
livre, *Marc-Antonin* remercie les Dieux de ce
qu'il « a connu *Apollonius*, *Rusticus* et *Ma-*
» *ximus* ». Quoique ce Prince philosophe ne
distingue nullement, dans aucun de ces deux
passages, le *Maximus* dont il parle; le passage
d'*Eusèbe* rapproché de ceux des *Réflexions
morales* de *Marc-Antonin*, a paru si péremp-
toire à *Scaliger*, qu'il ne s'est pas même défié
de son opinion.

Entraînés par son autorité, ou trompés comme lui, un grand nombre de modernes ont
propagé cette erreur. On la retrouve, en effet,
dans l'ouvrage curieux de *Jonsius*, qui a pour
titre, *De Scriptoribus Historiae philosophicae,
lib.* III, *cap.* 9; dans l'Histoire ecclésiastique
de *J. Capelle;* dans la première annotation de
Daniel Heinsius, sur le titre de l'ouvrage de
notre Auteur; dans le second volume de l'Histoire des Empereurs par *Tillemont;* dans l'ouvrage de *Gaspar Barthius*, intitulé, *Adversario-
rum commentariorum, lib.* 1, *cap.* 9; dans
l'Histoire des Empereurs par *Crevier;* et dans
le Dictionnaire des Hommes Illustres, à l'article *Maxime de Tyr.* Qu'un érudit, comme
Scaliger, qui n'avoit pas toujours le temps nécessaire pour consulter tous les monumens de
l'Antiquité propres à constater un point de fait,
s'en

s'en soit trop légèrement rapporté à une identité de nom ; c'est une inadvertance qui lui
doit être pardonnée. Mais il faut montrer de
la sévérité à *Fédéric Morel*, au sujet de l'é-
trange bévue où il est tombé, touchant notre
philosophe. *Morel*, savant homme d'ailleurs,
Imprimeur célèbre, et à qui les Lettres anciennes ont, à ce titre, de grandes obligations, en
imprimant son *Libanius*, a mis à la tête des
Oraisons de ce Rhéteur, ce qu'on appèle, en style
classique, des *argumens*, c'est-à-dire, des espèces
d'abrégés, de sommaires ; et, dans un de ces argumens, il a confondu notre *Maxime de Tyr* avec
un *Maximus*, précepteur de l'Empereur *Julien*,
ce Prince illustre, que les philosophes modernes ont vengé de l'ignominie qu'avoient voulu
répandre sur lui les coryphées du fanatisme,
en le surnommant l'*Apostat*. Cet anachronisme
est d'autant plus grave, que le règne d'*Anto-
nin-le-Pieux*, sous lequel est placé notre Auteur, dans la Chronique d'*Eusèbe*, est séparé
du règne de *Julien* par un intervalle de deux
siècles ; et que *Suidas* a fait deux articles bien
distincts, et bien séparés, de ces deux *Maximus*. En effet, *Suidas* dit de l'un qu'il étoit de
Tyr, de l'autre qu'il étoit de l'Épire, ou de
Byzance ; de ce dernier, qu'il fut le précepteur
de *Julien*, et du premier, qu'il vint à Rome sous
le règne de *Commode*.

Cet anachronisme une fois admis, *Fédéric
Morel* est tombé dans une autre méprise, au

sujet de notre Auteur. *Libanius*, dans la dix-neuvième de ses Oraisons, parle d'un sophiste de Tyr, qui prononça l'Oraison funèbre d'un sophiste d'Antioche, nommé *Páris*. *Libanius* fait d'ailleurs un grand éloge de ce Rhéteur Tyrien ; car il compare les effets de son éloquence à Neptune, faisant tout céder à la puissance des flots. *Fédéric Morel* a pensé que ce sophiste pouvoit être *Maxime de Tyr*.

Loin donc de propager les erreurs de *Scaliger* et de *Morel*, je vais démontrer, sans m'étendre davantage sur les inadvertances de ce dernier érudit, que notre philosophe n'a point été du nombre des instituteurs de *Marc-Antonin*, et qu'il n'est point le *Maxime* dont cet Empereur fait mention dans ses *Réflexions morales*.

Et d'abord, je remarque qu'à la manière dont *Marc-Antonin* s'énonce sur le compte de ce *Maxime*, au genre d'obligation qu'il dit lui avoir, il désigne formellement un philosophe Stoïcien, et non pas un Platonicien. « *Maxi-* » *mus* », dit-il, « m'a fait voir qu'il faut être » maître de soi-même, et ne se laisser jamais » emporter à ses passions : conserver du cou- » rage dans les maladies, et dans tous les ac- » cidens fâcheux de la vie. Il n'admiroit jamais » rien (1), il n'étoit jamais surpris ni étonné

______

(1) *Nil admirari, prope res est una, Numici,*
Solaque, quæ possit facere et servare beatum.
Horat. *Epist. 6, lib. I.*

» de rien ». Or, n'est-ce pas là le langage de cette philosophie qui faisoit consister le bonheur du Sage selon ses principes, dans une parfaite impassibilité, dans cette situation de l'âme si bien exprimée par les mots techniques qu'elle a spécialement consacrés à cet effet, savoir, *l'apathie*, *l'ataraxie*, dans leur acception étymologique (1). Ajoutons qu'un peu plus bas, *Marc-Antonin*, que les Stoïciens ont d'ailleurs toujours compté parmi leurs premiers coryphées, rend grâces aux Dieux de lui avoir fait connoître « *Apollonius*, *Rusticus* et *Maximus* »; accolant ainsi les trois Stoïciens, dont les leçons lui avoient été si utiles. Or, si l'on doutoit qu'*Apollonius* et *Rusticus* fussent eux-mêmes des Stoïciens, la conviction devroit résulter du genre d'instruction que *Marc-Antonin*, qui leur paye le même tribut de reconnoissance qu'à *Maximus*, reconnoît, dans son ouvrage, avoir reçu de ces deux philosophes. Nous ferons remarquer, de plus, que le premier, *Apollonius*, est nominativement signalé comme Stoïcien par le passage de la Chronique d'*Eusèbe*, que nous avons cité plus haut; que l'historien *Julius-Capitolinus*, dont nous invoquerons tout-à-l'heure le témoignage touchant *Maximus*, dit formellement, comme la Chronique

____

(2) Le premier de ces mots signifie proprement, *l'absence de la souffrance et de la douleur*, et le second, *l'absence du chagrin et de l'inquiétude*.

d'*Eusèbe*, que cet *Apollonius* étoit Stoïcien : *usus est Apollonio, Chalcedonico, Stoico philosopho*. Nous remarquerons ensuite que le second, *Rusticus*, outre qu'il est également qualifié de Stoïcien par le même historien latin, seroit d'ailleurs suffisamment caractérisé comme tel par *Marc-Antonin* lui-même, qui nous apprend que *Rusticus* lui donna et lui fit connoître le *Bréviaire des Stoïciens*, c'est-à-dire, le célèbre Manuel d'*Epictète*.

Qu'on ne pense pas, au surplus, qu'il fût aisé, dans ces temps-là, comme il pourroit l'être aujourd'hui, de confondre un Stoïcien avec un Platonicien. Le Portique et l'Académie avoient sans doute plusieurs points de contact, beaucoup de principes identiques ; mais ils avoient aussi leurs principes de dissentiment, et leurs points de divergence. *Marc-Antonin* doit donc être d'autant moins présumé capable d'avoir confondu un Platonicien avec un Stoïcien, que, Stoïcien lui-même, il connoissoit, autant que personne, la différence qui existe entre l'un et l'autre ; et qu'à peu près de son temps, un philosophe nommé *Taurus*, avec lequel *Aulu-Gelle*, l'intéressant Auteur des *Nuits Attiques*, eut d'étroites liaisons, avoit publié un Traité *ex professo* sur cette matière, ainsi que ce dernier nous l'apprend, dans le chap. 5. du douzième livre de son ouvrage.

Avec un peu de réflexion sur ces passages de *Marc-Antonin*, le docte Scaliger n'auroit

donc point confondu le Stoïcien *Maximus* avec
notre philosophe ; et cette erreur, dans laquelle
un défaut de ponctuation , si ordinaire dans les
manuscrits grecs , l'a peut-être induit, lorsqu'il a consulté celui de la Chronique d'*Eusèbe*,
il l'auroit évitée, s'il eût fait attention au texte
de la version latine de cette même Chronique
par *Saint-Jérome*. En effet, dans le manuscrit
grec de la Chronique d'*Eusèbe* , que *Scaliger*
a eu entre les mains, le passage que nous avons
cité plus haut n'offroit peut-être pas après le
mot *Maxime de Tyr* le signe de ponctuation
qui dans les manuscrits termine la période ;
au lieu que ce signe étoit très-marqué dans le
manuscrit de la version latine de *Saint-Jérome*.
Car , soit que ce traducteur eût trouvé dans le
manuscrit de la Chronique sur lequel il avoit
travaillé , le point final de la phrase , après le
mot *Maxime de Tyr;* soit qu'il eût fait, en cet
endroit , ce qu'il dit , dans sa préface , avoir
fait quelquefois , c'est-à-dire , qu'il eût corrigé
une erreur d'*Eusèbe ;* non-seulement, dans sa
version, la phrase se terminoit par un point bien
distinct, après le mot *Maximus Tyrius :* mais
encore , comme si *Saint-Jérome* eût voulu
prévenir l'erreur dans laquelle *Scaliger* est tombé , le passage étoit coupé par un alinea , et
par une variété d'expression , en cette forme et
en ces termes :

*Arrianus philosophus Nicomediensis agnos-
citur, et Maximus Tyrius.*

Apollonius, Stoicus, natione Chalcidicus, et Basilides, Scythopolitanus, philosophi illustres habentur, qui Verissimi quoque Cœsaris præceptores fuerunt.

Or, quand bien même nous serions réduits à ces lumières, sur ce point de critique, il ne seroit plus permis de partager l'erreur de *Scaliger*, et de penser que *Maxime de Tyr* ait été un des instituteurs de *Marc-Antonin*.

Mais nous avons encore une considération du plus grand poids. Si *Maxime de Tyr* eût été attaché, en qualité d'instituteur, à *Marc-Antonin*, il auroit passé un certain nombre d'années auprès de son disciple, soit à Rome, soit dans les diverses provinces de l'Empire Romain, où ce Prince porta ses pas. Notre philosophe auroit acquis auprès de son élève, quelque connoissance de l'Histoire romaine, et des Auteurs Latins; et, dans ses Dissertations, où il a répandu d'ailleurs une érudition assez variée, il auroit eu tant d'occasions d'en citer quelques traits, qu'il n'y auroit point résisté. Au lieu qu'étalant une profonde connoissance de l'Histoire grecque, et des Auteurs de tout genre célèbres, de son temps, en cette langue, il n'a pas écrit un seul mot d'où l'on puisse induire péremptoirement qu'il ait su qu'il y avoit des Romains et des Auteurs Latins au monde (1).

---

(1) Une seule fois, *Maxime de Tyr* paroit avoir emprunté quelque chose aux Auteurs Latins. C'est au commencement de sa Dis-

Ajoutons à tout cela le témoignage d'un écrivain du troisième siècle, qui nous a transmis avec assez de détail la vie de *Marc-Antonin*, et qu'il est étonnant que *Scaliger* n'ait pas consulté. *Julius-Capitolinus* nous apprend, avec beaucoup de précision, les noms des grands-hommes qui donnèrent des leçons à cet Empereur. Or, le *Maximus* dont *Marc-Antonin* fait mention dans ses *Réflexions morales*, on le retrouve dans *Julius-Capitolinus*, avec le prénom de *Claudius*, qui indique que ce philosophe étoit Romain d'origine, et avec l'épithète caractéristique de Stoïcien. *Audivit*, dit l'histo-

---

sertation XXIe. Ce qu'il dit de la bizarrerie qui fait que l'homme se plaint de la situation où il est, et qu'il loue la situation opposée où il n'est pas, semble copié des premiers vers du premier Discours d'*Horace*, *Qui fit Mœcenas*, etc. Le tableau du poëte et du philosophe se ressemblent, en effet, à un point qui fait présumer que celui-ci est calqué sur celui-là. C'est l'opinion de *Hensius* et de *Davies*, ainsi qu'on le verra plus bas, dans la note 4 de la XXIe. Dissertation. Mais fût-il aussi vrai, qu'il peut ne pas l'être, que Maxime de Tyr eût mis le poëte Latin à contribution, ce seroit pousser la conséquence un peu loin, que d'en conclure que *Maxime de Tyr* eût été l'un des Instituteurs de *Marc-Antonin*. Sous le règne de cet Empereur, un siècle et demi après le règne d'*Auguste*, *Horace* devoit être entre les mains de tous les Grecs amateurs de la belle littérature, comme *Pindare* étoit dans celles des Romains du même goût ; et *Maxime de Tyr* a bien pu, sur ce pied-là, sans venir même à Rome, faire connoissance avec l'ami de *Mécène*. Quoi qu'il en soit, ce qui n'est probablement qu'une fortuite coïncidence, ne doit pas suffire pour faire regarder comme constant que *Maxime de Tyr* ait copié les écrivains de Rome ; et après tout, il n'est pas plus impossible qu'il se soit rencontré avec *Horace* sur le chemin de l'*imagination*, qu'il ne l'a été à *Leibnitz* et à *Newton* de se rencontrer, comme on le dit, sur le chemin de l'*infini*.

rien, et *Sextum Chœronensem Plutarchi nepo-*
tem, Junium Rusticum, Claudium Maximum,
et Cimeam Catulum, Stoïcos. Il n'est donc pas
possible de confondre ce *Claudius-Maximus,*
Stoïcien, vrai instituteur de *Marc-Antonin,* avec
notre *Maxime de Tyr* Platonicien ; et dès que
ce dernier n'est point nommé dans le nombre
des philosophes à qui *Marc-Antonin* offre dans
le premier livre de ses *Réflexions morales,* un
si honorable tribut de reconnoissance ; dès que
Julius Capitolinus, dont la précision sur ce
point ne laisse rien à désirer, ne l'a point compris
dans le nombre des instituteurs de ce Prince, il
faut tenir pour constant que *Marc-Antonin* n'a
point été disciple de notre philosophe. Cette opinion a été embrassée par *Méric Casaubon,* et
par *Thomas Gataker,* dans les annotations dont
ils ont enrichi le texte des *Réflexions morales*
de cet Empereur ; elle l'a été par le savant *Fa-*
bricius, à qui je reconnois devoir tous les matériaux dont j'ai fait usage dans la discussion de
ce point de critique ; et il ne me semble plus
permis d'en avoir une autre.

Si *Maxime de Tyr* ne doit point être compté
parmi les instituteurs de *Marc-Antonin,* doit-
on du moins regarder comme certain qu'il soit
venu à Rome, sous le règne de ce Prince, et
précisément l'an 146 de l'ère chrétienne, comme
l'ont dit les Auteurs de notre *Dictionnaire des*
Hommes Illustres ? Cette nouvelle question seroit bientôt décidée, si nous nous en rappor-

tions à ce même *Scaliger*, que nous venons de convaincre de légèreté et d'inadvertance. En effet, dans l'annotation qu'il a appliquée au passage de la Chronique d'*Eusèbe*, dont nous avons parlé plus haut, il dit, « que *Maxime*
» *de Tyr* vint à Rome pour la première fois la
» neuvième année du règne de *Marc-Antonin;*
» Il ajoute que c'est là qu'il composa ses Dis-
» sertations; qu'il fit deux voyages à Rome;
» que ce fut durant le premier que ses Disser-
» tations furent composées; et que c'est par
» cette raison que *Maxime de Tyr* lui-même
» les appèle *Dissertations du premier voyage*
» *à Rome* ».

Mais, si *Scaliger* s'est trompé encore ici, touchant le prétendu premier voyage de *Maxime de Tyr* à Rome, ainsi que sur l'époque et le lieu de la composition de ses discours, pourquoi craindrions-nous de relever encore cette erreur?

Et d'abord, où cet érudit avoit-il puisé que *Maxime de Tyr* étoit venu à Rome précisément la neuvième année du règne de *Marc-Antonin?* Nous avons démontré qu'il ne devoit point être compté parmi les instituteurs de ce Prince. *Eusèbe* ne dit pas de *Maxime de Tyr* un mot qui puisse faire conjecturer qu'il ait fait un voyage quelconque à Rome : *Syncelle* n'en parle pas plus qu'*Eusèbe*. A la vérité, *Suidas*, postérieur à *Eusèbe* et à *Syncelle*, dit formellement que *Maxime de Tyr* vint à Rome;

mais, ce voyage, il le place sous le règne de *Commode*, et non pas sous la neuvième année du règne de *Marc-Antonin*. Or, il ne suffit pas qu'*Eusèbe*, dans sa Chronique, ait mis *Maxime de Tyr* au nombre de ceux des philosophes qui avoient une grande réputation, à l'époque de la neuvième année du règne de *Marc-Antonin*, pour en conclure que *Maxime de Tyr* soit venu à Rome à cette époque ; et encore moins que ce soit là qu'il ait composé ses ouvrages.

Il ne suffit pas, non plus, que, dans quelques manuscrits, et notamment dans celui de la Bibliothèque nationale, que j'ai vérifié après *Scaliger*, *Heinsius*, et *Davies*, on lise, à la tête des Dissertations de notre Auteur, des mots grecs qui expriment un premier voyage à Rome. Car il est à remarquer, que les mots en question ne s'appliquent, de l'aveu même d'*Heinsius* et de *Davies*, qu'aux sept premières Dissertations de *Maxime de Tyr*, et qu'à la tête de la huitième se trouvent, et un nouveau titre qui signifie *Ouvrages philosophiques de Maxime de Tyr*, lequel est répété à la fin de la dernière, et un nouvel ordre arithmétique de ces Dissertations. Il faut encore remarquer que la seule conséquence qu'on puisse tirer de ces expressions, c'est que les sept discours dont s'agit, ont été prononcés à Rome. Mais elles ne prouvent pas qu'ils y ayent été composés. Je remarquerai enfin, que dès que les monumens

littéraires ne parlent que d'un voyage de *Maxime de Tyr* à Rome, sous le règne de *Commode*, c'est à ce voyage-là qu'il faut appliquer
les sept Dissertations dont s'agit, sans en sup-
poser gratuitement un autre.

A la vérité, *Suidas*, à qui nous devons la
connoissance de cette circonstance particulière
de la vie de notre Auteur, se sert d'une expression qui annonce que *Maxime de Tyr* ne se
contenta pas de faire à Rome un voyage de curiosité, et par conséquent de peu de durée. Le
verbe grec de *Suidas* signifie qu'il y fit quelque séjour. Mais il n'en dit pas davantage; et,
en parlant de ses Dissertations qu'il embrasse
sous l'expression générale de *Recherches philosophiques*, il ne nous apprend ni les lieux où
Maxime de Tyr les a composées, ni ceux où il
les a prononcées.

Nous avons déjà observé que dans les qua-
rante-une Dissertations de notre Auteur, il n'y
a pas un passage, pas un mot, d'où l'on puisse
induire péremptoirement, ni qu'il ait été à
Rome, ni qu'il y ait composé ses discours, ni
qu'il ait eu la moindre connoissance de l'Histoire romaine ou des Auteurs Latins. Loin donc
d'embrasser l'opinion de *Scaliger*, et celle des
Auteurs du *Dictionnaire des Hommes Illustres*, il faut s'en tenir littéralement au texte de
Suidas.

D'ailleurs, les ouvrages de notre philosophe
n'offrent que peu de renseignemens relatifs aux

détails de sa vie privée. Dans sa huitième Dissertation, section VIII, il nous apprend qu'il avoit voyagé dans l'Arabie. « Les Arabes », dit-il, « adorent je ne sais quoi. Mais j'ai vu » l'objet de leur culte, c'étoit une pierre quar- » rée ». Ce passage est précis. *Maxime de Tyr* avoit donc été en Arabie. Dans la même Dissertation, même section, il nous apprend également qu'il avoit passé par la Phrygie. « Les Phrygiens », dit-il, « qui habitent Celœne, ren- » dent leurs hommages à deux fleuves *que j'ai* » *vus,* le Marsyas et le Méandre ». Il avoit donc porté ses pas dans la Phrygie. Dans la septième Dissertation, sect. VI, il s'exprime ainsi : «Car, » si les Dieux faisoient que quelqu'un de ceux » qui m'écoutent, se lançât, à côté de moi, dans » la même carrière, et que, dans la même arêne, » il vînt se couvrir de la même poussière, et se » livrer aux mêmes efforts, c'est alors que j'ac- » querrois de la gloire, que je ceindrois mon » front de couronnes ; c'est alors que je serois » proclamé avec honneur dans toute la Grèce ». Or, ce passage prouve évidemment qu'au moins cette Dissertation a été prononcée dans quelque Cité de la Grèce ; et, s'il étoit permis de se livrer à des conjectures, plusieurs probabilités con- courroient, ici, pour démontrer que *Maxime de Tyr* a vécu, et dû vivre, ainsi que le pense *Davies,* dans les villes grecques.

D'abord, la matière de ses ouvrages. Ils roulent tous sur des questions relatives à la philosophie de *Platon*. En second lieu, la langue dans laquelle ils sont écrits. En troisième lieu, le silence profond sur tout ce qui peut appartenir aux Romains. En quatrième lieu, le langage de *Maxime de Tyr* dans sa Dissertation septième, dont nous venons de citer le passage, qui paroît prouver que c'étoit dans les villes grecques qu'il renfermoit les limites de sa réputation et de sa gloire. *Daniel Heinsius* a conjecturé, d'ailleurs, que *Maxime de Tyr* avoit distribué, selon l'ancienne méthode de *Platon* et de quelques-uns de ses disciples, ses Dissertations en dix tétralogies, ce qui en embrassoit quarante, et que la Dissertation de laquelle j'ai emprunté le passage que je viens d'alléguer, n'étoit que le préambule, et comme le Discours préliminaire des quarante autres (1): conjecture, qui, comme on voit, appuyeroit beaucoup celle que je présente. J'ajoute à tout cela, l'intérêt même de *Maxime de Tyr*, qui a dû préférer naturellement les contrées où son talent personnel se trouvoit mieux dans son élément.

Quoi qu'il en soit, ce que l'on peut dire de certain sur les détails biographiques personnels à notre Auteur, se réduit à ce peu de mots : Qu'il étoit originaire de Tyr ; qu'il avoit de la

---

(1) Formey a pris à la lettre cette conjecture d'Heinsius ; et en conséquence, il a mis cette Dissertation à la tête de toutes les autres. Voy. sa *Préface*, pag. 16 et 17.

réputation comme philosophe, dès la neuvième année du règne de *Marc-Antonin ;* qu'il passa quelque temps à Rome sous le règne de *Commode ;* que, dans ses voyages, il parcourut l'Arabie et la Phrygie, et qu'il prononça publiquement la septième de ses Dissertations dans une des villes de la Grèce.

II. Je vais m'occuper à présent des versions latines qui ont été faites de notre Auteur, de ses diverses éditions, et des manuscrits de son ouvrage qui existent actuellement à la bibliothèque nationale.

Le premier manuscrit de *Maxime de Tyr* que nous connoissions, fut apporté de Constantinople à Florence, par le célèbre *André-Jean Lascaris*, qui, postérieurement à la prise de cette capitale de l'Empire Grec par les Ottomans, vint chercher un asyle dans la maison de *Laurent de Médicis*, qu'on a distingué par le surnom de *père des Lettres.* On sait que cet illustre Florentin fit faire, deux fois, à *Lascaris* le voyage de Constantinople, pour y recueillir ceux des Auteurs Grecs qu'il jugeroit les plus propres à orner sa bibliothèque ; et *Maxime de Tyr* eut l'honneur d'entrer dans cette précieuse collection (1). Sous les auspices de son Mécene,

____

(1) On verra, par le long détail des nombreuses éditions de Maxime de Tyr, à quel point les ouvrages de ce philosophe ont été estimés, depuis la renaissance des Lettres, par les hommes doctes capables de l'apprécier. Plusieurs d'entr'eux se sont fait honneur de l'enrichir de

et pour ses talens personnels, *Lascaris* fut recherché, à Florence, de tous ceux qui avoient du goût pour les Lettres anciennes. De ce nombre fut le Prélat de cette métropole, qui en occupoit alors le siége archiépiscopal, *Cosme Pacci*, neveu de *Laurent de Médicis*. Ce Prélat, disciple de *Lascaris*, fit assez de progrès dans la langue grecque, pour en entendre, et même en apprécier jusqu'à certain point les écrivains; et, encouragé par son maître, il entreprit et exécuta la première version latine qui ait été faite de notre Auteur. Il la dédia au Pape *Jules second*. Mais il mourut avant de la publier. *Pierre Pacci*, son frère, la fit paroître, à Rome, chez *Jacques Mazochius*, en 1517, *in-folio*. *Saint-Rhénan* en donna, deux ans après, en 1519, une seconde édition, également *in-folio*; et y ajouta une lettre de sa façon, adressée à *Jean Grolier*, secrétaire du Roi, dans laquelle il annonça qu'il avoit fait quelques corrections au latin de l'Archevêque de Florence. *Albert Picte* en donna, à Paris, en 1554, une troisième

---

Scholies et de Commentaires. Je peux citer, entr'autres, Paul Léopard, humaniste, professeur en grec, à Bergues-Saint-Vinox, mort en 1567. Il a laissé des remarques critiques divisées en vingt livres, et Maxime de Tyr est du nombre des Auteurs de l'Antiquité, auxquels ce docte Aristarque a consacré ses veilles. Théodore Canterus, savant Hollandois, mort très-jeune en 1575, qui a laissé des observations sur Maxime de Tyr. André Schott, professeur en grec à Anvers, mort en 1629, qui a fait de savantes notes sur plusieurs Auteurs, tant Grecs que Latins, parmi lesquels se trouve notre philosophe.

édition, avec de nouvelles corrections, et dans un format au-dessous de l'*in-folio*.

Jusque-là, par une singularité assez remarquable, il existoit trois éditions de la version latine d'un Auteur grec, dont l'original n'avoit point encore vu le jour. La première édition du texte grec fut l'ouvrage de cet *Henry-Étienne*, célèbre Imprimeur, et plus célèbre Helléniste encore, dont les travaux firent faire tant de progrès à cette langue savante. Il l'exécuta, à l'aide de deux manuscrits qu'il tenoit, le premier d'*Arnaud Arlénius*, et le second, moins correct que l'autre, de *Jean Stracélius*. *Henry-Étienne* ajouta à son édition un petit nombre de ces doctes annotations destinées à réparer les inadvertances et les bévues commises par les copistes, dans un temps où il n'existoit pas d'autre moyen de multiplier les monumens de l'esprit humain. Il imprima séparément la version latine de *Pacci*, à laquelle il fit aussi quelques corrections rapides, pendant que l'ouvrage étoit sous presse, et qu'on lui en présentoit les épreuves. Cette édition, la première qui ait réuni le grec et le latin, fut mise sous le format in-8°, et parut, en 1557.

La version de *Pacci*, quoique fidèle en général, péchoit par ce ton de rudesse et d'aspérité inévitable peut-être dans les premiers jours de la renaissance des Lettres. *Daniel Heinsius* avoit trop de goût, pour ne pas remarquer ce défaut. Son amour pour la philosophie de *Platon*,

et

et son affection pour *Maxime de Tyr* en particulier, l'engagèrent à en entreprendre une
nouvelle version, à laquelle on ne peut reprocher que ces légères négligences,

> . . . . *quas aut incuria fudit*
> *Aut humana parum cavit natura* (1).

Pour nous servir du langage d'*Horace*. L'édition grecque d'*Henry-Étienne* lui servit de
guide (2). Il puisa des secours, pour la pureté
du texte, dans un manuscrit de la bibliothèque
de l'Électeur Palatin, et dans des annotations particulières qu'un érudit de ses amis, *Sixtus Arcé-
rius*, lui envoya. Le célèbre *Isaac Casaubon* s'é-
toit chargé de lui procurer une copie du manuscrit de notre Bibliothèque Nationale. Mais il en
fut de cette copie, comme d'un *siége de Malthe*,
que *Vertot* avoit demandé. Elle n'arriva qu'au
moment où l'impression s'achevoit. *Heinsius* en
tira néanmoins quelque parti. Elle lui servit à
augmenter, et à rendre plus importantes, les
annotations dont il a enrichi les deux éditions
qu'il a données de notre Auteur. La première
eut lieu *in-8o.* en 1607. Dans cette édition, il
suivit l'exemple d'*Henry-Étienne*. Il imprima
le texte, séparément de sa version. Dans la seconde, qui parut sous le même format, sept ans

____

(1) *Art. poeticâ.*
(2) *In græcâ editione Stephanum secuti sumus*, dit-il, dans son Avis
au Lecteur.

après, il fit imprimer le latin , page à page , *é regione* du grec (1).

En 1630, un éditeur, que *Fabricius* ne nomme pas, publia, à Lyon, chez *Claude Loriot* , un nouveau *Maxime de Tyr* , grec et latin, *in-8o.*, sans annotations. Celles d'*Henry-Étienne* et de *Daniel Heinsius* furent regardées par l'éditeur comme inutiles, attendu le soin qu'il avoit eu , dit-il , de corriger le texte , selon que les conjectures des deux critiques que nous venons de nommer, lui avoient paru judicieuses et admissibles.

En 1677 , il en parut une autre édition *in-12,* à Oxford , dans le même genre que celle de Lyon , grec et latin purement et simplement, sans annotations.

En 1703, *Jean Davies,* préfet du collége de Cambridge, fit imprimer , dans cette ville , un nouveau *Maxime de Tyr,* grec et latin. Il se servit de la version de *Daniel Heinsius; et il* donna, de son chef, des corrections et de courtes notes , placées au bas de chaque page. *Leclerc ,* dans le tome XI de sa *Bibliothèque choisie ,* se répand en justes éloges sur cette édition. *Davies* y joignit un *index* des Auteurs cités par *Maxime de Tyr,* et une table des matières.

Jaloux de perfectionner un travail qu'il ne regardoit que comme une ébauche , ce savant

---

(1) *In bibliothecâ Hulsianâ* , tom. III , part. I , pag. 195 , n°. 3431 , *citatur editio cum notis Heinsii, Lugduni Batavorum,* 1694, in-8°.

critique prit le meilleur parti , en pareil cas. *Heinsius* lui avoit donné l'éveil sur le mérite du manuscrit de notre Bibliothèque Nationale, en parlant de la copie que *Casaubon* lui en avoit envoyée. *Davies* vint donc à Paris , vérifier lui-même ce manuscrit, et y collationner le texte de son Auteur. En Angleterre , dans la bibliothèque du Comte d'Oxford, étoit un autre manuscrit non moins précieux, que *Davies* nomme *Manuscriptum Harleianum*. Ces deux monumens littéraires , recommandables par le talent des copistes dont ils sont l'ouvrage, aidèrent à *Davies* à rectifier un assez grand nombre de leçons, dont l'imperfection étoit échappée à *Henry-Étienne* et à *Daniel Heinsius*. Ils lui servirent, en même-temps , à justifier plusieurs des savantes conjectures de ces deux critiques. D'un autre côté, le manuscrit de la Bibliothèque Nationale lui présenta les quarante et une Dissertations de notre Auteur rangées dans un ordre nouveau ; et il crut devoir préférer cet ordre à celui qui avoit été suivi dans les éditions précédentes.

Quoique ce nouveau travail fût terminé, au commencement de 1728, excepté la préface, qui ne se trouva pas achevée, à sa mort, en 1732, cette nouvelle édition ne fut donnée qu'en 1740, par *Jean Ward*. Cet éditeur nous apprend que pendant qu'on faisoit celle de 1703, *Jérôme Markland* y avoit mis quelque chose du sien ; qu'au moment où celle-ci alloit paroître, ce

docte critique avoit offert de donner plus d'é-
tendue à ses annotations, offre qui fut accep-
tée ; et certes, je dois saisir, ici, l'occasion de
dire que de tous les Hellénistes qui ont travaillé
sur *Maxime de Tyr*, *Jérome Markland* n'est
pas celui à qui ce texte a les moindres obligations.

Quelque nombreuses qu'eussent été, à cette
époque, les éditions de notre Auteur, un Imprimeur Allemand, nommé *George*, en entreprit une nouvelle, en 1774. Au texte grec, à la
version latine d'*Heinsius*, aux annotations réunies de *Davies* et de *Markland*, il joignit quelques annotations nouvelles. Elles sont de ce savant Helléniste Allemand, à qui nous devons,
entr'autres choses recommandables, une précieuse édition des Orateurs Grecs ; elles sont de
Jean-Jacques Reiske, pour qui ce travail sur
Maxime de Tyr fut le chant du cygne ; car il
mourut dans la même année. Cette édition de
1774 est la dernière. C'est celle sur laquelle j'ai
travaillé.

Quant aux manuscrits de notre Auteur qui
existent à la Bibliothèque Nationale, il en est
deux qui contiennent l'ouvrage entier de *Maxime de Tyr*. Le premier, sous le no. 1962, petit
in-folio, en parchemin, est écrit d'un caractère
très-net, et très-facile à lire. A la tête du volume,
est, sur une feuille volante, une notice manus-
crite en latin, de la main de *Boivin*, ancien
garde des Manuscrits, à la marge de laquelle

on apprend que ce manuscrit a été copié, dans le courant du dixième siècle. Sur la première page, employée à présenter les divers titres des Dissertations de notre Auteur, se montre, en effet, une espèce de millésime, en chiffres romains, qui exprime 954, et qui est, probablement, la vraie date du manuscrit. Quoi qu'il en soit de cette conjecture, il paroît d'ailleurs qu'elle concorde avec l'opinion de *Boivin*, qui l'a peut-être fondée sur la nature du caractère graphique du manuscrit. Ce qui est très-constant, et me fait agréablement saisir l'occasion de rendre hommage au Citoyen *Duteil*, garde actuel des Manuscrits, à qui je dois ce renseignement; c'est qu'il existe, dans la Bibliothèque, des manuscrits qui portent explicitement la date du dixième siècle, et dont le caractère graphique est exactement le même que celui du manuscrit en question. C'est, au reste, celui dont *Isaac Casaubon* envoya à *Daniel Heinsius* la copie dont nous avons parlé, et celui également ment sur la foi duquel *Davies* a si considérablement amélioré le texte de notre philosophe, et qu'il distingue par l'épithète de *Regium*.

Les Dissertations de Maxime de Tyr ont, dans ce manuscrit, l'ordre que leur a donné l'Éditeur Anglois que je viens de nommer. Les sept premières y portent ce titre, *Dissertations de Maxime de Tyr, Philosophe Platonicien*, écrites ou prononcées *à Rome lors de son premier voyage*; car le verbe ellypsé peut être aussi bien l'un que l'autre de ces deux-là. On retrouve le même titre, à la fin de la septième de ces Dissertations. A la marge, à côté de ce titre, on en lit un nouveau, qui est celui-ci, *Ouvrages philosophiques de Maxime.* C'est par ces mêmes mots que se termine le manuscrit, sauf qu'au lieu de *Maxime* tout court, on y lit *Maxime de Tyr.* J'ajoute ce que Davies n'a point remarqué, et ce que j'ai déjà dit, savoir, qu'à ce nouveau titre commence un nouvel ordre arithmétique des discours de notre philosophe. D'ailleurs, ce manuscrit paroît être l'ouvrage de quelque homme lettré, versé dans les matières analogues à celles qui sont traitées par notre Auteur ; et la preuve en est, à mon avis, dans des notes marginales qui se réfèrent au texte , et qui sont évidemment de la même main , et de la même encre, que le corps du manuscrit.

Le second des manuscrits de la Bibliothèque, contenant les quarante et une Dissertations de Maxime de Tyr, est un des fruits de nos dernières victoires en Italie. Il est du nombre de ces monumens, qui, sortis de la Bibliothèque du Vatican, sont venus augmenter les richesses de la nôtre. Le caractère écrit sur ce qu'on appèle *papier coton* (1), est très-net et assez

---

(1) Les curieux qui désireront des détails sur l'origine, la composition et l'usage de ce papier, peuvent consulter la Paléographie grecque de *Monfaucon*, liv. I, chap. 2.

facile à déchiffrer. Mais j'en crois la lecture
moins aisée que celle du premier, parce que
j'ai remarqué que le copiste s'étoit permis, de
temps en temps, des abréviations de mots, autres que ce qu'on nomme proprement des *liga-
tures*. Il faut aussi que le manuscrit sur lequel
il a fait sa copie, ait eu quelque défaut, au moins
à la première page, car, à la quinzième ligne,
il a laissé une lacune de quelques mots. Les
marges offrent une multitude de notes qui paroissent appartenir à plus d'une main ; car elles
n'offrent ni le même caractère graphique, ni la
même encre. Au surplus, son titre est, comme
celui du premier, *Dissertations de Maxime de
Tyr*, écrites ou prononcées *à Rome lors de son
premier voyage*. Comme dans l'autre, ce premier titre est remplacé, au commencement de
la huitième Dissertation, par celui que nous
avons déjà vu, *Ouvrages philosophiques de
Maxime de Tyr*, qui reparoît à la fin de la dernière. Mais, dans celui-ci, on ne retrouve
point le nouvel ordre arithmétique qui existe
dans le premier.

Ce qu'on peut se procurer, d'ailleurs, en manuscrits dans la Bibliothèque Nationale, concernant
notre Philosophe, n'est que peu de chose. Dans
un grand *in-folio*, sous le n°. 1837, sont cinq Dissertations seulement, qui terminent le volume.
Le caractère en est singulièrement net et facile
à lire. A la tête des trois premières de ces Dissertations, qui occupent le même rang dans l'é-

dition de *Davies*, se trouve, dans le titre, la mention du voyage à Rome de notre Auteur. Cette mention disparoît au-dessus du titre de la quatrième, où se reproduit le second titre dont j'ai déjà parlé.

Dans un autre *in-folio*, sous le n°. 1817, sont deux Dissertations seulement; les deux premières des éditions d'*Henry-Étienne* et d'*Heinsius*, qui ont pour titre : *Qu'est-ce que Dieu selon Platon*, et *Faut-il rendre injustice pour injustice ?* Enfin, dans un troisième *in-folio*, sous le n°. 460, on trouve une seule Dissertation, celle qui a pour titre : *Qu'est-ce que Dieu selon Platon ?*

III. Me voici arrivé aux Traductions Françoises, qui ont été faites des ouvrages de notre Philosophe.

Fédéric Morel, ce célèbre Imprimeur dont j'ai déjà eu occasion de parler, a été le premier qui ait entrepris de faire lire Maxime de Tyr dans notre langue. En 1596, il fit imprimer, à Paris, *in - 8°.* la Traduction isolée d'une des Dissertations de notre Auteur, sous le titre de *Plaidoyer pour les gendarmes contre les laboureurs* (1). Cette Traduction, dont l'indication existe dans le répertoire de la Bibliothèque Nationale, ne se trouve pourtant pas dans la Bibliothèque. En 1607, le même Traducteur fit imprimer, à Paris, chez *Pierre Bresche*, la

____

(1) Elle est la 29°. de la dernière édition.

Traduction de deux autres Dissertations de notre Auteur, savoir, celle qui est intitulée, suivant le style de Morel, *Touchant l'allégresse et gaîté de l'esprit, avec le remède de fâcherie* (1) ; et la seconde, *Touchant ceux qui ont le mieux discouru de Dieu, les poëtes ou les philosophes* (2). Ces deux Dissertations sont réunies dans un petit *in-douze* de trente-six pages. L'épitre dédicatoire que *Morel* mit à la tête de cet essai, annonce qu'il avoit l'intention de traduire le reste. Mais il n'en traduisit pas davantage. D'ailleurs, la fidélité avec laquelle il m'a paru avoir constamment rendu le sens du texte, l'élégance et la netteté de son style, eu égard au temps où il écrivoit, m'ont fait regretter qu'il n'ait pas exécuté en entier son entreprise.

En 1617, *Guillebert*, Bibliothécaire, à ce qu'il paroît, de *Robert Leroux*, Conseiller au Parlement de Rouen, donna, dans cette ville, chez *Jean Osmont*, Imprimeur du Palais, une Traduction complète des quarante-un Discours de *Maxime de Tyr*, « profondément doctes », dit-il, « grandement éloquens, de nouveau » mis en françois ». Ces dernières expressions semblent dire que lorsque *Guillebert* publia sa Traduction complète, il en existoit une autre complète également. Mais, outre qu'on n'en

---

(1) C'est la 34e. de la dernière édition.
(2) C'est la 10e. de la dernière édition.

connoît point de telle, il est remarquable que *Guillebert* ne dit pas un mot de relatif à une Traduction antérieure à la sienne, ni dans son *épitre dédicatoire* adressée à Robert Leroux, ni dans son *avis au Lecteur*. Il est possible que ce Traducteur, ou son Libraire, trompé par l'annonce de *Morel*, ait pensé que ce dernier avoit traduit en entier *Maxime de Tyr*, quoiqu'il n'en eût réellement traduit qu'une très-petite partie. Au surplus, cette erreur paroît avoir été partagée par *Fabricius*, qui, dans sa Bibliothèque grecque, attribue à *Morel* une Traduction complète de notre Philosophe; à moins qu'il n'ait ignoré que celle dont il a fait mention, appartenoit, non à *Morel* dont il parle, mais à *Guillebert* dont il ne parle pas. Ce qui me feroit pencher pour cette dernière opinion, c'est que le Bibliographe Allemand dit formellement qu'elle parut, à Rouen, en 1617; circonstances que la Traduction de *Guillebert* réunit.

D'un autre côté, *Guillebert* m'a paru inférieur à *Morel*, sous le rapport de l'exactitude et de la fidélité. J'ai comparé les deux versions phrase à phrase; et, soit que *Morel* se piquât de traduire plus littéralement que *Guillebert,* soit qu'il fût plus fort dans l'intelligence du texte, ce que je croirois volontiers, le premier m'a semblé plus correct et plus près de l'original que l'autre. J'ajouterai qu'en 1617, notre langue n'avoit point encore reçu l'élégance et le poli que lui donnèrent, un demi-siècle après, les grands Écrivains, contemporains de Louis XIV (1).

Depuis *Guillebert*, qui exécuta le premier une Traduction complète de *Maxime de Tyr*, cet orateur philosophe a été entièrement négligé par les Littérateurs François. Il a fallu qu'un Littérateur étranger soit descendu dans l'arène, pour les faire rougir de leur négligence, et qu'en 1764, il ait publié *in-douze*, à Leyde, chez *Luchtmans*, une Traduction françoise des *Discours philosophiques de Maxime de Tyr*. C'est de *Formey* que je veux parler.

Philosophie, théologie, morale, littérature, tout étoit du ressort de cet infatigable Secrétaire de l'Académie de Berlin. Il a laissé, dit-on, plus de cent volumes ; mais l'espèce d'oubli où paroissent déjà tombés la plupart des ouvrages de cet Écrivain, justifie cet excellent mot de Voltaire, « Qu'il est difficile d'aller à la pos- » térité avec un gros bagage ». D'un autre côté, le Législateur de notre Parnasse l'a dit :

« Sans la langue, en un mot, l'auteur le plus divin,
» Est toujours, quoi qu'il fasse, un méchant écrivain » ;

––––––––––––––––––––––––––

(1) *Fabricius* nous apprend qu'un Italien, *Pierre de Bardi*, Comte de Verne, et membre de l'Académie de Florence, donna à Venise, en 1642, une traduction italienne de *Maxime de Tyr*. Harles, le savant éditeur de la dernière édition de *Fabricius*, nous apprend aussi qu'un Allemand, nommé *Chr. Tob. Damm*, a donné de notre Auteur une traduction allemande, qui a été imprimée à Berlin, en 1764, la même année que *Formey*, dont je vais parler, faisoit imprimer la sienne, à Leyde. *Reiske* parle de cette traduction dans la Préface qu'il

et l'on peut remarquer, sur cet oracle (1), qu'il « est plus sûr que celui de Calchas ». Or, il ne faut être ni bien versé dans la langue françoise, ni un puriste consommé, pour apercevoir que *Formey*, au moins dans sa Traduction de *Maxime de Tyr*, a écrit en François, comme un françois qui ne seroit jamais sorti de France, écriroit en allemand. Cet Ouvrage se ressent beaucoup de la négligence avec laquelle devoit nécessairement travailler un homme qui donnoit à sa plume une si grande fécondité.

Dans les notes, dont j'ai cru, pour l'intérêt commun de l'Ouvrage et du Lecteur, devoir augmenter mon travail, j'ai dû relever, selon les occasions, plusieurs des inexactitudes de *Formey*. En traduisant autrement que lui, il m'a bien fallu, de temps en temps, donner la raison de la différence. Ceux qui prendront la peine de conférer ma Traduction avec la sienne, jugeront que j'en ai usé avec quelque discrétion. Car je ne me suis point attaché à tout ce qui auroit pu fournir matière à des observations critiques, soit sous le rapport du style, soit sous le rapport de la fidélité de la Traduction. A la vérité, quand j'ai rencontré les étranges bévues où il

---

a mise à la tête de l'édition de notre Auteur, donnée à Leipsick, en 1774 ; et, s'il faut l'en croire, elle est peu littérale, quoique suffisante, d'ailleurs, pour donner une idée des principes philosophiques et du genre d'écrire de *Maxime de Tyr*.

(1) *Art poétique* de Boileau, *chant I.*

s'est quelquefois laissé tomber, j'avoue que j'ai mis en problème s'il savoit le premier mot de la langue grecque. Du moins ne m'a-t-il pas été permis de douter qu'en traduisant *Maxime de Tyr*, il n'a fait que suivre la version latine d'*Heinsius*, sans jamais jeter les yeux sur le texte grec, lorsque j'ai vu que dans la première phrase de la Dissertation vingt-quatrième, qui est chez lui la neuvième, il a pris le *mignon*, le *ganymède* d'un Corinthien pour son propre *fils;* lorsque j'ai vu que, dans la vingt-huitième, qui est chez lui la dix-huitième, section 7, au lieu de traduire : « Parlez-moi de cette guerre, et » laissez-là la guerre des Mèdes »; il a traduit: » Décrivez-moi cette guerre, et laissez-là le » médecin »; lorsque j'ai vu que, dans la vingt-neuvième, qui est chez lui la trente-cinquième, section 7, il a pris les habitans de la Béotie pour les peupliers de la Béotie (1); lorsqu'enfin il est tombé dans beaucoup d'autres inadvertances de la même force, que la plus légère attention au texte grec lui auroit fait éviter.

Je ne dirai rien de l'arbitraire qu'il a mis dans l'ordre où il a rangé les quarante et une Dissertations de notre Auteur. J'ai cru, pour les mêmes raisons qui ont déterminé *Davies* et *Markland,* devoir suivre l'ordre par eux adopté dans leurs

______

(1) Si *Formey* eût jeté les yeux sur la Table des Matières de l'édition de *Markland*, il eût vu sous le mot *Beotia*, que cette contrée *populis* (*arboribus putà*) *abundat.*

éditions. La commodité des Lecteurs, et sur-
tout des Hellénistes qui voudront conférer la
Traduction françoise avec la version latine, ou
le texte grec des dernières éditions, a été mon
second motif. Je ne parlerai pas non plus du
défaut presque absolu de notes, qui, dans le
travail de *Formey*, rend *Maxime de Tyr* souvent obscur, et quelquefois inintelligible, pour
ceux des Lecteurs qui ne sont pas familiers, jusqu'à un certain point, avec l'Antiquité. Il m'a
paru important de faire tout le contraire, et
de répandre des notes critiques, historiques,
philosophiques, partout où le texte de notre
Auteur sembloit l'exiger. Je n'ai pas craint,
comme *Formey*, de trop grossir le volume ; et
je n'ai eu garde d'attendre, comme lui, pour
suppléer à ce défaut, *une seconde édition* (1).

IV. Je me hâte de payer à cet Écrivain, le tribut d'éloges qu'il mérite sous un autre rapport,
et de le louer au sujet de la justesse avec laquelle
il a parlé de l'ensemble de l'ouvrage de *Maxime
de Tyr* Il a judicieusement remarqué que son
érudition est assez peu étendue, eu égard à la
féconde variété des matières qu'il traite, et
qu'elle ne sort guère du cercle étroit de quelques Auteurs illustres de l'Antiquité, dont notre
philosophe paroît avoir fait une étude favo-
rite et exclusive, tels qu'*Homère*, *Hérodote*
et *Platon* ; que ce défaut l'a fait tomber dans un

____

(1) *Voy*. la Préface de *Formey*, pag. 15.

autre, celui des répétitions. Elles sont fré-
quentes, en effet, dans les Dissertations de
notre philosophe ; mais la diversité des appli-
cations auxquelles il a, le plus souvent, l'a-
dresse de faire servir les traits d'emprunt dont
il fait usage, atteste l'étendue de son esprit et
les ressources de son génie. *Formey* a eu raison
encore d'observer que *Maxime de Tyr* n'est
point exempt de ces subtilités métaphysiques,
de ces sophistiqueries nébuleuses, de ces creuses
argumentations qui ont trop long-temps formé
le rayon dominant dans l'auréole philosophique, et à la suite desquelles la Raison va se
perdre, comme dans le vague des espaces ima-
ginaires.

Il a également bien saisi le point-de-vue sous
lequel *Maxime de Tyr* mérite d'être admiré,
et bien apprécié les droits qui lui assurent une
place distinguée parmi les philosophes du premier ordre. Justesse de sens, sûreté de discernement, droiture d'intention, amour des hommes, zèle ardent pour les bases fondamentales
de toute religion, enthousiasme pour la vertu,
tels sont les rapports sous lesquels *Formey* dispense à notre philosophe le légitime tribut d'é-
loges qu'il est impossible de lui refuser, en le
lisant.

Au surplus, les Dissertations de notre Auteur
roulent généralement sur les sujets qui faisoient
le plus communément la matière des méditations
des philosophes de l'Antiquité, et spécialement

de ceux de l'École de *Platon*. Ces sujets, pour la plupart métaphysiques, sont traités avec ce mélange de subtilité logique, de précision didactique et de clinquant oratoire qui paroît avoir été le *type* des Écrivains de ce temps-là, de ceux principalement qui, comme *Maxime de Tyr*, marioient les contemplations philosophiques à l'art des Rhéteurs. Ce genre n'est peut-être pas le plus propre à intéresser aujourd'hui le grand nombre des Lecteurs; et ce n'est guère que parmi ceux qui joignent à l'amour de l'Antiquité le goût et l'habitude des méditations solides et philosophiques, qu'il peut espérer d'être honorablement accueilli.

Mais ce qui semble devoir étendre l'intérêt en faveur de *Maxime de Tyr*, c'est le jour qu'il a répandu sur les hautes questions de la philosophie, auxquelles s'attachent d'une manière si immédiate les sollicitudes de la droite raison, et le bonheur de l'espèce humaine, savoir, celle de l'existence et de l'unité de Dieu, celle des notions élémentaires de la religion naturelle, et des principes fondamentaux de la morale. Notre philosophe, ainsi que nous l'avons dit, en commençant, présente, sous ces importans rapports, des idées et des développemens qui ne peuvent manquer de lui conquérir l'estime des amis de la vraie religion et des mœurs; et, si l'Archevêque de Florence, qui en fit la première Traduction, ne le jugea pas indigne de paroître sous les auspices d'un Pontife Romain, et

d'entrer

d'entrer dans sa bibliothèque (1), Maxime de Tyr doit s'attendre à être bien accueilli de tous ceux qui aiment à réunir dans une même lecture les lumières solides et les agrémens de l'érudition. C'est ce qui a fait dire à Markland, dans le dernier alinea de sa préface : *Utilissimum, et sœpe repetitâ lectione dignum hunc Auctorem existimo;* et qui lui a fait regretter que l'Antiquité ne nous eût pas transmis un plus grand nombre d'écrivains du même mérite : *Utinam multò plures hujusce generis antiquos scriptores haberemus!*

Je n'ai plus qu'un mot à dire, et c'est sur les principes que j'ai suivis en traduisant. Tantôt *Maxime de Tyr* emploie la sèche précision du genre didactique, tantôt il se livre au luxe de l'élocution oratoire. J'ai dû me conformer à cette variété ; et je l'ai fait, en me tenant toujours aussi près de la lettre de l'original que le comportoit le génie des deux langues. Littéral jusqu'à la rigueur, en tout ce qui étoit dogmatique, je me suis affranchi de la gêne de ces entraves dans les développemens oratoires. Le devoir d'un Traducteur, qui veut être fidèle, est de

---

(1) *Itaque laudibus cœteris omissis, si quœras, Pontifex Maxime, quid me præcipuè præter hæc omnia impulerit ut philosophi hujus sermones, tibi, ac bibliothecæ tuæ, conciliarem, probasse me scito in primis piam in eis Sapientiam, utpotè Platonis Academiæ alumnam, ac perfectionis pedissequam Christianæ; dignam profectò quæ a sacerdote christiano peregrè reverso, pro peregrinationis indicio, ad sacerdotum Parentem dono referretur.* Cosm. Paccii, *præfat. juxta finem.*

calquer, si l'on peut s'exprimer ainsi, la pensée de son original, et non pas son langage. Or, la meilleure manière de faire entendre ce qu'a pensé l'Auteur qu'on traduit, c'est quelquefois de s'exprimer autrement que lui. Je n'ai pas poussé cette liberté aussi loin que plusieurs Traducteurs, dont les travaux jouissent d'ailleurs d'une réputation distinguée. Mais je lui ai donné ce degré de latitude sans lequel je ne pense pas qu'un Traducteur puisse remplir sa première tâche. Quand je n'ai pu rendre mot à mot, j'ai appelé à mon secours les équivalens les plus approximatifs. Il m'eût été bien plus commode de suivre l'exemple de d'Olivet, qui dit quelque part, » Je me contente d'énon » cer clairement la proposition, sans appuyer » sur chaque mot du texte : notre langue n'ayant » pas les quatre synonymes qui sont ici dans le » latin (1) ».

J'ai quelquefois osé entreprendre d'éclaircir le texte par des développemens, en guise de commentaires. Mais je ne l'ai jamais fait qu'avec beaucoup de discrétion, et que presqu'en tremblant. Je ne me sentois pas assez foncé dans le Platonisme pour me jeter dans des détails qui auroient exigé la tête ou d'un *Proclus*, ou d'un *Plotin*. Si donc il m'est échappé, à cet égard, quelque incongruité, de quoi je ne réponds pas, je sol-

____

(1) Dans sa traduction des *Entretiens* de Cicéron sur la *Nature des Dieux*, tome II, édit. de Barbou, 1766, page 9.

licite d'avance l'indulgence des *Proclus* qui me
feront l'honneur de me lire.

D'un autre côté, lorsque les idées de Maxime
de Tyr m'ont paru s'éloigner plus ou moins du
sens littéral, et devoir être prises dans un sens
figuré et allégorique, je me suis rarement permis
d'y toucher. Car circonscrit dans les fonctions
d'un Traducteur, il ne m'auroit pas convenu
d'affecter celles d'un interprète. D'ailleurs, on
doit avoir assez bonne opinion de son lecteur,
pour lui laisser quelque chose à faire ; et peut-
être ceux qui me liront, jugeront-ils, sur beaucoup de notes, que ce qu'ils auroient fait, vaudroit mieux que ce que j'ai fait moi-même.

Peut-être aussi trouvera-t-on, en beaucoup
d'endroits, que j'aurois pu, s'il est permis de se
servir de cette figure, habiller un peu plus
Maxime de Tyr *à la françoise*, et écarter quelques longueurs de phrase, quelques aspérités
de style qui pourront m'être reprochées. Certes,
je n'aurois pas demandé mieux. Mon travail en
auroit été plus facile. Car les morceaux sur lesquels tombera ce reproche, seront probablement ceux qui m'ont, en effet, le plus coûté.
Mais je prie le lecteur de vouloir bien considérer, que c'est au sens de son original qu'un
Traducteur doit s'attacher essentiellement ; que
cet intérêt doit l'emporter sur tout autre ; et
qu'ici, c'est un Auteur Grec qui doit s'exprimer dans ce qui est didactique, en termes, et
même en tours, les plus équivalens que pos-

sible à ceux de sa langue. Les amateurs de l'Antique trouveroient, d'ailleurs, mauvais, et avec raison, que, sous prétexte d'une élégance déplacée, la loi du *costume* fût méconnue jusqu'à certain point; et de même qu'ils pardonneroient peut - être plus volontiers aux Apelles et aux Zeuxis modernes quelque inexactitude, quelque incorrection de dessin dans les tableaux de Socrate ou de Philoctète, qu'ils ne leur pardonneroient de substituer notre vêtement et notre chaussure, à la *chlamyde*, et au *brodequin;* de même ils aimeront mieux retrouver, dans le profil de Maxime de Tyr, quelques - uns des traits caractéristiques de sa physionomie, que de le voir entièrement défiguré, à force d'enluminure.

Paris, le 7 frimaire an X. (28 novembre 1801.)

TABLE

DES DISSERTATIONS

DU PREMIER VOLUME.

Fin de la Table du premier Volume.

DISSERTATIONS

DE

MAXIME DE TYR.

***

DISSERTATION I.

La volupté (1) est un bien; mais elle n'est pas un bien solide.

« Il est difficile », comme dit le proverbe des anciens (2), « il est difficile d'être homme de bien ». Est-il donc difficile à un cheval et à un levrier (3), de réunir les qualités qui constituent un bon cheval ou un bon levrier, chacun dans son espèce? Ou bien le levrier et le cheval réunissent-ils sans peine les qualités qui constituent un bon cheval et un bon levrier, pourvu que le cheval soit habilement dressé au manége, et que le levrier soit habilement dressé à la chasse : et l'homme, est-il le seul de tous les animaux qui n'acquiert qu'avec beaucoup de peine, de difficulté, et d'incertitude, les bonnes qualités qui le constituent; et n'a-t-on encore inventé aucun art par le secours duquel on puisse lui en assurer l'acquisition? Si cela est ainsi, ne dédaignera-t-il point les sophistes? Ne leur ôtera-t-il pas ainsi tout sujet de discourir, de controverser, de discuter? Trompé dans ce qu'il attendoit de l'art oratoire, et frappé du peu de solidité de ses principes, ne renoncera-t-il pas à l'espérance de remplir sa destination, de pourvoir à sa sûreté dans l'occasion à l'aide de cet art-là? Ne sera-t-il point insouciant pour tout ce qui concerne l'instruction? N'éprouvera-t-il point ce qu'éprouvent les malheureux qui s'embarquent pour la première fois, et qui, pour peu qu'ils soient assaillis par la tempête, effrayés de la nouveauté du spectacle, abandonnent le gouvernail; et sans songer aux ressources de la manœuvre qui pourroit les sauver, se précipitent eux-mêmes dans les flots, et périssent avant que le vaisseau soit englouti (4)? Car telle me paroît être la condition de tous ceux qui ayant embrassé la profession de la philosophie, et ballottés entre les divers systèmes dans lesquels elle se partage, ne supportent point cet état de fluctuation et de tourmente auquel leur âme est en proie; et cessent de croire que la raison soit destinée à les diriger vers un port sûr, et à les y fixer un jour.

II. Ignorez-vous donc que les opinions et les passions des hommes, les causes qui les produisent, les sources d'où elles tirent leur origine, les principes qui les règlent et leur donnent une direction salutaire, sujets quotidiens des méditations et des discours des philosophes, ne sont une chose ni circonscrite, ni simple, ni semblable à ces fleuves qui vont en droite ligne, au courant desquels on peut abandonner un vaisseau avec la confiance qu'il fera toujours bonne route. C'est une mer étendue et profonde. On est plus exposé à s'y égarer, que sur les mers de Sicile ou d'Égypte. A la vérité, il est un art de se diriger (sur cette mer) à l'aide de la connoissance des astres et du gisement des côtes; mais il en est de cet art-là, comme de celui des pilotes. Chacun désire le savoir, mais le plus grand nombre ne parviennent

pas à le savoir bien. Aussi se trompent-ils sur la véritable direction des ports, et sont-ils jetés tantôt
contre des rochers périlleux, tantôt sur des bas-fonds,
tantôt chez les Sirènes, tantôt chez les Lotophages (5),
tantôt chez d'autres peuples ou assez pervers pour mé-
connoître les lois de l'hospitalité, ou assez ignorans
pour n'avoir des Dieux aucune notion, ou corrompus
d'ailleurs par tous les genres de voluptés. Tandis, au
contraire, que les pilotes habiles, et sûrs de ne point
manquer le lieu où ils veulent arriver, se dirigent en
droite ligne vers les meilleurs ports, « où l'on n'a be-
» soin ni de cables, ni de cordages, ni d'ancres (6). »
Mais quel est donc ce pilote ? Où est celui auquel
nous devons nous adresser et nous confier ? Ah, mon
ami ! ne me le demandez point encore, avant que
d'avoir passé en revue et examiné les autres pilotes,
et principalement celui qui, abandonné aux délices
et à la volupté, dirige le vaisseau dont le coup-d'œil
est le plus agréable à le contempler du rivage, mais
qui est en effet le moins propre à la navigation, vaisseau sujet à toute sorte d'accidens, d'une mauvaise
manœuvre, tout défectueux dans ses agrès, sans force
pour résister à la tourmente, et livré à toutes les fureurs des vagues (7).

III. Puisque nos idées ont pris, sans savoir comment, la tournure d'une allégorie maritime, ne nous
en départons point, avant qu'elle ait achevé de nous
montrer notre sujet dans toute sa vérité, en assi-
milant la philosophie d'Epicure au vaisseau du Roi
Aëte (8). Ce n'est point une fable que je vais racon-
ter. Il n'y a pas long-tems que fut entrepris par mer
le trajet de l'Égypte dans la Troade, par un Roi
d'une de ces nations barbares qui habitent au-dessus

de la Phénicie, peuples qui n'ont aucune connoissance en navigation, qui ne rendent aucun culte ni
à Jupiter, ni aux autres Dieux. Décidé à s'embarquer,
ce Prince impie, qui n'avoit jamais navigué, se fit
construire un grand vaisseau assez vaste pour y réunir tout l'attirail de ses jouissances. Dans une partie
de ce vaisseau s'élevoit un des plus beaux palais, orné
de l'ameublement le plus riche. De ce palais on sortoit dans un grand jardin (9), où étoient plantés,
des pruniers, des poiriers, des pommiers, et des vi-
gnes. Dans une autre partie du vaisseau étoient les
bains et le gymnase. Ailleurs étoient le laboratoire
des alimens, et le logement des individus attachés
à ce service. D'un autre côté étoient les petits appar-
temens et les boudoirs des courtisanes. Plus loin les
salles à manger, et tous les accessoires de la mollesse
nécessaires aux habitans d'une ville adonnée au luxe.
L'extérieur du vaisseau étoit plaqué d'or et d'argent,
et émaillé des couleurs les plus variées. Ce vaisseau
ressembloit parfaitement à un homme sans courage,
auquel on auroit mis des armes d'or à la main. Les
Égyptiens admiroient la beauté de ce spectacle. Ils
convoitoient le bonheur de celui qui devoit monter
ce vaisseau. Chacun d'eux auroit désiré d'en être le
pilote. Enfin le moment du départ arrive. Cet immense, ce magnifique vaisseau s'ébranle. Il quitte
le port. On eût dit d'une ville flottante (10). Avec
lui se mirent en marche les autres vaisseaux de transport construits et disposés à l'ordinaire pour le service
auquel ils sont appropriés. Pendant que les vents
furent favorables, les plaisirs régnèrent sur le vaisseau du Roi (11). Les parfums s'en exhalèrent de
tous les côtés. « Autour de lui retentissoient les sons

» des flûtes et des hautbois, ainsi que les chants d'al-
» légresse des navigateurs (12) ». Mais aussitôt qu'une
rapide tempête eut pris dans les airs la place de la
sérénité, et que les vents, pères des naufrages, se dé-
chaînèrent avec beaucoup d'impétuosité, on recon-
nut alors à quoi servent les raffinemens de la volupté,
et quelle est l'utilité de la navigation. Tous les autres
vaisseaux calèrent leurs voiles, luttèrent contre la
tempête, soutinrent la fureur des vents, et échappè-
rent à tous les dangers. Tandis que le malheureux
vaisseau du Roi fut ballotté dans les flots, comme l'est
un homme d'une grande taille, à qui le vin a fait
perdre la tête, et qui dans son allure se jette tantôt
d'un côté, tantôt d'un autre. Le pilote ne trouva
dans son art aucun moyen qu'il pût mettre en œuvre.
La consternation et l'effroi se répandirent dans la
foule des personnages perdus de luxe et de mollesse
qui l'environnoient. La tempête mit en pièces toute
cette pompe, toute cette magnificence. « Elle cou-
» vrit les rivages de leurs immenses débris (13) ». Le
palais, les ameublemens, les bains, tout fut fracassé.
On eût cru voir à la côte les ruines d'une ville entière ; « tandis que les infortunées victimes de ce nau-
» frage flottoient au gré des vagues ; semblables à ces
» oiseaux de mer qui se font un jeu de se balancer
» ainsi sur les flots (14) ». Telle fut la catastrophe de
ce Prince destitué de bon sens. C'est ainsi que périt ce
vaisseau qui n'étoit pas susceptible de naviguer. Tel
fut le résultat d'un luxe hors de saison (15).

IV. Mais revenons au fond du sujet qui nous a
donné occasion d'emprunter cette allégorie. Il y est
en effet question, non d'une courte navigation, ni
d'un voyage de quelques jours, dont nous ayons à sup-

porter les fatigues. Mais de toute la durée de la vie, gouvernée par des voluptés non moins périlleuses que celles dont nous venons d'offrir le tableau. Qu'on ne se mette pas en frais pour nous persuader que la volupté est un bien. Mais qu'on s'efforce de nous persuader, si on le peut, qu'elle est un bien solide (16), et non sujet aux vicissitudes. Nous consacrerons toute notre vie à la volupté. Nous dirons adieu à la vertu, si l'on nous démontre que la volupté est stable et non mêlée de douleur, que la volupté n'est point sujette au repentir, que la volupté est digne d'éloges. Mais comment démontrera-t-on cela de la volupté? On ne le démontrera pas plus que de la douleur. Car la nature n'a point voulu que l'homme éprouvât ces deux genres de sensations, sans mélange, sans promiscuité réciproque. Elle a au contraire partout allié les élémens de la douleur aux élémens de la volupté. Elle en a fait une amalgame. Il est donc de toute nécessité que celui qui éprouve la sensation de l'une, éprouve la sensation de l'autre. Elles naissent l'une de l'autre; elles se suivent réciproquement. Elles se succèdent, elles se remplacent, elles se correspondent tour à tour. Continuellement flottante entre ce flux et reflux, comment l'âme seroit-elle jamais dans un état exempt de douleur, lorsqu'elle ne jouit que de biens qui doivent bientôt lui être enlevés (17). Aussi me défié-je de la mer, quoiqu'elle ne soit point agitée par les vents, quoiqu'elle présente l'aspect de la tranquillité. Je crains cette trompeuse apparence. Si l'on veut que je me confie à cette sérénité, que l'on me conduise dans une mer pacifique, « où la tourmente n'exerce » point ses fureurs, dans une mer inaccessible aux » orages, sous un ciel pur et sans tempêtes (18) ».

Telles sont les impressions dont l'âme a reçu la susceptibilité en partage. Tant qu'elle sera destituée de pilote, tant qu'elle manquera de l'art nécessaire pour se diriger, elle aura beau voir la tranquillité sur les flots, elle ne sera point rassurée contre la crainte de la tempête; et si la tempête l'agite, elle désirera la tranquillité. Car lorsque l'homme a de la propension à la volupté, et qu'il répugne à la douleur (19), sa vie est pleine d'incertitude, de terreurs paniques, de perplexités. La mobilité de la mer n'est qu'une foible image de la sienne.

V. Voyez-vous les amans de Pénélope, comme ils se vautrent dans toutes les voluptés de la jeunesse, comme ils se gorgent de chèvres grasses, et de tendres chevreaux, comme ils charment leurs oreilles par le son des flûtes, comme ils se noient dans le vin, comme ils se plaisent à lancer le disque et à fendre l'air du javelot. A l'aspect de ces voluptés, qui ne les croiroit heureux? Mais voici le langage du devin, de celui dont la science plonge dans l'avenir: «Ah, » malheureux! quels sont donc les maux auxquels » vous êtes en proie? Une sombre nuit vous envi- » ronne (20)». Les malheurs approchent, ils sont déjà là. Les malheurs marchoient à la suite de cet Alexandre (21) qui vint dans le Péloponnèse enlever cette beauté rare dans la possession de laquelle il se promettoit tant de volupté. Une flotte grecque fut soudain équipée pour voler sur ses traces, et cette flotte traînoit après elle des maux infinis, prêts à fondre sur le ravisseur, et à exterminer sa patrie. Nous ne parlerons pas de cet Assyrien (22) qui fut dévoré en un moment par le feu, avec ses trésors et ses courtisanes. Nous ne parlerons pas non plus de

ce Polycrate d'Ionie, qui finit par une mort ignomi-
nieuse (23). Sybaris aussi étoit pleine de voluptés.
Mais ces voluptés périrent, avec les hommes efférmi-
nés qui en faisoient leurs délices (24). Les Syracusains également s'abandonnèrent à la volupté. Mais les
malheurs qui furent les fruits de leur mollesse les en
corrigèrent (25). Il n'en fut pas de même des Corinthiens (26).

NOTES.

(1) Il faut entendre ce mot dans le sens de généralité et d'abstraction didactique que lui donnent les anciens philosophes, et le regarder
comme synonyme de toutes les jouissances physiques en général, ou
de chacune en particulier.

(2) C'est un mot de Pittacus, l'un des sept Sages de la Grèce. En
voici l'occasion. Périandre, contemporain de Pittacus, et compté
comme lui parmi les sept Sages, s'étoit emparé du pouvoir à Corinthe.
Il débuta par la popularité, et passa bientôt à la tyrannie. Pittacus, qui
étoit à la tête du Gouvernement à Mytilène, comme Périandre à
Corinthe, instruit de la métamorphose morale qui s'étoit opérée chez
ce dernier, se hâta d'abdiquer et de se condamner à un exil volontaire.
Il fut effrayé de cet exemple; et sentant peut-être par sa propre expérience, l'impossibilité de conserver sa vertu au milieu du pouvoir
suprême, il prit le sage parti de la retraite. Cette conduite parut singulière, et Pittacus répondit à ceux qui lui en témoignoient leur éton-
nement, qu'*il étoit difficile de gouverner les hommes, et d'être homme de
bien en même tems.* Solon, instruit de ces deux traits de Pittacus et
de Périandre, blâma Pittacus, et dit, *il est difficile que le bien se
fasse ;* et l'antiquité a consacré ces deux pensées comme des sen-
tences remarquables. Dans des circonstances peut-être pareilles,
Côme de Médicis, maitre du pouvoir à Florence, pour justifier des
actes de rigueur destinés à le maintenir, répondit à ceux qui les lui
reprochoient, « qu'on ne gouvernoit pas en disant ses patenôtres ».
Voyez Suidas sous le mot χαλεπὰ τὰ καλὰ ; les adages grecs d'André
Schott, centurie 14, n°. 52, et les adages d'Erasme, Chiliade II, centurie I, n°. 12.

(3) Le texte porte littéralement *un chien*, tout court.

(4) Markland déclare que ce passage de Maxime de Tyr est un de ceux qui lui ont paru le plus altéré. J'ai suivi les corrections qu'il a indiquées. Reiske a formé aussi sa conjecture ; et pour mettre le lecteur à même de choisir entre les deux opinions de ces savans annotateurs, je crois devoir lui soumettre une version du passage dans le sens de l'Helléniste allemand. La voici. «L'homme est le seul de tous les ani-
» maux qui n'acquiert qu'avec beaucoup de peine, de difficulté et d'in-
» certitude, les bonnes qualités qui le constituent. On n'a encore in-
» venté aucun art, à l'aide duquel, lorsqu'il en possède bien la science,
» il puisse se passer des discours, des controverses, des discussions
» des sophistes, ne pas perdre l'espérance de parvenir à la fin à
» laquelle il est destiné, ne pas renoncer à sa propre sûreté, en consi-
» dérant l'incertitude des secours de l'art oratoire, ne pas être insou-
» ciant pour tout ce qui concerne l'instruction, ne pas éprouver ce
» qu'éprouvent les malheureux qui s'embarquent pour la première
» fois » ; et la suite.

(5) Maxime de Tyr fait allusion ici à certains traits de l'histoire d'Ulysse.

(6) Odyssée, chant 9, vers 136.

(7) Toute cette tirade n'est qu'une allégorie relative à l'être moral de l'homme.

(8) On ne trouve nulle autre part des vestiges du trait historique que notre auteur rapporte ici. Il ne faut donc pas s'étonner que Dodwell, dans sa Dissertation sur Irénée, liv. VI. 14, n'ait pu indiquer chez quel peuple a régné le Roi dont il est ici question. D'ailleurs, il paroit que Ptolémée-Philadelphe et d'autres Princes firent construire des vaisseaux de ce genre , que les Grecs appeloient θαλαμηγοὺς, et les Latins, *cubiculatos*, selon le témoignage de Sénèque , Traité des Bienfaits, liv. VII. 20. S'il faut en croire ce que dit Appien , dans sa Préface, les Rois d'Égypte avoient un très-grand nombre des vaisseaux en question. Athénée, au cinquieme livre de ses Dipnosophistes, donne l'énumération des forces navales de Ptolémée-Philadelphe. On y voit que les plus grands vaisseaux de ce Prince avoient jusqu'à trente rangs de rames, et qu'il en avoit deux de cette grandeur.

(9) Odyssée, chant VII, vers 112.

(10) Le grec porte d'*une île flottante*.

(11) Formey a traduit, « Tant que les vents laissèrent régner le
» calme, ce vaisseau royal l'emportoit assurément sur tous les autres
» par les délices qu'on y goûtoit. » Quand *le calme* règne sur mer , le vaisseau reste à peu près immobile, du moins il ne chemine pas, et

ce n'est pas *assurément* alors que les navigateurs se réjouissent le plus. Le *tranquillitas* d'Heinsius a pu l'induire en erreur. Mais s'il eût consulté le traducteur Florentin, qui a mieux rendu le texte, en traduisant *donec lenissimus ventus aspiravit*, il n'auroit pas substitué l'immobilité au mouvement.

(12) Iliade, chant 10, vers 13.

(13) C'est ainsi que s'exprime le 537 vers du neuvième chant de l'Iliade. Je remarquerai en passant, qu'au lieu de ὕρατα que porte le texte de Maxime de Tyr, celui d'Homère porte διέδρια. Mais la raison de cette différence est fort simple. Dans l'Iliade, il s'agit des ravages d'un sanglier au milieu d'une forêt, et dans la Dissertation de notre Auteur, il est question de l'effet d'une tempête contre un vaisseau en pleine mer. Notre philosophe a donc dû parodier.

(14) Iliade, chant 12, vers 418.

(15) Heinsius me paroit avoir manqué ici d'exactitude en traduisant, *hunc finem stolidissimus navisque inutilis importunus vector habuit*. Je ne vois pas là l'ἄκαιρε τρυφῆς du texte, qui forme un des trois traits du tableau de l'original. Je trouve la version de Pacci plus fidèle et plus élégante : *Hunc finem habuit demens ille inscensor inutilis navis, importunusque luxus*. Je vois là très-distinctement le Prince insensé, le vaisseau qui n'est bon à rien, le luxe importun.

(16) Ce passage est évidemment mutilé. Markland et Reiske se sont mis avec quelque justesse sur la voie du véritable sens. En profitant des conjectures de l'un et de l'autre, j'ai pensé que la vraie leçon pouvoit être celle-ci, ἀγωνιζέσθω ἐὰν πεῖσαι δυνηθῇ μηδὲ μεταβάλλειν τὴν ἡδονήν. Il est étonnant, par exemple, que Reiske n'ait pas aperçu que ces deux mots τὴν ἡδονήν, dont il suppose l'ellipse, doivent être substitués à ceux qui dans le texte suivent l'infinitif μεταβάλλειν ; et que lorsqu'il a proposé d'ajouter τουτὸ γὰρ ἐὰν δυνηθῇς, il n'ait pas vu qu'il proposoit un double emploi, puisque neuf mots après on trouve l'équivalent de cette addition, ἐὰν μοι διείξῃς ἡδονὴν ἀσφαλῆ.

(17) Tous les annotateurs ont senti que le dernier mot de cette phrase avoit éprouvé de l'altération. J'ai suivi la correction de Reiske comme la plus judicieuse et la plus probable.

(18) Ce sont deux passages d'Homère cousus ensemble, l'un est du quatrième chant de l'Odyssée, vers 566, et l'autre du chant sixième, vers 43.

(19) Heinsius et Formey ont laissé de côté ce second membre de la phrase, qui cloche évidemment par cette mutilation. Ce n'est sans doute qu'une inadvertance d'Heinsius, car il a dû lire les mots du texte qui l'expriment dans tous les exemplaires imprimés et dans tous les manuscrits.

(20) C'est en ces termes, qu'au 20me. chant de l'Odyssée, vers 351, le Devin Théoclymène apostrophe les amans de Pénélope.

(21) Il s'agit ici de Pâris, fils de Priam, et d'Hélène, femme de Ménélas.

(22) Sardanapale. *Voy.* Justin, liv. I, chap. 3.

(23) Voyez ci-dessous, *Dissert.* 35.

(24) Cette ville d'Italie, si célèbre dans l'antiquité, par la mollesse, le luxe et les mœurs efféminées de ses habitans, fut renversée de fond en comble par les Crotoniates ses voisins. On peut voir dans Étienne de Bysance, sous le mot *Sybaris*, quelle fut la principale cause de sa ruine.

(25) Markland cite ici la 129e. des Épitres faussement attribuées à Phalaris, tyran d'Agrigente. Elle vaut la peine d'être connue. La voici. « Il est de la nature de Dieu de ne point commettre de faute. Il » est de la nature de l'homme, lorsqu'il en a commis une, d'en pren- » dre occasion de se corriger à l'avenir. On doit penser que le méchant » seul est capable de faire une mauvaise action, sans se tenir doréna- » vant sur ses gardes. Il est donc honteux (car nous irons encore plus » loin) que celui qui devient pour autrui un exemple d'inconduite, » ne sache point tirer de son propre malheur une leçon de sagesse. »

(26) Henri Étienne a conjecturé que cette Dissertation étoit mu- tilée, et que ce n'étoit point ainsi qu'elle devoit se terminer. Markland embrasse cette opinion, « à moins, dit-il, que l'Auteur n'ait fait une » ellipse, et qu'il n'ait mis à l'accusatif le mot Corinthiens. » Quand cela seroit, la conjecture d'Henri Étienne n'en conserveroit pas moins sa probabilité. Mais tous les manuscrits, et notamment celui de la bibliothèque nationale que j'ai vérifié, sont d'accord avec toutes les éditions sur cette leçon du texte.

Paris, le 11 pluviôse an IX. (31 janvier 1801.)

DISSERTATION II.

*Si la volupté est un bien, elle n'est pas un bien
solide (1).*

UN discours précédent, dont nous n'admettons pas
la doctrine (2), avoit pour objet de nous persuader
que la volupté mériteroit la préférence, si son alliance
avec la stabilité étoit praticable. C'est le discours d'un
sophiste, adroitement combiné pour nous induire en
erreur. Il s'agissoit de rechercher la nature de la volupté, jusqu'à quel point elle devoit être mise au rang
soit des biens, soit des maux. Or, il a dissimulé le
véritable état de la question ; et regardant comme
décidé que la volupté est un bien, il a recherché si elle
est un bien solide. Mais quelle opinion avoir d'un
bien essentiellement ondoyant (3) et variable ? Car
de même, à mon avis, que prétendre que la terre
n'est point stable et immobile, c'est dire, qu'elle
n'existe pas (4); que soutenir que le soleil ne se meut
point, ne roule point autour de la terre, c'est détruire
son existence : de même, avancer que le bien n'est pas
une chose fixe et permanente, c'est anéantir son essence. Car il n'en est pas du bien, comme de la beauté
du corps, qui croît et se développe avec les années.
Sous quel point de vue envisagera-t-on donc la volupté, si l'on accorde qu'elle est un bien, et si l'on
nie qu'elle soit un bien solide ? Car s'il est de nécessité
que ce qui est bien soit par cela même solide, le défaut de solidité rend la volupté incompatible avec le
bien. Or, quelle est celle de ces opinions qui a le plus

de droits à l'assentiment ? Celle qui prétend que la volupté est un bien, quoiqu'elle ne soit pas un bien solide ; ou celle qui soutient que la volupté n'est point un bien, si en même-tems elle n'est pas solide ? Quant à nous, nous pensons que c'est la seconde. Car il vaut mieux nier qu'il y ait de la volupté dans un bien qui a d'ailleurs la solidité pour apanage, que d'admettre qu'il y ait du *bien* dans une *volupté*, de laquelle la solidité est séparée.

II. Puis donc que le *bien* n'est pas absolument inséparable de la *volupté*, mais qu'il l'est de la stabilité, et que la *volupté* n'est point inséparable du *bien*, et qu'elle l'est de l'instabilité, il faut de deux choses l'une, ou que ceux qui s'attachent à la *volupté* négligent le *bien*, ou que ceux qui s'adonnent au *bien*, ne recherchent point la *volupté*. Or, je ne pense pas que rien de ce qui n'est pas *bien*, mérite d'être recherché. Mais sous des apparences extérieures de *bien*, ce qui n'est pas *bien* est recherché comme tel ; de même qu'auprès de ceux qui manient de l'argent, on fait passer des pièces fausses, non parce qu'elles sont fausses, mais parce qu'elles cachent leur fausseté sous une extérieure ressemblance avec les pièces d'aloi. Or, en ce qui concerne les espèces monétaires, les essayeurs ont un art à l'aide duquel ils distinguent les mauvaises pièces des bonnes ; et en ce qui concerne la dispensation des biens qui nous sont appropriés, nous avons la raison qui nous sert à discerner entre les biens, ceux qui n'en ont que la trompeuse apparence. Néanmoins, semblables à ces caissiers qui manient les espèces sans nulle notion de ce qui en constitue le bon aloi, nous ne nous apercevons point que nous ne grossissons notre trésor que de faux biens.

III. Qui donc nous servira de guide dans cette recherche ? Comment opérerons-nous ce discernement? Le voici. Si quelqu'un entreprenoit d'ôter un bœuf de sa charrue, et un cheval de son char , et que changeant le rôle de l'un et de l'autre, on attelât le bœuf au char, et le cheval à la charrue, ne seroit-ce point renverser l'ordre de la nature , faire un outrage à chacun de ces animaux, montrer qu'on ignore à quoi les arts les appliquent l'un et l'autre, et les employer à un service aussi stérile que ridicule? Et si l'on faisoit quelque chose encore plus dénué de bon sens. Si l'on ôtoit aux oiseaux leurs ailes, et qu'on voulût en faire des animaux pédestres ; si au contraire en donnant des ailes à l'homme, on le mettoit à même de prendre son essor vers les régions éthérées , et de les fendre comme un oiseau , ne seroit-ce pas la plus ridicule des métamorphoses, puisque la mythologie elle-même n'a pas permis à Dédale d'employer impunément un art aussi insensé, et qu'elle a précipité son fils, malgré ses ailes, du haut des airs dans les flots (5)? On raconte qu'un jeune Carthaginois (6) prit à la chasse un lionceau à peine sevré (7), qu'il l'apprivoisa en le nourrissant avec d'autres alimens que ceux qui lui étoient naturels, et que par ce moyen il fit disparoître toute sa férocité , de manière qu'il le conduisoit dans la ville chargé de fardeaux comme une bête de somme (8). Mais les Carthaginois, indignés de ce renversement de l'ordre de la nature, condamnèrent le jeune homme à la mort , sous prétexte que quoiqu'encore dans une condition privée, il déceloit du penchant pour la tyrannie.

IV. De même donc que la nature a donné comme

moyen de conservation et de salut, au cheval la
course, au bœuf le labour, à l'oiseau les ailes, au lion
la force, et aux autres animaux autre chose ; de
même sans doute l'espèce humaine a reçu de la nature une faculté salutaire et conservatrice. Mais cette
faculté doit être différente de chacune de celles des
autres animaux, si l'homme ne doit trouver son salut
et sa conservation, ni dans la force comme les lions,
ni dans la course comme les chevaux, ni porter les
fardeaux comme l'âne, ni labourer comme le bœuf,
ni voler comme les oiseaux, ni nager comme les
poissons. Il est une fonction qui lui est propre et particulière ; c'est de distinguer l'objet final de son existence (9). C'est cela même. Les facultés ont été distri-
buées aux animaux chacune à chacun, selon l'usage
auquel ces facultés étoient destinées pour leur conservation. Ce qu'ils avoient à faire pour leur conservation a été proportionné à leurs facultés, et les organes
de ces facultés ont été proportionnés aux fonctions
qu'ils devoient remplir, et aux résultats conservateurs qu'ils devoient produire. En un mot, le bien de
chaque animal dépend des procédés propres à l'espèce à laquelle il appartient : les procédés dépendent
de la nécessité de l'usage ; l'usage dépend de la facilité
attachée aux facultés, les facultés dépendent de l'aptitude des organes, et les organes des variétés de la
nature. Car la nature est très-variée, et de là vient
qu'elle a muni, qu'elle a pourvu les animaux de chaque espèce pour défendre et conserver leur vie, les
uns d'une sorte d'arme, les autres d'une autre. Elle
leur a donné tantôt des ongles crochus, tantôt des
dents affilées, tantôt des cornes robustes, tantôt de
la vitesse, tantôt de l'intrépidité, tantôt du venin.

Elle n'a au contraire fourni à l'homme aucune de ces ressources. Elle l'a fait nu, délicat, sans défense extérieure contre les impressions de l'air, dénué de vigueur, lent à la course, incapable de voler, inhabile à la nage. Mais elle a infusé dans sa substance pour veiller à sa conservation une invisible étincelle que l'homme appelle *intelligence*, qui fait seule tout ce qu'il faut pour le conserver, qui pourvoit à tous ses besoins, qui remédie à tous les maux qui l'atteignent ou qui le menacent, qui lui tient lieu de tout ce que les autres animaux ont reçu pour la même fin, qui lui donne l'empire sur tous les êtres qui l'environnent, qui les soumet tous aux résultats de sa raison et à ses lois.

V. Interrogez-moi maintenant sur le compte de l'homme. Comment nous y prendrons-nous pour rechercher en quoi consiste son *bien*? Nous répondrons ce que nous avons répondu du lion, des oiseaux, et des autres animaux. Cherchez le *bien* de l'homme dans les choses qui constituent les fonctions qui lui sont propres. Mais où trouverons-nous ces fonctions? Là où en est l'organe. Mais où trouverons-nous cet organe? Là où est ce qui conduit l'homme à sa véritable fin. Partons de là : or, qu'est-ce qui conduit l'homme à sa véritable fin? La volupté? Mais vous parlez là d'une chose commune, appropriée à toutes les espèces d'êtres, et dont par cette raison je n'admets point la prérogative. Le bœuf, l'âne, le pourceau, le singe, ont chacun leur volupté. Voyez dans quelle classe vous rangez l'espèce humaine. Voyez quels associés vous lui donnez sous ce rapport-là. Mais si la volupté est le principe conservateur, cherchez après elle quel est son organe. Vous y trouverez
une

une singulière variété. Et ces organes, hors les yeux
et les oreilles, ne méritent que le mépris. Mais si
nous allons plus avant, et que nous jetions nos regards sur les routes de la volupté, voyez quels sont
les organes, chargés des honneurs de notre conservation. Avons-nous trouvé les organes, considérons les
fonctions. Ce sont un palais qui dévore (10), des yeux
brillans qui s'amortissent, des oreilles que le charme
entraîne. Ce sont toutes les jouissances des Apicius,
ce sont toutes les lubricités des Sardanapales (11).
En trouvant les fonctions, vous avez trouvé le *bien*.
Et ce seroit là, conserver ! Et ce seroit là, être heureux !

N O T E S.

(1) Heinsius traite d'inepte le titre de cette Dissertation. Selon lui,
elle devoit être intitulée à peu près ainsi : « La volupté n'est pas la
» véritable fin de l'homme ». Ce titre lui conviendroit mieux en effet.

(2) L'épithète ἐχθρὸς que Maxime de Tyr donne ici au discours précédent, a paru suspecte à Heinsius. Il a proposé de la remplacer par
un adverbe de tems, qui signifie proprement *hier*. Davies a pensé que
le texte, tel que le garantissent les manuscrits, offroit un sens passa-
ble, et il a rejeté la conjecture d'Heinsius.

(3) Cette épithète est d'autant plus propre dans cet endroit, qu'elle
rend littéralement celle du texte. Elle en conserve d'ailleurs l'image.
Le célèbre Auteur des *Essais*, Montaigne, l'a employée dans un sens
analogue et non moins heureux, dans le premier Chapitre de son premier livre. » Certes, dit-il, c'est un sujet merveilleusement vain,
» divers et ondoyant que l'homme. Il est malaisé d'y fonder jugement
» constant et uniforme ».

(4) Telle étoit l'opinion généralement admise par les Anciens. Les
sciences exactes n'avoient point fait chez eux assez de progrès; elles
n'étoient ni assez appréciées, ni assez cultivées pour arriver à des
découvertes destinées au génie des siècles modernes.

(5) Le texte dit littéralement, *en bas vers la terre*. Il m'a paru plus exact, ainsi qu'à Markland, de suivre le sens de cet élégant pentamètre que tout le monde connoit :

Icarus Icariis nomina fecit aquis.

(6) Il s'agit d'Hannon. Voici ce qu'en dit Pline l'Ancien, dans le huitième livre de son Histoire naturelle, chap. 21 : *Primus hominum leonem manu tractare ausus, et ostendere mansuefactum, Hanno e clarissimis pœnorum traditur: damnatusque illo argumento, quoniam nihil non persuasurus vir tam artificis ingenii videbatur, et malè credi libertas ei cui in tantum cessisset etiam feritas.* Selon Plutarque, dans le Traité qui a pour titre, *Instruction pour ceux qui manient affaires d'État,* Hannon ne fut condamné qu'au bannissement. « Ils chassèrent en exil » le capitaine Hanno, parce qu'il faisoit porter à un lion, comme à » un sommier, partie de ses hardes à la guerre, disant que cela sentoit » son homme qui brassoit quelque tyrannie ». C'étoit pousser un peu loin la jalousie de la liberté, et ce n'étoit pas sans raison qu'Alcibiade faisoit de ce trait un sujet de moquerie.

(7) Heinsius a correctement traduit, *Juvenem leonem ab ipso lacte.* Mais Formey n'a pas rendu le latin plus correctement que le grec, en traduisant, *un lionceau qui tétoit encore.*

(8) Le grec porte littéralement, *comme un âne.*

(9) Heinsius et Davies ont imaginé que le texte étoit corrompu dans le mot διαγνωστικὸν, et ils ont cru devoir lire διασωστικὸν. Comment n'ont-ils pas aperçu que par cette prétendue correction, ils jetoient Maxime de Tyr dans un contresens ; et que tandis qu'il dit clairement que l'homme a une faculté différente de celle de tous les animaux, une faculté qui lui est propre et particulière, ils appliquoient à l'homme, sous le rapport de cette faculté, une identité de condition et de résultat, avec les autres animaux. Le docte Reiske n'a point laissé échapper cette méprise. Son sentiment est pour la leçon vulgaire, et je le partage.

(10) Formey a traduit, *que la langue bégaie,* parce qu'il a lu dans la version d'Heinsius *helluetur lingua.* Or, *helluari, helluor,* (ou avec un seul *l,* comme on le trouve dans le Trésor de la langue latine par Gesner) signifie proprement et figurément, *dévorer, manger avec avidité.* Témoin ce passage du Traité de Cicéron, *de finibus,* où, parlant de Caton, qu'il avoit rencontré dans une bibliothèque, entouré des ouvrages des Stoïciens, pour donner une idée de l'ardeur avec laquelle il les dévoroit, il dit, *quasi heluo librorum videbatur.*

(11) Le grec porte mot à mot, ainsi que l'a rendu Heinsius, *impleatur venter; veneri serviant partes illi destinatæ.* Or, il m'étoit impossible

d'être littéral à ce point. J'ai dû me rappeler la leçon du Législateur de notre Parnasse :

> « Le latin dans les mots brave l'honnêteté ;
> » Mais le lecteur françois veut être respecté :
> » Du moindre sens impur la liberté l'outrage ,
> » Si la pudeur des mots n'en adoucit l'image ».

Paris, le 22 pluviòse an IX. (11 février 1801.)

DISSERTATION III.

La Volupté est un bien, mais elle n'est pas un bien solide.

Ésope, le Phrygien, a écrit des Fables où il fait converser les bêtes entre elles. Quelquefois dans le même dialogue on voit figurer des arbres, des poissons, et des hommes. Mais dans ces discours sont enlacés des traits succincts de bon sens, où quelque vérité est enveloppée. Voici une de ces Fables. Un lion poursuit une biche. Celle-ci se sauve en fuyant, et se cachant dans l'épaisseur d'un hallier. Le lion, qui a plus de force que la biche, mais moins de vitesse, arrive auprès du hallier, et demande à un berger s'il n'a point vu une biche se cacher dans les environs. Le berger répond qu'il n'a rien vu; et tout en faisant cette réponse, il indique de la main le hallier au lion. Celui-ci s'y jète, et la malheureuse biche est sa proie. Un renard, car chez Ésope les renards montrent beaucoup de sagesse, s'adresse au berger et lui dit : « Comme tu es à la fois lâche et méchant : lâche en- » vers les lions, et méchant envers les biches (1) ».

II. Il me paroît qu'Épicure pourroit faire usage de cet apologue Phrygien contre le détracteur de la volupté, qui dans ses discours parle en homme, mais dans ses affections indique la volupté comme de la main. Où est l'homme assez ennemi de lui-même pour écarter spontanément la seule des choses humaines, qui a pour lui de si puissans attraits ? Car toutes les autres choses auxquelles l'homme s'attache, ou il les recherche lorsqu'il en a fait l'expérience, ou il les estime, lorsqu'il les a mises à l'épreuve, ou il croit à leur mérite, lorsque la raison lui en a fait connoître le prix, ou il en fait l'objet de son affection, lorsqu'elles ont soutenu la pierre de touche du tems. Tandis que la volupté n'entre point dans le creuset de la raison. Elle est plus ancienne que tous les arts. Elle anticipe sur l'expérience. Elle n'attend pas l'épreuve du tems. Le goût qu'elle inspire, est l'ouvrage même de la nature. Ce goût naît et commence avec la vie. Il est comme une sentinelle placée autour de l'être vivant pour le conserver (2). Otez la volupté, vous ôtez l'existence à l'être qui vient de la recevoir. Car ce n'est qu'à la longue que l'homme, à l'aide du jeu insensible et réciproque des sensations et de l'expérience, développe en lui-même la science, la raison, et l'intelligence (cette faculté à laquelle on attache tant d'intérêt) et qu'il augmente leur intensité. Tandis que du moment où il vient au monde, il apprend de la nature et de lui-même tout ce qu'il doit savoir de la volupté (5). Autant il est l'ami de la volupté, autant il est l'ennemi de la douleur. La volupté tend à le conserver ; et la douleur tend à le détruire.

III. La volupté une chose méprisable ! Mais notre amour pour elle ne seroit point inné. Elle ne seroit point dans tous les tems l'agent fondamental de notre conservation. Quant à ces sujets de déclamation que les Sophistes ont accumulés contre elle, le luxe de Sardanapale, les délices de la Médie, la mollesse de l'Ionie, la somptuosité de table de la Sicile, les mœurs efféminées de Sybaris, les courtisanes de Corinthe, et autres tableaux de même nature ; ce ne sont point là les œuvres de la volupté. Ce sont les œuvres des arts et de l'industrie humaine, lorsque dans la succession des tems l'opulence et la profusion des biens eurent porté l'homme à sortir des limites naturelles de la volupté. De même donc que nul ne s'avise de faire la guerre à la raison, en l'accusant de n'être point une chose belle de sa nature, sous prétexte qu'il est des individus qui en appliquent l'usage à des choses qui ne sont point belles de leur nature; de même il ne faut point faire le procès à la volupté, mais à ceux qui en abusent. L'âme de l'homme étant susceptible de ces deux choses, la volupté et la raison, si la volupté se mêle à la raison sans rien ôter aux besoins de la nature auxquels elle. tient, elle donne à ces derniers tout l'attrait dont ils sont capables. Mais si la raison s'allie à la volupté, et que l'opulence fasse sortir cette dernière de ses limites naturelles, elle ôte aux besoins de la nature ce que la nature avoit attaché de plaisir à les satisfaire (4).

IV. Mais, dira-t-on, la volupté n'est pas uniquement propre à l'homme. Elle lui est commune avec tous les autres animaux. Vous n'aimez donc pas que la nature l'ait regardée comme la dépositaire la plus fidèle de la conservation de tout ce qui vient à la vie. Ou bien, êtes-vous choqué de la promiscuité (5) de ses fonctions? O l'étrange espèce de cupidité! Vous n'aimez donc pas la lumière du soleil, parce qu'elle est commune à tous les êtres qui ont des yeux. Il falloit donc que l'homme eût exclusivement le don de la vue; à défaut, vous n'accorderez point que la lumière soit un bien pour lui; non plus que l'air, que tous les corps respirent, et qui, par cette respiration, entretient leur existence; non plus que le cristal des fontaines (6); non plus que les fruits de la terre. Poussons plus avant dans le cercle des choses nécessaires. Elles sont toutes communes à tous les êtres. Nulle n'est exclusivement propre à nul d'entre eux. Plaçons donc la volupté dans ce cercle, comme un bien commun chargé de la conservation de tous les êtres sensibles.

V. Mais puisque la vertu est intéressée dans cette dissertation sur la volupté, à Dieu ne plaise que nous nous permettions contre la vertu aucune aggression. On peut d'ailleurs discourir sur la volupté sans amertume et sans fiel. Nous dirons seulement, que séparer la volupté de la vertu, c'est rendre cette dernière impossible. Otez la volupté attachée aux belles actions, elles ne seront plus recherchées. Celui qui travaille pour la vertu travaille spontanément. Il travaille par amour pour une volupté présente ou attendue. De même que dans les comptoirs, nul « de ceux à qui » les Dieux n'ont point ôté le bon sens (7) », n'échange sciemment un talent contre une drachme, ni de l'or contre de l'airain, et qu'il faut, au contraire, quoique une sorte d'égalité doive régner dans cet échange, que chacune des deux parties, entre lesquelles l'échange a lieu, y trouvent respectivement leur avantage; de même, sans doute, en ce qui concerne les divers genres de travaux, nul ne s'y livre par affection intrinsèque pour le travail. Car ce seroit l'affection du monde la plus malentendue. Mais chacun a pour but d'échanger le travail du moment contre *du beau*, pour parler le langage vulgaire; et contre *de la volupté*, pour parler le langage de la vérité. Or, dire du *beau*, c'est dire de la *volupté*. Car le beau ne seroit point beau, si la volupté n'étoit pas un des élémens les plus intimement inhérens à son essence.

VI. Quant à moi, je tiens aussi pour cette opinion contraire à l'autre; et ce qui prouve, à mon sens, que la volupté est de toutes les choses celle qu'on désire le plus (8), c'est qu'on ne craint pas de s'exposer pour elle à des fatigues, à des blessures, à la mort, et à toute sorte de maux. Car, quoiqu'on fasse varier les noms qu'on donne aux causes de ces effets divers, et qu'on appèle le sentiment qui fait courir Achille à la mort, pour venger la mort de Patrocle, *amitié;* la passion qui porte Agamemnon à supporter de longues veilles, à être toujours le premier rendu au Conseil, à jouer le premier rôle dans toutes les opérations militaires, *amour de l'Empire;* l'ardeur qui pousse Hector à être continuellement à la tête des Troyens, à figurer dans la première ligne des combattans, à faire des actions de courage, *amour de la Patrie;* tout cela n'est que donner des noms différens à la volupté. Car, de même que dans les maladies du corps, les malades souffrent le fer et le feu, la faim et la soif, supportent sans répugnance les choses les moins supportables de leur nature, et cela dans l'espérance de recouvrer leur santé (9); et qu'ôter la perspective du bien qu'on espère, c'est anéantir le courage qui fait braver le mal présent : de même dans les actions humaines, il se fait un échange de peines et de travaux pour de la volupté. Cet échange, on l'appelle *Vertu.* A la bonne heure; je passe cette expression, mais je demande : « L'âme se porteroit-elle » vers la vertu, abstraction faite de l'affection qu'elle » a pour elle » ? Car admettre l'affection, c'est admettre la volupté.

VII. Qu'on change les dénominations; que *la volupté* soit appelée *la joie*, peu m'importe la multiplicité des noms. Je vois la chose (10) : je reconnois la volupté. Pensez-vous qu'Hercule, qui entreprit de si nombreux et admirables travaux, qui s'endurcit aux fatigues, qui se familiarisa avec les périls, qui livra des combats aux bêtes féroces, qui extermina partout les tyrans (11) sur son passage, qui se fit un plaisir de détruire les brigands, qui répandit la sécurité sur ses traces, qui signala son courage sur le mont Œta, qui s'étendit lui-même sur le bûcher destiné à le réduire en cendres; pensez-vous qu'il eût un autre motif que celui de ces sublimes, de ces admirables, de ces pures voluptés, dont il savouroit les unes au milieu même de ses labeurs, dont les autres devoient l'en récompenser un jour. Pensez-vous qu'il se soit spontanément dévoué à de si grandes choses ? Mais votre attention ne se fixe que sur le côté pénible et périlleux des travaux d'Hercule, sans considérer les voluptés qui les accompagnoient, d'après les affections dont il étoit susceptible. Hercule trouvoit de la volupté à faire ces grandes choses; et il ne les faisoit que par cette raison. Il ne les auroit point faites, s'il n'avoit point dû y trouver de la volupté. Bacchus aussi trouvoit de la volupté au milieu de ses fêtes, au milieu de ses bacchanales nocturnes, au milieu des danses, des airs de flûte, des chansons dont elles se composoient. Tel étoit le genre des voluptés de Bacchus, au milieu de ses mystiques orgies.

VIII. Mais pourquoi parler de Bacchus et d'Hercule? Ils appartiennent à la mythologie, aux tems héroïques. Adressons-nous à Socrate. « O Socrate,

» vous êtes éperdument amoureux d'Alcibiade, après
» Alcibiade, de Phédre, après Phédre, de Charmide.
» Vous êtes éperdument amoureux, ô Socrate; et il
» n'est point dans toute l'Attique de beau garçon
» que vous ne connoissiez. Allons, confessez-nous
» la cause de cet amour, et ne craignez pas qu'il y
» ait à cet aveu aucune infamie. Il est possible, en
» amour, d'allier la pudeur avec la volupté, comme
» il est possible d'unir la douleur à une passion im-
» pudique. Mais, si vous séparez la volupté de l'a-
» mour, si vous n'aimez que sous le rapport de l'âme,
» sans aimer sous le rapport du corps, aurez-vous
» de l'amour pour Théœtète? Non, car il est camus.
» Aurez-vous de l'amour pour Chœrephon? Non,
» car il a une figure cadavéreuse. Aurez-vous de
» l'amour pour Aristodème? Non, car il est tout dis-
» gracié de la nature. Qui donc aimerez-vous? Celui
» qui se distingue par sa chevelure; qui, à la fleur
» de l'âge, étale toutes les grâces de l'élégance, tous
» les charmes de la beauté. Votre vertu me répond,
» d'ailleurs, que cet amour est exempt de toute souil-
» lure. Mais votre âme me répond aussi que vous
» alliez la volupté à l'amour ». Car je ne doute pas
non plus des impressions de volupté que l'action de
la chaleur produit sur le corps, que la lumière du
soleil produit sur la vue, que le son des flûtes produit
sur l'ouïe, que les leçons des Muses produisent sur
Hésiode, que les inspirations de Calliope produisent
sur Homère, que la lecture d'Homère produit sur
Platon, en donnant de l'élévation, de la grandeur
à son âme. Toutes ces choses, les yeux, les oreilles,
les corps, les esprits, sont entraînés par l'attrait de
la volupté.

IX. Ce fut aussi la volupté qui conduisit Diogène dans un tonneau. Que la vertu ait également contribué à l'y conduire, à la bonne heure. Mais pourquoi regarderoit-on la volupté comme inconciliable avec la sagesse? Diogène se trouvoit aussi bien dans son tonneau, que Xerxès à Babylone. Il étoit aussi content de son pain sec, que Smindyride de la chère la plus raffinée. Il avoit autant de plaisir à boire l'eau de la première fontaine qui lui tomboit sous la main, que Cambyse en pouvoit avoir en buvant exclusivement de l'eau du Choaspe (12). Il se délectoit de l'aspect du soleil, autant que Sardanapale du spectacle de sa magnificence. Il aimoit autant son bâton, qu'Alexandre pouvoit aimer sa lance. Il se complaisoit dans sa besace, autant que Crésus dans ses trésors. Et si l'on compare voluptés à voluptés, celles de Diogène l'emportent sur celles des autres. Car la vie des personnages que je viens de nommer paroît bien n'être qu'un tissu de voluptés. Mais les filamens de la douleur y sont partout enlacés. Xerxès vaincu s'abandonne au désespoir : Cambyse blessé pousse des gémissemens : Sardanapale pleure au milieu de son palais en flamme : Smindyride est inconsolable d'avoir été éconduit (13) : Crésus prisonnier ne fait plus que verser des larmes : Alexandre tombe dans la langueur lorsqu'il ne voit plus de nations à combattre : tandis que les voluptés de Diogène sont inaccessibles à la désolation, aux gémissemens, aux larmes, à la douleur. Mais ces voluptés de Diogène on les appelle *des privations*. On juge donc de Diogène par soi-même. Jugement insensé! A vivre comme il vivoit, on se croiroit très à plaindre. Diogène, au contraire, y trouvoit sa volupté. J'oserai même dire davantage,

que nul n'a mieux entendu que Diogène l'amour de
la volupté. Il ne fut point chargé d'un ménage. L'é-
conomie domestique a ses peines. Il ne s'immisça point
dans les fonctions publiques. C'est une chose fertile
en désagrémens. Il ne s'engagea point dans les liens
du mariage. Il savoit des nouvelles de Xantippe (14).
Il ne s'exposa point à avoir des enfans à élever. Il
connoissoit l'histoire de Clinias (15). Mais exempt
d'inconvéniens de tout genre, d'asservissement, de
sollicitude, de crainte, de douleur, il étoit dans tous
les lieux de la terre, comme dans une maison identique. Seul entre les hommes, il sut s'assurer des voluptés
autour desquelles il n'eut pas besoin d'élever des rem-
parts pour les défendre contre les atteintes des vicissitudes humaines.

X. Quittons Diogène; passons aux Législateurs,
et considérons les corps politiques. Ne pensez pas
d'ailleurs que je me dirige vers Sybaris, que je rappèle ni les Syracusains, que leur mollesse a rendus
célèbres, ni les Corinthiens adonnés à toutes les voluptés, ni les habitans de Chio, renommés pour leur
opulence, ni ceux de Lesbos, qu'on vante comme
les premiers buveurs, ni ceux de Milet, fameux pour
la richesse de leurs vêtemens. Je ne m'occupe que
des peuples qui ont tenu le premier rang sous le rapport politique, des Athéniens et des Spartiates. Chez
ces derniers, je vois des flagellations, des blessures,
les pénibles exercices de la chasse, de la course, la
frugalité dans les repas, la mise la plus grossière.
Mais je vois la volupté attachée à toutes ces choses.
A merveille Lycurgue, tu compenses de médiocres
peines par de grandes voluptés. Tu donnes peu, et
tu recueilles beaucoup. Tu imposes des travaux éphé-

mères, et tu en fais résulter des voluptés continues.
Mais, dira-t-on, en quoi consistoient donc les voluptés des Spartiates? Elles consistoient à n'avoir point
de murailles autour de leur ville, à voir la sécurité
régner autour d'elle, à ne pas craindre qu'une flamme
ennemie vînt dévorer ses maisons, à la défendre de
l'aspect d'hostiles phalanges, et de boucliers étrangers, à la maintenir inaccessible aux cris de douleur
et aux violences que produit la guerre. Or, qu'y
a-t-il de plus cruel que la crainte, de plus accablant
que la servitude, de plus révoltant que la nécessité?
En éloignant toutes ces choses de ta Cité, tu as mis
à la place des voluptés en grand nombre. Les nourrissons de ces voluptés furent Léonidas, Othryade,
Callicratidas (16). Mais ces Spartiates sont morts; —
oui, mais ils sont morts avec gloire; — et pour quels
motifs? — pour ces voluptés. On mutile le corps dans
ses membres pour la conservation du tout. Or, Léonidas étoit à Sparte, ce qu'un membre est au corps; et
il mourut pour elle. Il en fut de même d'Othryade et
de Callicratidas. Ainsi, du sacrifice de quelques membres d'une médiocre importance résultoit le salut des
voluptés de tous les citoyens. Que dirons-nous des
Athéniens? Dans l'Attique on ne voyoit que fêtes,
qu'expansion de joie, d'allégresse. Chaque saison de
l'année avoit chez eux son apanage de voluptés. Au
printemps, c'étoient les fêtes de Bacchus; en automne,
celles des Déesses Eleusines. Les autres Dieux avoient
distribué dans les autres saisons, les Panathénées, les
Skirophories, les Aloes, les Apatouries (17). Tandis
qu'une partie des citoyens d'Athènes livre des batailles navales, le reste célèbre des fêtes dans les Cités
de l'Attique. Tandis que les uns sont en campagne

sur le continent, les autres prennent leurs ébats au milieu des bacchanales. Mais la guerre elle-même, la chose du monde la moins agréable, n'est pas sans avoir ses voluptés. On y entend la trompette thyr-rhénienne qui donne le signal de se ranger en bataille, la flûte qui bat la cadence pour les rameurs, les hymnes guerrières qui sonnent la charge. Vous voyez combien sont nombreux les divers genres de volupté.

NOTES.

(1) Cette fable d'Ésope ne se trouve point dans le recueil de celles de cet Auteur qui sont parvenues jusqu'à nous.

(2) Le texte porte littéralement, *il est comme un soulier, comme une chaussure placée autour de l'animal pour le conserver.* La métaphore que j'ai substituée à celle de l'original, m'a paru plus noble et plus digne de notre langue.

(3) Tel est l'argument des Épicuriens pour démontrer que la volupté est le *souverain bien.* « C'est sur ce fondement, » dit Sextus-Empiricus, dans le troisième livre de ses *Institutions pyrrhoniennes*, chap. 24, n°. 194; « C'est sur ce fondement que les Sectateurs d'Épi-» cure établissent que l'amour de la volupté vient de la nature. Car » à peine les animaux sont-ils nés, qu'on les voit, si d'ailleurs nulle » cause ne les en détourne, courir avec empressement vers la volupté » et fuir la douleur ». Cicéron, dans son *Traité de Finibus*, lib. I, n°. 9, expose à peu près dans les mêmes termes, ce principe fondamental de la doctrine d'Épicure. On peut consulter encore là-dessus, Diogène-Laërce, liv. X.

(4) Ce difficile passage n'a été bien entendu, à mon avis, ni par Pacci, ni par Heinsius. Du moins après avoir long-tems médité sur le vrai sens que notre philosophe a voulu exprimer, j'ai cru ne devoir suivre celui d'aucun de ces deux traducteurs. Je laisse aux critiques à prononcer, en comparant ma version avec celle de Formey. Au reste, le judicieux Reiske a fort bien vu qu'Heinsius s'étoit trompé,

au moins en ce qu'il avoit rapporté au substantif λόγος, le relatif αὐτῷ, qui ne doit l'être qu'au neutre substantifié, τὸ ἀναγκαῖον.

(5) Raynal a dit dans son Histoire philosophique des deux Indes, *le promiscuité*, pour la communauté *des femmes*. Ce mot s'entend à merveille. Il a de la grâce. Je n'ai pas dû hésiter de m'en servir sur la foi sur-tout d'un tel garant.

(6) Le grec porte littéralement *les sources des fleuves*.

(7) Maxime de Tyr fait allusion ici, à ce que dit Homère de Glaucus, qui échange avec Diomède, ses armes d'or, contre des armes d'airain. *Voyez* ci-dessous, *Dissert.* 39, sect. I.

(8) Les traducteurs latins m'ont paru n'avoir pas saisi le vrai sens de ce passage, faute de s'être doutés de l'ellipse qui y est cachée. Ils font dire d'ailleurs à Maxime de Tyr, que la volupté est de toutes les choses, *celle qui est le plus à désirer*, tandis qu'il dit positivement que la volupté est de toutes les choses *celle qu'on désire le plus*, ce qui est bien différent. En exposant que telle est son opinion, il se déclare contre l'opinion contraire, celle de ceux qui prétendoient que dans le *bien* de l'homme n'entroit aucun élément de *volupté*.

(9) Le grec porte *le sommeil*. Mais ceux qui ont travaillé sur Maxime de Tyr, à commencer par Henri Étienne, ont soupçonné le texte d'être corrompu en cet endroit. « Le moyen, en effet », observe très-judicieusement Davies, « que dans la léthargie proprement dite, par « exemple, ce soit pour recouvrer le sommeil que le malade brave « tout ce qu'a de dégoûtant et de pénible l'attirail de la pharmacie ».

(10) Markland a donné sur ce passage une nouvelle preuve de sa sagacité. Il a substitué au verbe ἱρῶ, qui défigure le sens, le verbe ἱρῶ qui lui donne sa véritable physionomie. Reiske s'est rangé du côté de cette correction beaucoup plus heureuse que celle dont il a senti la nécessité.

(11) Le texte porte littéralement *les Dynastes*, les hommes armés du pouvoir. Pacci et Heinsius ont traduit *tyrannos*, et Markland remarque que le mot *dynaste* dans le grec, est, ainsi que le mot *tyran*, une expression mitoyenne, qu'on peut prendre en bonne comme en mauvaise part.

(12) C'est le nom d'un fleuve de Perse. Hérodote et beaucoup d'autres historiens rapportent que les Rois de Perse ne buvoient d'autre eau que celle de ce fleuve.

(13) Smindyride étoit parti de Sybaris avec l'étalage du luxe le plus magnifique. Il alloit à Sicyone se mettre sur les rangs, pour épouser la fille de Clisthène. Ce Prince avoit ouvert une espèce de concours pour le choix d'un gendre, et l'avoit fait proclamer aux Jeux Olympiques. Un grand nombre de prétendans, dont Hérodote, dans son livre sixième, donne l'exacte nomenclature, se rendirent à Sicyone.

Clisthène mit une année à les étudier, à les apprécier tour à tour, et
au bout de ce terme, ce fut à Mégaclès, Athénien, qu'il donna la
préférence.

(14) Tout le monde sait que c'est le nom de la femme de Socrate,
et que cette femme fut un démon incarné. Au reste, il ne faut pas
induire de l'expression du texte que j'ai rendu le plus fidèlement que
j'ai pu, que Xantippe fût déjà morte, lorsque Diogène vint à Athènes.
Il est fort possible qu'elle vécût encore à cette époque.

(15) Clinias étoit le père d'Alcibiade, et c'est à ce dernier que notre
Auteur fait allusion. Au reste, j'ai volontiers adopté ici la correction
de Markland.

(16) Ce sont les noms de trois Spartiates, que leur dévouement
patriotique a immortalisés. Tout le monde connoit l'héroïsme de
Léonidas aux Thermopyles, à la tête de trois cents Lacédémoniens.
Othryade, l'un de ces trois cents, qui, resté seul, au milieu de ses
compagnons étendus à terre, a honte de leur survivre, et se donne
la mort, est peut-être un peu moins connu. Le troisième, après avoir
remporté plusieurs victoires contre les Athéniens, périt, en les combattant, dans une bataille navale.

(17) Les *Panathénées* étoient des fêtes consacrées à Minerve. Il y
en avoit de deux sortes, les grandes et les petites. Les premières
duroient cinq jours, et les autres, trois. Leur institution remontoit à
la plus haute antiquité, car on en faisoit honneur à Erichthon et à
Orphée. Les Anciens ne sont pas d'accord sur l'application des *Skirophories*. Meursius pense que cette fête étoit consacrée à Minerve. On
la célébroit le douze du mois de *Skirophorion*, auquel elle avoit donné
son nom; elle avoit pris le sien d'un mot grec, qui signifie *parasol*. Ce
parasol, qui étoit blanc, étoit porté en grande cérémonie par le prêtre
de Minerve; et Harpocration nous apprend que c'étoit un emblème
par lequel on désignoit le retour de la belle saison, de celle où ceux
qui avoient à bâtir, pouvoient l'entreprendre.

Les *Aloes* étoient des fêtes en l'honneur de Cérès. Elles prirent
leur nom d'un mot grec qui signifie *aire* à battre le blé, parce qu'on
les célébroit immédiatement après la moisson, dans le mois de *Posi-
déon*. Elles duroient plusieurs jours.

Les *Apatouries* étoient consacrées à Bacchus. On les appeloit ainsi
d'un mot grec qui veut dire *fraude*, *tromperie*; et Proclus Diadocus,
dans son Commentaire sur le Timée de Platon, prétend qu'elles furent
instituées à l'occasion d'un combat singulier, qui eut lieu entre Me-
lanthus et Xanthus, pour décider du sort d'une petite cité de l'Attique, nommée *Oinoë*. Il ajoute que dans ce combat, Xanthus fut tué
par une ruse de Mélanthus. A la vérité, le même Auteur, dans le

même ouvrage, attribue aux instituteurs de ces fêtes, des vues bien plus relevées.

Nous sommes redevables de tous ces détails au savant Meursius, dont les recherches pleines de l'érudition la plus vaste, et de la critique la plus judicieuse, ne laissent peut-être rien à désirer sur cette partie de l'histoire de l'ancienne Grèce; et loin de prétendre avoir satisfait les curieux par les détails succincts, dans lesquels nous avons dû nous restreindre, nous les invitons à puiser à la source que nous venons d'indiquer.

Au surplus, à propos de ces fêtes, Formey a mis en note : « Nous » suppr mons leurs noms, et nous renvoyons aux Commentateurs ». On peut imaginer une méthode plus satisfaisante pour les lecteurs qui sont susceptibles de quelque curiosité. Il seroit difficile d'en trouver une plus commode pour les traducteurs.

Paris, le 2 germinal an IX. (23 mars 1801.)

DISSERTATION IV.

Quelle est la fin de la philosophie?

Dans les choses qui appartiennent à la raison, il est difficile de trouver le point réel de la vérité : au milieu de l'abondance qui s'offre à l'entendement, l'âme de l'homme risque de pécher par le jugement. Dans les arts mécaniques, plus on avance, plus on les perfectionne par des inventions successives, chacun à l'égard du genre d'ouvrage qui lui est propre. La philosophie au contraire, lorsqu'elle a fait le plus de progrès, c'est alors sur-tout qu'on voit abonder dans son sein les opinions indécises et les systèmes contradictoires. Il en est d'elle, comme de ces agriculteurs dont les propriétés deviennent moins productives à mesure qu'ils augmentent leur attirail aratoire. Dans les discussions qui intéressent l'ordre public, le nombre des juges, leur opinion, les discours des orateurs, les suffrages du peuple influent sur les résultats. Mais ici de quels juges emprunterons-nous le secours? Par quels suffrages discernerons-nous la vérité? Par celui du raisonnement? mais il n'est point d'argument auquel on ne puisse opposer un argument contraire. Par celui des passions? mais les passions sont des juges qui ne méritent nulle confiance. Par celui de la multitude? mais les ignorans font le plus grand nombre. Par celui des préjugés (1)? mais ils consacrent les opinions les plus erronées.

II. Or, dans ce qui est l'objet actuel de notre examen, dans ce conflit, dans cette comparaison réciproque de la vertu et de la volupté, cette dernière, après avoir éliminé la vertu, ne l'emportera-t-elle point aux yeux du vulgaire, n'aura-t-elle pas pour elle la pluralité des suffrages, n'obtiendra t-elle pas l'empire, à l'aide des passions ? L'unique auxiliaire qui restoit à la vertu, la droite raison éprouve des dissentimens, des schismes. Elle fait plus; elle-même prône quelquefois la volupté (2). On parle avec succès, lorsqu'on parle en faveur de la volupté, lorsqu'on déprime la vertu, et qu'on fait tomber ainsi le sceptre en quenouille (5). On se départ de ce qui constitue le vrai caractère du philosophe. On se contente de l'ascendant qu'en donne le nom (1). Homme, abjure le nom de philosophe, quand tu en abjures les principes (5). Tu pervertis l'intention de ceux qui ont imposé sa dénomination à la philosophie (6). Elle n'a rien de commun avec la volupté. Autre est l'ami de la volupté, autre est l'ami de la philosophie. Distincts l'un de l'autre sous le rapport des noms, ils le sont aussi sous le rapport des choses. Ils diffèrent autant entre eux que les Spartiates différoient des Athéniens, et les Grecs des Barbares. Si tu t'annonces comme un Spartiate, comme un Grec, comme un Dorien, comme un Héraclide, et que tu admires le turban des Mèdes, la table des Barbares, le char des Perses, tu copies les Perses, tu imites les Barbares. Tu n'es plus Pausanias. Tu es un Mède. Tu es Mardonius. Quitte le nom du peuple auquel tu cesses d'appartenir.

III. Je conçois donc que le vulgaire préconise la volupté. Son âme est enfoncée dans la matière. Elle est étrangère à l'usage de la droite raison. Cette situation excite la commisération. Cette ignorance doit être excusée. Mais je ne pardonne point à Épicure. Je

ne peux supporter qu'on outrage la philosophie. Je
n'aime point un Général qui abandonne son poste au
milieu de l'action, et qui se met à la tète des fuyards.
Je n'aime point un agriculteur qui met le feu à ses
moissons, ni un pilote qui ne jète ses regards sur les
flots qu'en tremblant. Tu dois naviguer, tu dois com-
mander une armée, tu dois cultiver des champs. Tout
cela exige des travaux et des fatigues. Les grandes,
les belles actions ne sont point filles de l'inertie.
Que la volupté accompagne les belles actions ; j'y
consens. Qu'elle les accompagne, mais que les belles
actions aient partout la prééminence sur elle. « Que
» le sceptre ne soit que dans une seule main, que
» le diadème ne ceigne qu'une seule tête, et que ce
» soit la tête et la main de celui à qui Jupiter a donné
» l'empire (7) ». Mais si cet ordre est renversé ; si la
volupté commande, et que la droite raison soit subordonnée, on donne à l'âme un tyran impérieux et
inexorable. On la réduit à la nécessité d'en être l'esclave, de devenir, malgré elle, l'instrument d'actions
de tout genre, quelque honteuses, quelque ini-
ques qu'elles puissent être. Car quelle mesure imposer à la volupté, après qu'elle aura soumis les désirs
à sa puissance ? Ce tyran est insatiable. Il dédaigne
les biens qui sont à sa disposition. Il se passionne
pour ceux qui lui manquent (8). L'abondance l'excite, l'espérance le réconforte, la profusion le jète hors
de toute mesure. C'est ce tyran qui porte les affections honteuses à la révolte contre les affections honnêtes. C'est lui qui allume la guerre de l'injustice
contre la justice. C'est lui qui donne la victoire contre
la modération, au vice qui lui est opposé (9). Et cependant les besoins du corps, à combien peu de frais il

est aisé de les satisfaire. A-t-on soif? on a partout des fontaines? A-t-on faim? les hètres croissent en tous lieux. La chaleur du soleil réchauffe bien mieux que celle des vêtemens. Le spectacle le plus varié est celui des prairies. Les fleurs dont elles sont émaillées répandent les parfums de la nature. Et jusque-là, il est possible d'assigner à la volupté des limites, savoir, celles du besoin. Si on les franchit, si l'on va plus avant, on donne à la volupté un essor qui n'a point de terme, on donne l'exclusion à la vertu.

IV. De là, l'avarice : de là, la tyrannie. Il ne suffit point au Roi de Perse d'avoir le territoire de Pasargade pour apanage. Il ne se contente pas de cresson, comme Cyrus. Il faut que toute l'Asie soit mise à contribution pour fournir aux voluptés d'un seul homme. La Médie lui envoie les chevaux de Nisa ; l'Ionie des courtisanes Grecques ; Babylone des eunuques pris parmi les Barbares ; l'Égypte les productions des arts de tout genre ; l'Inde son ivoire ; l'Arabie ses parfums. Les fleuves eux-mèmes paient leur tribut (10) aux voluptés de ce Roi, le Pactole avec son or, le Nil avec son froment, le Choaspe avec son cristal limpide. Tout cela ne lui suffit point encore. Des voluptés d'un autre genre excitent sa cupidité; et c'est pour la satisfaire qu'il passe en Europe, qu'il tente une expédition contre les Scythes, qu'il extermine les Pœons, qu'il s'empare d'Erétrie, qu'il vient débarquer à Marathon, et qu'il erre ainsi de tous les côtés. O pauvreté la plus déplorable du monde ! Car le comble de la pauvreté n'est-il pas dans des désirs qui n'ont point de terme. Du moment que l'âme goûte de la volupté hors de la ligne des besoins, la satiété des premières voluptés arrive, et elle en désire de nou-

velles. Voilà, au vrai, le mot de l'énigme de Tantale.
C'est une soif continuelle chez l'homme avide de voluptés. Ce sont des flots de volupté qui se présentent
et qui disparoissent. C'est un flux et reflux de désirs,
entremêlé de douleurs, d'agitations et de craintes.
Quand la volupté est là, on craint qu'elle ne s'é-
chappe. Quand on l'attend, on est tourmenté dans
la pensée qu'elle ne viendra pas. Il suit de là nécessairement que celui qui attache ses affections à la volupté,
ne doit jamais être sans perplexité ni sans angoisse,
qu'il ne sauroit la savourer au moment même où il en
jouit, et que sa vie n'est qu'un tourbillon d'anxiétés
et de sollicitudes.

V. Voyez-vous quel tyran vous donnez à l'âme.
Ce sont les Athéniens sous Critias après le bannissement de Solon. C'est Lacédémone qui remplace Lycurgue par Pausanias. Quant à moi qui attache mes
affections à la liberté, j'ai besoin de loi, il me faut de
la raison. Ce sont ces gardiens qui maintiendront mon
bonheur dans sa rectitude, dans sa stabilité, dans sa
sécurité, qui feront que je me suffirai à moi-même, que
je ne m'avilirai point, que je ne me prostituerai point
à de honteuses fonctions d'esclave, desquelles je ne
recueillerois pour tout avantage important que la volupté, si je mendiois auprès d'elles, non pas un mor-
ceau de pain, à l'exemple de cet infortuné dont parle
Homère (11), non pas même des épées ou des bassins,
mais des choses bien plus absurdes encore, des mets
exquis auprès de Mittœcus, des vins excellens auprès
de Sarambus, une jeune maîtresse auprès de Connus,
une chanson agréable auprès de Milésias. Et où se
comblera la mesure de toutes ces choses? Quelle sera
la limite du bonheur produit par la volupté. Où nous

arrèterons-nous? A qui donnerons-nous la palme?
Quel sera l'homme heureux? Sera-ce celui qui veille
et travaille sans relâche pour ne demeurer étranger
à aucune volupté; celui de l'âme duquel la volupté ne
s'éloigne, ni la nuit, ni le jour; celui dont l'âme met,
si l'on peut s'exprimer ainsi, tous les sens à l'affût,
comme le polype de mer y met ses réseaux, afin
d'envelopper de toutes parts toutes les voluptés à la
fois (12)?

VI. Figurons-nous, si nous le pouvons, un homme
heureux du bonheur qui résulte de la volupté, pro-
menant ses regards sur les couleurs les plus agréables
à la vue, prêtant son oreille au concert le plus harmonieux, embaumé par les parfums les plus suaves, sa-
vourant les mets les plus succulens et les plus variés,
et jouissant à la fois des plaisirs de l'amour et du libertinage (13). Car si l'on admet des intervalles, si l'on
sépare les voluptés, si l'on établit l'alternative entre
les sens, on altère le bonheur. Or, tout ce qui par sa
présence produit une affection de volupté, produit par
son absence une affection opposée (14). Et quelle est
l'âme qui supporteroit de se voir submergée, entraî-
née, par un semblable torrent de voluptés, sans avoir
un seul instant de repos ou de relâche? N'est-il pas
probable qu'une pareille situation seroit le comble du
malheur pour elle, qu'elle désireroit ardemment quelque moment de répit, qu'elle soupireroit après quelque
intermittence? Car la volupté trop prolongée enfante
le déplaisir. Est-il donc rien de plus perfide qu'un
bonheur qui excite la commisération! O Jupiter, et
vous, autres Dieux, qui avez fait la terre et la mer, et
qui êtes les pères de tous les êtres qui les habitent, quel
est donc cet être que vous avez placé ici bas, en le des-

tinant à y vivre ? Comme il est audacieux, insolent,
bavard, incapable d'arriver au bien (15), enclin à
l'inertie, et gouverné, sous tous les rapports de son
existence, par la volupté ! « Que n'a-t-elle ou resté
» dans le néant, ou péri sans postérité (16) toute
» cette engeance », si elle ne devoit recevoir de vous
rien de mieux que la volupté.

VII. Et comment n'auroit-elle pas quelque chose
de mieux que la volupté ?... Car nous empruntons le
langage d'Homère, qui prend la défense de Jupiter. Si
l'homme a un corps, il a aussi en partage l'intelligence
et la raison (17). Son existence est un mélange de
principes immortels, et de principes périssables. In-
termediairement placé dans l'échelle des êtres, il appartient par le corps à ce que les choses terrestres
ont de plus sujet à la corruption, et son intelligence
est une émanation de l'intelligence immortelle. Or,
le propre du corps est la volupté, et le propre de l'intelligence est la raison. Le corps, il l'a de commun
avec les brutes, tandis que l'intelligence lui est spécialement particulière. Qu'on cherche donc le bien de
l'homme dans son œuvre naturelle, son œuvre naturelle dans son organe, son organe dans ce qui est l'instrument de sa conservation, et qu'on parte de ce dernier point. Quel est celui des deux qui est le conservateur de l'autre ? Le corps conserve-t il l'âme, ou bien
l'âme conserve-t-elle le corps ? On a trouvé celui qui
conserve. Quel est l'organe de l'âme ? L'intelligence.
Qu'on cherche son œuvre naturelle. Quelle est l'œuvre naturelle de l'intelligence ? La prudence (18). On
a trouvé le bien de l'homme. Mais si l'on dédaigne
cette partie de l'essence de l'homme, qui lui donne la
prudence, et par laquelle il aime de plaire aux Dieux,

et qu'on veuille ne s'occuper que des plaisirs de cette autre partie, la seule vraiment méprisable, je veux dire le corps, celle qui s'abandonne à toute sorte de déréglemens et d'excès, et qui est l'esclave de la volupté, où trouverons-nous l'emblème d'une semblable monstruosité ailleurs que dans la mythologie ?

VIII. Les poëtes parlent d'une espèce d'hommes de race Thessalienne, originaires du mont Pélion, de la forme la plus étrange, ayant de la ceinture en bas la figure d'un cheval. Il fallut de toute nécessité que l'animal, résultant de ce bizarre assemblage de formes, se nourrît à l'instar des brutes. Il parloit comme un homme, mais il pâturoit comme une brute. Il éprouvoit comme l'homme les désirs de l'amour, mais il ne pouvoit les satisfaire que comme une brute. A merveille, ô poëtes, et vous qui leur avez succédé, créateurs des ingénieuses fictions de l'antiquité, avec quelle vérité vous nous avez présenté sous le voile mythologique les liens qui nous attachent à la volupté. Lorsque les appétits brutaux ont pris l'empire, et commandent à l'âme, le corps conserve bien ses mêmes formes extérieures, mais les actions déterminées par ces appétits démontrent que chez celui qui s'en laisse gouverner, l'homme a cédé la place à la brute. Telle est l'allégorie des Centaures, des Gorgones, des Chimères, de Géryon, de Cécrops. Otez à l'homme les sensualités de la table, il n'y a plus chez lui de partie brutale. Otez-lui ses affections impudiques, la partie brutale n'est plus rien chez lui. Mais tant que ces sensualités et ces affections seront réunies à la partie brutale, et partageront le même aliment ; tant que la partie brutale sera aux ordres de ces affections et de ces sensualités, il faut nécessairement que l'em-

pire appartienne aux appétits dont elles se compo‑
sent, et que l'âme, si l'on peut s'exprimer ainsi, fasse
chorus avec eux.

NOTES.

(1) Le grec porte littéralement, *par celui de l'opinion*. Mais comme
l'opinion dans son sens absolu et abstrait, se compose de principes
sains et de principes erronés, de principes éprouvés au creuset de la
raison, et de principes hasardés sans examen préalable, j'ai pensé que
Maxime de Tyr entendoit parler ici des principes de ce dernier genre,
et je me suis servi du mot *préjugé*, qui est technique en pareil cas.

(2) Markland remarque ici que Maxime de Tyr a fait un jeu de
mots, à peu près de la nature de nos calembours, en employant,
pour rendre son idée, une expression toute propre à rappeler le nom
d'Épicure, ce célèbre champion de la volupté. Si c'en étoit ici le
lieu, il seroit aisé de prouver par plusieurs exemples, que la langue
grecque se prêtoit familièrement à ce double sens, ces doubles enten‑
tes qui forment proprement ce que nous appelons un calembour.

(3) Notre Auteur emploie ici une locution proverbiale de la langue
grecque, qui signifie proprement, *transporter l'empire du sexe masculin
au sexe féminin*. J'ai donc dû me servir de la locution de notre langue,
qui sert à rendre la même idée.

(4) Ni Pacci, ni Heinsius n'ont ici rendu toute la pensée du texte.
Il s'agit non-seulement de la conservation du nom de *Philosophe*,
mais encore de la conservation de l'empire attaché à ce nom.

(5) Heinsius a traduit ici, *Relinque mi homo, unâ cum oratione tuâ
et nomen*. J'en demande pardon à ce savant Helléniste, mais *cum ora‑
tione tuâ* ne rend pas le sens. Formey, et je me fais un devoir de lui
rendre cette justice, a mieux saisi l'esprit du passage. « Tu as tort,
» a-t-il dit, mon ami, laisse-là le nom avec la chose »; sauf que *tu as
tort* n'est ni dans le latin, ni dans le grec; et que *mon ami* est d'une
familiarité qui ne peut passer dans le discours soutenu.

(6) Parmi les variantes auxquelles cette phrase a donné lieu, les
opinions de Markland et de Reiske m'ont paru les plus judicieuses.

(7) Ce passage est emprunté de l'Iliade, chant second, vers 204.

(8) Sous ce rapport, l'ami de la volupté est comme l'avare,

« Moins riche de ce qu'il possède
» Que pauvre de ce qu'il n'a pas ».

(9) Heinsius a supprimé le dernier membre de cette phrase, et Markland conjecture que c'est parce qu'il a jugé que le verbe grec employé dans le membre précédent, ne convenoit point à celui-ci. Cependant comme tout est figuré dans cette période, ce n'étoit peut-être pas la peine de se montrer si difficile Quoi qu'il en soit, la conjecture de l'annotateur Anglois m'a paru heureuse, et je l'ai adoptée.

(10) Le grec porte littéralement, *font chorus.*

(11) Odyssée, chant 17, vers 222.

(12) Sur la foi des conjectures des annotateurs Anglois, j'ai adopté pour ce passage un sens différent de celui de Pacci et d'Heinsius. Je laisse aux gens de goût à comparer ma version avec celle de Formey.

(13) Selon l'opinion de Markland, qui corrige le texte en cet endroit, il s'agit ici d'un genre de volupté trop familier chez les anciens. Je n'entrerai point dans des détails là-dessus. Je dirai avec un des annotateurs d'Hésychius, sur un des mots grecs relatifs à cette turpitude, *in iis immorari, et dilucidius explicare non est nostri pudoris.*

(14) Cette phrase manque de précision dans Heinsius, qui a traduit, *cujus enim juvat præsentia ejus necessario nocet absentia.* Pacci a été plus correct: *Quidquid enim præsentiâ suâ oblectat, id abscedens molestiam parit.*

(15) Ni Pacci, ni Heinsius ne me paroissent avoir rendu l'ἄπορον ἀγαθοῦ du texte, en traduisant, le dernier, *bonum non respicit,* et le premier, *quàm indignum boni.*

(16) Ces paroles sont empruntées du chant troisième de l'Iliade, au quarantième vers.

(17) Reiske est le seul qui se soit aperçu que le texte étoit mutilé dans ce passage. J'ai adopté sa correction.

(18) Il est inutile de faire remarquer que ce mot de *prudence* se prend ici dans un sens abstrait et générique pour l'ensemble de toutes les vertus intellectuelles et morales.

Paris, le 8 germinal an IX. (29 mars 1801.)

DISSERTATION V.

Il est un art de mettre à profit tous les accidens de la vie (1).

IL est affligeant de voir que les Dieux aient séparé, pour l'intérêt des hommes, les biens d'avec les maux; qu'ils aient ordonné les choses humaines de manière à ce qu'il n'existe aucun mélange entre les uns et les autres, qu'ils aient distingué leur essence respective, comme ils ont distingué le jour d'avec la nuit, la lumière d'avec les ténèbres, l'eau d'avec le feu, (car si l'on rapprochoit chacune de ces choses de son contraire, et qu'on les mêlât ensemble pour n'en former qu'un tout unique et commun, on détruiroit ce que chacune a de propre); et que les hommes de leur côté, tout en n'ayant pour but dans le cours de leur vie que de chercher le bonheur, se rendent les volontaires artisans de leur infortune; et que si quelqu'un des Dieux leur faisoit passer la vie au milieu de la brillante et continuelle lumière du jour, sans qu'ils eussent besoin ni de sommeil, ni du repos de la nuit, ils s'indigneroient contre le soleil qui ne bougeroit point et qui ne se coucheroit jamais. N'allons pas plus loin, de peur qu'en répondant (2), nous ne perdions ce point de vue. S'il étoit possible que les yeux de l'homme soutinssent perpétuellement la présence de la lumière, s'il étoit un méchanisme à l'aide duquel on pût fixer le soleil dans son mouvement circulaire, de manière que, toujours immobile au-dessus de la terre, il dirigeât continuellement sur nous ses rayons comme un fanal du haut d'une tour; si cela étoit

ainsi, que le soleil devînt stationnaire, et que les yeux
de l'homme, sans cesse tournés vers lui, en pussent
soutenir l'éclat ; qui seroit assez insensé, assez fan-
tasque, assez malheureusement organisé sous le rapport des affections, pour désirer la nuit, les ténèbres,
l'inertie des yeux, et cet affaissement du corps qui le
rend si semblable à un cadavre ? Soit donc qu'il fût
plus facile à nos yeux de supporter l'insomnie, qu'au
soleil de s'arrêter, soit qu'il fût plus facile au soleil
de s'arrêter, qu'à nos yeux de supporter l'insomnie,
nous n'aurions pas besoin de faire des vœux pour
demander d'aimer la lumière ; mais le relâche que
nous trouvons dans les bras du sommeil ne laisseroit
pas d'être pour nous un besoin de première nécessité.

II. Il en est ainsi de l'amour du bien. L'âme l'aime ;
et comment ne l'aimeroit-elle pas ? Elle répugne au
mal ; et comment n'auroit-elle pas cette répugnance ?
Mais il n'est en son pouvoir, ni d'obtenir sans peine
ce qu'elle aime, ni de ne pas recevoir de la main de
la nécessité ce qu'elle n'aime pas. Non que j'entende
parler de l'âme du méchant. Elle ne respire que méchanceté ; et elle est étrangère au bien. Elle ne sourit
point à l'espérance, elle ne jouit pas long-tems de
sa prospérité. Je parle de l'âme de l'homme de bien,
de celle qui possède la prudence. Voyons si nous dirons de cette âme-là, que lorsque dans l'heureux cours
de sa carrière, elle est arrivée à la vertu, elle ait
pour jamais atteint le comble de la félicité ; ou si nous
dirons que cela soit impossible à la nature humaine.
Car il en est du chemin de la vie, comme de celui des
coureurs de profession. A chaque pas, on rencontre
des fossés, des escarpemens, de grands creux, des
murs de clôture. Si l'on ne connoît point sa route, si

l'on est mauvais marcheur, si l'on n'a, ni la force,
ni la confiance, nécessaires pour s'élancer, et franchir les obstacles, on bronche, on tombe, on perd
courage. Celui au contraire qui est bon marcheur
et qui connoît sa route, va en soutenant son essor
avec vigueur. L'expérience qu'il a de son chemin
l'empêche de s'en écarter. Son art l'empêche de faire
de chûte. Car il sait où sont les sentiers unis, et où
il ne craindra pas de broncher; où sont les passages
difficiles qu'il faut traverser nécessairement, sans
qu'il soit possible de les éviter.

III. Homère nous offre cet emblème de la vie humaine. « Il est, dit-il, dans le palais de Jupiter deux
» tonneaux (5) », l'un plein de maux, sans aucun
mélange de biens; l'autre, mêlé de biens et de maux.
Mais nulle part il ne parle d'un troisième tonneau qui
ne soit rempli que de biens. Jupiter, selon Homère,
puise dans ces deux tonneaux ce qu'il doit distribuer
au genre humain. Il fait sortir, de l'un, une source
non interrompue de maux cruels et violens, de querelles, de fureurs, d'angoisses, de craintes, et la multitude des autres fléaux de ce genre qu'il est impossible
d'éviter, et dont rien ne tempère l'amertume. De
l'autre, pour parler le langage d'Homère, il fait sortir
un mélange de biens et de maux. A la bonne heure,
j'admets ce mélange. J'applaudis à cette opinion.
Mais je veux présenter, sous une dénomination plus
noble et plus relevée, cette dispensation du maître
des Dieux, qui me paroît la plus raisonnable. Voici
de quelle manière.

IV. La vertu et la méchanceté de l'âme représentent les deux tonneaux de Jupiter. L'une, la méchanceté, semblable à un torrent impétueux, répand le

trouble et le désordre dans le champ de la vie. C'est
le débordement d'un fleuve, qui se jète en hiver sur
des terres ensemencées, et sur des plantations ; débordement funeste aux agriculteurs, aux bergers,
aux voyageurs même ; fécond en ravages sans rien
produire d'utile, il fait périr les semences, et détruit
les fruits dans leurs germes. La vie, au contraire, de
celui dont l'âme éprouve les bénignes influences de
la vertu, offre le spectacle continuel, de la fertilité,
de l'abondance, et de la maturité des fruits qu'elle
donne. Cependant, l'agriculteur doit se fatiguer, prendre de la peine, avoir des sollicitudes. Car l'agriculteur Égyptien ne se repose pas uniquement sur les
eaux du Nil ; il ne sème point, avant d'avoir attelé
ses bœufs à sa charrue, avant d'avoir formé ses sil-
lons, avant d'avoir fait un travail long et pénible.
Lorsqu'il a fait tout cela, il permet au fleuve de couvrir ses terres. C'est ainsi que se marient les ondes
du Nil et les soins de l'agriculture, les espérances avec
les travaux, et les fruits avec les sollicitudes. Il en
est de même des biens et des maux. Ou bien si ce
rapprochement vous choque, ne l'admettez pas. Mais,
tenez pour certain, que les biens ne sont pas tellement
à notre discrétion que nous n'ayons qu'à les désirer (4). Si nous allons dans un port pour nous embarquer, nous prendrons pour pilote, non pas celui qui
n'a jamais vu de tourmente, qui n'a jamais été aux
prises avec la tempête, mais celui qui a appris son
métier au milieu des naufrages et des accidens de la
mer (5). Quant à moi, j'ai une médiocre confiance
dans un Général constamment favorisé par la victoire (6). Combien Nicias auroit été précieux pour les
Athéniens, s'il eût survécu à sa malheureuse expé-

dition de Sicile (7). Que de leçons de modération et de sagesse auroit rapporté d'Amphipolis le Démagogue Cléon, s'il n'y eût point succombé (8). Mais lorsque je vois les faveurs de la fortune constamment attachées à un Amiral, à un Général d'armée, à un homme privé, à un Magistrat, à un simple Citoyen, à une Cité, tant de prospérité m'inspire de la défiance, comme en inspirèrent Crésus à Solon, et Polycrate à Amasis.

V. Crésus régnoit sur un pays abondant en excellente cavalerie. Polycrate dominoit sur une mer où ses vaisseaux faisoient la loi. Mais ni l'un ni l'autre, ne conserva long-tems son empire, ni Crésus celui de la Lydie, ni Polycrate celui de la mer. Polycrate fut fait prisonnier par Oroète (9), et Crésus par Cyrus. Après une longue prospérité, ils éprouvèrent de longs malheurs. Aussi Solon ne regardoit point Crésus comme heureux. Solon étoit trop sage pour porter un tel jugement. Aussi Amasis renonça à ses liaisons avec Polycrate. Il en prévoyoit le danger. Aussi, pour ce qui me concerne, celui qui, dans le cours de sa vie, n'a reçu du malheur qu'une légère impression, qu'une foible atteinte, « celui dont les lèvres en ont » effleuré la coupe, sans que le breuvage ait pénétré » jusqu'à son gosier (10) », celui qui possède la vertu, et qui sait en faire usage même dans l'adversité, celui-là est l'objet de mes éloges. Dans un tableau, les couleurs les plus éclatantes sont celles qui plaisent le plus à la vue. Mais si l'on ne les tempère point par des ombres, on en détruit l'agrément. Enlacez quelques revers dans le tissu de vos prospérités, vous sentirez mieux le prix de la vertu, vous apprécierez davantage votre bonheur.

VI.

VI. Dans le corps humain, c'est la soif qui est le véhicule du plaisir qu'on éprouve à boire. C'est la faim qui produit le plaisir qu'on trouve à manger. C'est l'obscurité de la nuit, qui est la source du plaisir qu'ont les yeux à contempler la lumière. D'un autre côté, l'homme désire la nuit après le soleil, la faim après qu'il a beaucoup mangé, la soif après qu'il a beaucoup bu, et lui ôter cette alternative, ce seroit empoisonner ses jouissances. C'est ainsi que l'on dit d'Artaxerxès, Roi de Perse, qu'il n'eut jamais le sentiment de son bonheur, tant que ses jours coulèrent dans les bras d'une longue paix, et dans le sein des voluptés de tout genre. L'Asie entière étoit mise à contribution pour ses repas. Les fleuves les plus limpides lui fournissoient leur cristal; tous les arts varioient à l'envi les délices de sa table. Mais, lorsque des flottes eurent porté la guerre chez lui, lorsque des milliers de Grecs, commandés par les Généraux les plus habiles, furent venus l'attaquer; lorsque vaincu, et forcé de se sauver par la fuite au travers d'une petite colline, après avoir pris quelque repos pendant la nuit, il se sentit pressé par la soif pour la première fois de sa vie, il n'eut là, ni le Choaspe, ni le Tigre, ni le Nil, ni des coupes, ni des échansons; et il se trouva trop heureux de se désaltérer avec l'eau fétide que le Marde son hôte lui tira d'une outre (11). Ce ne fut qu'alors que ce Prince infortuné apprit quel est le besoin de la soif, et en quoi consiste le plaisir de boire.

VII. Quoi donc! les voluptés du corps auront leur satiété, et la prospérité n'aura pas la sienne (12)? Je la vois cependant plus accablante et plus pénible que celle des jouissances physiques. En effet, ne fut-il pas impossible à Achille de couler ses jours dans le repos, à Nestor de passer sa vie, sans faire usage de son éloquence, à Ulysse de vivre loin des dangers? Il ne dépendoit que d'Achille de rester auprès des Myrmidons, de les rendre heureux sous son règne, de cultiver ses campagnes Thessaliennes, et de choyer Pélée dans ses vieux jours. Nestor étoit le maître de gouverner en paix à Pylos, et d'y attendre tranquillement la vieillesse. Ulysse pouvoit ne pas bouger de chez lui. Il pouvoit demeurer auprès du Nérite (13) couvert de forêts, dans son pays fécond en belle jeunesse; il pouvoit ultérieurement ne pas abandonner Calypso, ni cette grotte sombre et fraîche où il étoit servi par des Nymphes, où la vieillesse ni la mort ne devoient jamais l'atteindre. Mais il ne voulut point d'une immortalité qui devoit condamner sa vertu à l'oisiveté, et sa prudence à l'inertie. Il faut donc que celui qui entreprend de pratiquer la vertu, se prépare à s'écrier souvent, lorsqu'il sera aux prises avec les tribulations humaines : « Courage, mon cœur, je » me suis trouvé d'autres fois dans des circonstances » encore plus critiques (14) ».

VIII. Mais quelle sera donc la réputation d'Ulysse, si nous laissons de côté les traverses auxquelles il a été en butte? Que deviendra la gloire d'Achille, si l'on passe sous silence, Hector, le Scamandre, les douze Cités qu'il saccagea sur le bord de la mer avec ses vaisseaux, les onze autres qu'il détruisit sur le continent (15)? Ce fut du milieu même de ses travaux et de ses combats, que les hommes enlevèrent Hercule, pour le placer dans l'Olympe à côté de Jupiter. Otez les monstres qu'il a terrassés, les brigands qu'il a exterminés, ses longues courses, ses divers voyages, et cette suite non interrompue de périls auxquels il s'est exposé, et vous détruisez sa vertu. Certes, ni aux jeux Olympiques, ni aux jeux Pythiques, on ne décerne ni le rameau d'olivier, ni la pomme, à celui qui s'est présenté seul dans l'arène. Pour être proclamé par le Héraut, il faut avoir combattu. Or, dans l'arène de la vie, dans les combats que l'homme est appelé à soutenir sur la terre, quels seront les antagonistes de l'homme de bien, sinon les circonstances critiques, et l'adversité ?

IX. Voyons, appelons des Athlètes : faisons-les entrer dans l'arène. D'Athènes, prenons Socrate pour combattre contre Melitus, contre les fers, contre le poison. De l'Académie, prenons Platon pour combattre contre la colère d'un tyran (16), contre une mer orageuse, contre les plus grands dangers. Prenons un autre champion dans l'Attique, pour combattre contre le parjure de Tissapherne, contre les embûches d'Ariée, contre la trahison de Menon, contre la perfidie du grand Roi. Il faut que le Royaume de Pont nous fournisse encore un nouvel Athlète, qui soutienne de rudes combats, contre de vigoureux antagonistes, la pauvreté, l'ignominie, la faim et le froid. Quant à moi, je le loue de s'engager dans une pareille lutte. « Il s'endurcit aux souffrances à force » de se faire lui-même des blessures. Il ne se couvre » que de haillons (17); aussi n'a-t-il pas grand peine » à triompher». De là vient que je donne aux hommes la couronne de la vertu, et que je les proclame comme ayant remporté la palme de la victoire. Qu'on cesse de les mettre en butte avec les maux attachés à l'humanité, on leur arrache la couronne, on les rend indignes d'être proclamés vainqueurs. Otez aux Athéniens la campagne de Marathon, et la mort qu'ils y trouvèrent ; ôtez à Cynégyre la gloire de s'être fait couper ses deux mains ; ôtez à Polyzèle la vision qui le rendit aveugle (18) ; ôtez à Callimaque ses blessures, vous ne leur laissez rien de recommandable, que leur Érichthon (19) et leur Cécrops (20), vraies fables qui ne méritent aucune foi. Sparte ne conserva long-tems sa liberté, que parce que ses citoyens ne menoient pas en tems de paix une vie oisive. Chez eux, c'étoient toujours les mêmes exercices, les mêmes pratiques, pour se familiariser avec la douleur. C'étoient les mêmes maux avec le mélange des mêmes vertus (21).

NOTES.

(1) Formey a été plus succinct. Il a traduit, *sur les avantages de l'adversité*. Mais le mot grec paroît embrasser tous les accidens, toutes les vicissitudes de la vie. Or, il y a dans ces vicissitudes beaucoup de circonstances critiques qui ne sont point de l'adversité.

(2) C'est-à-dire, « de peur que dans la discussion qui nous occupe ».

(3) Ces paroles sont empruntées du dernier chant de l'Iliade, 527e. vers. Les deux tonneaux dont il s'agit, dans Homère, sont remplis, l'un de biens, l'autre de maux. Le poëte ne mentionne pas le moins du monde un tonneau mêlé de maux et de biens, comme le lui prête notre philosophe, et à ce propos, les annotateurs et les traducteurs lui ont, avec raison, reproché d'avoir dénaturé l'allégorie de l'Iliade. Maxime de Tyr dit en effet immédiatement après, que « nulle part il n'est question dans Homère, d'un troisième tonneau qui ne soit rempli que de biens ». Et c'est tout le contraire, c'est du troisième tonneau, enfant de son imagination, mêlé de biens et de maux, dont il n'est nullement parlé dans l'allégorie du poëte.

(4) Les copistes ont évidemment corrompu le texte en cet endroit. Markland et Reiske ont proposé chacun une correction. Celle du premier de ces critiques m'a paru concorder le mieux avec ce qui précède et ce qui suit.

(5) Dans une de nos meilleures pièces de théâtre, dans la *Métro-manie*, la même pensée est rendue avec bien de l'élégance et de la grace :

« Le nocher dans son art s'instruit pendant l'orage ;
» Il n'y devient expert qu'après plus d'un naufrage ».

(6) Deux des plus grands Capitaines des tems modernes sont Coligny, et ce Prince de la Maison d'Orange, qui, ni l'un ni l'autre, n'ont jamais gagné de bataille. La plus célèbre action militaire de l'antiquité est la retraite des dix mille.

(7) Thucydide, à la fin de son septième livre, raconte avec assez de détails, la fin tragique de cet Athénien, fait prisonnier par le Général des Lacédémoniens qui vinrent au secours de Syracuse, et dans la personne duquel les Syracusains eurent l'infamie de violer les lois de la guerre.

(8) Voyez le même historien au cinquième livre de son histoire.

(9) Les Auteurs ne sont pas d'accord sur le véritable nom du Satrape qui ruina la fortune de Polycrate. Hérodote, liv. III, le nomme *Oroëte*. Dion-Chrysostôme, dans sa 17e. Oraison, et Valère-Maxime, dans le chap. 9 de son sixième livre, l'appèlent *Oronte*. Mais Lucien, qui le mentionne deux fois, la première, dans son Dialogue de Diogène, d'Antisthène et de Cratès ; et la seconde, dans son Traité de la Contemplation, lui donne le même nom qu'Hérodote. Nous remarquerons en passant que Valère-Maxime donne de la puissance de Polycrate, une idée qui dit beaucoup en peu de mots : *Vota nuncupabantur et solvebantur. Velle ac posse in æquo positum erat.*

(10) Iliade, chant 22, vers 596.

(11) Heinsius a traduit comme si le Marde eût présenté à Artaxerxès une outre pleine d'eau. *A Mardo homine aquæ corruptæ utrem acciperet.* Qu'auroit fait ce Prince d'une outre d'eau, dans la situation où il étoit. J'aime bien mieux la version de Pacci : *Quum ex fœtido utre poculum ab homine Mardo accepit.*

(12) Pardonnez-moi. « Il est », dit Isocrate, dans sa belle Oraison à Démonicus, « il est une satiété à toutes choses ».

(13) Le Nérite est une montagne de l'ile d'Ithaque. Homère en parle au neuvième chant de l'Odyssée, vers 22.

(14) Odyssée, chant 20, vers 18.

(15) Maxime de Tyr fait allusion ici à un des traits du discours qu'Achille adresse à Ulysse, dans le 9e. chant de l'Iliade, vers 328. Nous releverons en passant les bévues de Formey en cet endroit. « Quelle gloire », dit-il, « laisserez-vous à Achille, à Hector, au

» Scamandre, si vous faites disparoître ou les douze Cités prises par
» les vaisseaux, ou les onze Villes subjuguées dans le continent ». Ce
n'est pas au texte grec que nous pouvons le renvoyer. S'il l'entendoit,
ce qui est douteux, on sait du moins qu'il s'épargnoit la peine de le
consulter. Mais nous le renverrons à la version latine d'Heinsius, qui
étoit son original. Or, Heinsius parle-t-il de *la gloire d'Hector*, de *la
gloire du Scamandre*, en parlant de la gloire d'Achille. Point du tout.
Heinsius savoit trop bien son Iliade pour ignorer qu'Hector avoit été
tué par Achille, que le Scamandre, fleuve de la Troade, avoit été
vaincu par Achille, et que ces deux prouesses étoient les plus beaux
fleurons de la gloire du héros Grec. Aussi a-t-il traduit, *Quam Achilli
famam relinquis, si demis Hectorem, si Scamandrum, si mœnia bis sex
capta mari.* « Les douze Cités prises par *les vaisseaux* ». Quels vaisseaux ? Les vaisseaux d'Achille, ou les vaisseaux d'Hector, ou les
vaisseaux du Scamandre ? C'étoit cependant le Secrétaire de l'Académie de Berlin qui traduisoit ainsi.

(16) Dans le premier voyage qu'il fit en Sicile, Platon eut occasion
de converser avec Denis, fils d'Hermocrate, qui s'étoit emparé de la
tyrannie. A propos d'un principe de morale politique avancé par
Platon, Denis l'interrompant, lui dit : « Vous pensez là comme un
» vieillard ». « Et vous », lui répliqua Platon, « vous pensez comme
» un tyran ». A ces mots Denis s'indigne. Il prononce l'arrêt de mort
du philosophe. Dion et Aristomène parviennent à le fléchir, et Platon
en est quitte pour être livré à un Ambassadeur Lacédémonien, nommé
Polis, qui se trouve là par hasard, à qui l'on permet de s'en emparer,
et de le vendre comme esclave ; ce qui fut exécuté dans l'île d'Æ-
gine. *Voyez* Diogène-Laërce, liv. III. Plutarque, dans la Vie de Dion,
change quelqu'une des circonstances de cet évènement.

(17) Odyssée, chant 4, vers 244.

(18) Voici ce que dit Plutarque de ces trois illustres Athéniens,
au premier chapitre de son Traité *de la Collation abrégée d'aucunes
histoires romaines, avec autres semblables grecques.* « Datys, Lieute-
» nant du Roi de Perse, étant descendu en la plaine de Marathon, au
» pays d'Attique, avec trois cents mille combattans, y ayant planté
» son camp, dénonça la guerre à ceux du pays. Les Athéniens faisant
» peu de compte de cette multitude de Barbares, y envoyèrent neuf
» mille hommes sous la conduite de ces quatre Capitaines, Cynœgy-
» rus, Polyzelus, Callimachus et Miltiades. Il y eut bataille, en
» laquelle Polyzelus, ayant vu une vision surpassant l'humaine na-
» ture, perdit la vue et devint aveugle. Callimachus ayant le corps
» percé de part en part, de plusieurs coups de pique et de javeline,
» tout mort qu'il étoit, demeura debout ; et Cynœgyrus arrêtant un

» navire persien, ainsi qu'il vouloit démarrer, y eut les deux mains
» coupées ».

(19) Erichthon passe pour fils de Vulcain, et on le met au nombre des premiers Rois qui régnèrent à Athènes. Il est curieux de rappeler ce que la Mythologie raconte de la manière dont il reçut la vie, afin de montrer de quelle mesure d'imbécillité l'entendement humain est capable, lorsque la superstition et l'ignorance disputent à qui le dégradera davantage. Voici ce qu'en dit Servius : *Vulcanus impetrato a jove Minervæ conjugio, illâ reluctante, effectum libidinis projecit in terram. Inde natus est puer Draconteis pedibus qui appellatus est Erichthonius, quasi de terrâ et lite procreatus, nam* ἔρις *est lis, et* χθὼν *terra.* Quelle opinion avoient donc des Dieux ceux qui leur prêtoient de semblables abominations ? A quelle fin pouvoient-ils présenter de pareilles horreurs aux hommes ?

(20) Cécrops est regardé comme le premier Roi d'Athènes. Il n'institua point le mariage chez les Athéniens, au moins dans le sens où on lui en fit honneur. Car si l'Attique étoit peuplée avant lui, comme il est probable, il n'y introduisit point le mariage. Il fit peut-être, et promulgua, selon toute apparence, les premières lois qu'aient eues les Athéniens sur cette matière, ce qui est un peu différent. Il n'en falloit pas davantage pour qu'on le représentât sous une figure unique où les deux sexes étoient réunis.

(21) Cette dernière phrase a donné lieu à une longue et curieuse note des annotateurs Anglois. Mais comme elle n'intéresse que la partie grammaticale de la langue grecque, je n'entre dans aucun détail. Je dirai seulement que Markland conjecture, avec quelque raison, que cette Dissertation ne se termine pas correctement, et qu'elle a été tronquée par l'altération des manuscrits.

Paris, le 12 germinal an IX. (2 avril 1801.).

DISSERTATION VI.

*Quelle est la source des sentimens philantro-
piques* (1)?

Si l'on nous demandoit quels sont ceux à qui Homère se plaît à donner les brillantes épithètes de *semblables aux Dieux*, d'*enfans des Dieux*, de *rivaux
de Jupiter en sagesse*, à qui donc, dirions-nous, les
donne-t-il, sinon aux personnages les plus recommandables, à Agamemnon, à Ulysse, à Achille, et à
tous ceux auxquels il distribue une portion d'éloges?
Mais si, au lieu de les comparer à Jupiter, il les com-
paroit ou à Machaon le médecin, ou à Calchas savant
dans la divination, ou à Nestor habile chef de cavalerie, ou à Menesthée consommé dans la tactique, ou
à Æpée distingué dans l'art de forger, ou à Nirée célèbre par sa beauté, ne détermineroit-on pas, sans
peine, la cause d'une pareille comparaison? On ne
seroit pas embarrassé de trouver là une parfaite ressemblance, et ici, lorsqu'il s'agit d'une comparaison
avec Jupiter, on en louera l'Auteur, et on n'en péné-
trera point l'objet? Voyons donc, que je développe
la pensée d'Homère; mais avec de la prose, car je ne
suis pas poëte. S'il donne à Jupiter le nom de Père
des Dieux et des hommes, ce n'est point parce que se
dérobant quelquefois clandestinement de l'Olympe,
métamorphosé tantôt en oiseau (2), tantôt en pluie
d'or (3), tantôt de toute autre manière, il étoit venu
prendre ses ébats avec des femmes mortelles, et « parse-
» mer dè côté et d'autre les premières races de Rois (4) ».

S'il falloit l'entendre ainsi, Jupiter n'auroit qu'un très-petit nombre d'enfans. Mais Homère lui attribue d'être le créateur et le conservateur de tous (5) les hommes, et il lui donne en conséquence le nom de Père, le plus ancien de tous les noms de tendresse et d'amour.

II. A la bonne heure ; c'est bien cela, pour ce qui concerne Jupiter. Mais pensez-vous qu'il en soit de même de ceux qu'on fait semblables à lui ? Ne voyez-vous pas que les poëtes ne lui ont pas comparé Salmonée, quoiqu'il lançât la foudre, comme il le croyoit, et qu'il imitât le bruit du tonnerre et la lueur des éclairs ? En effet, en opérant toutes ces merveilles, Salmonée ne ressembloit qu'à Thersite cherchant à imiter Nestor. Sous quel rapport donc les hommes peuvent-ils devenir semblables à Jupiter ? En imitant sa providence conservatrice, sa tendresse affectueuse, et spécialement sa bienfaisance paternelle. Telle est la ressemblance de la vertu des hommes et de la vertu des Dieux. Ceux-ci donnent à cette dernière le nom de justice, d'équité, ou toute autre dénomination religieuse et mystique. Les hommes donnent à l'autre le nom d'affection, de bienveillance, ou toute autre dénomination agréable, appropriée à leur langage ordinaire. D'ailleurs, ce même sentiment de bienveillance chez l'homme est inférieur à ce même sentiment chez les Dieux, entre autres rapports, sous celui de sa latitude. Car la sensibilité des hommes ne s'étend point à tout ce qui leur ressemble (6). Il en est d'eux comme des troupeaux de quadrupèdes. Il ne se forme d'affection qu'entre ceux qui vivent dans le même pâturage, et même tous ne la partagent pas. On voit quelquefois dans un même troupeau, sous un seul pasteur, des querelles, des agressions, à coups de cornes, à coups de dents. A peine reste-t-il le moindre signe de l'affection antérieurement contractée. Le boire, le manger, les vêtemens, et tout ce qui est à l'usage du corps, les hommes l'achètent et le payent avec de l'airain, du fer; et les choses d'un plus haut prix, ils les payent avec de l'argent et de l'or. Tandis qu'ils pouvoient, laissant de côté tous ces métaux, prendre gratuitement les uns chez les autres ce qui leur étoit nécessaire, établir entre eux les conditions les plus équitables, savoir, que celui qui auroit besoin de quelque chose le recevroit de celui qui seroit en mesure de le lui fournir, et que ce dernier fourniroit ce qui lui seroit demandé, à la charge de recevoir à son tour, ce qui pourroit être honnêtement exigé (7).

III. Homère reproche à Glaucus, le Lydien, d'avoir donné de l'or pour de l'airain, d'avoir échangé une armure qui valoit cent pièces de bétail contre une autre qui n'en valoit que neuf (8). Or si, écartant la valeur intrinsèque des deux objets échangés, ils n'étoient appréciés que sous le rapport de l'affection, les deux valeurs seroient en parfait équilibre. Mais maintenant tout est plein de magasins et de boutiques. On ne voit que ventes et emplettes; que denrées de terre et de mer, domestiques ou foraines, indigènes ou étrangères. On tourmente de toutes les manières les flots et le continent. On va à la chasse des animaux les plus difficiles à prendre, à la recherche de ce qui est le plus dérobé à nos yeux; on importe les produits des plus lointains climats; on étale les choses les plus rares; on creuse la terre pour y cacher ses richesses; on remplit d'or et d'argent les creux qu'on a faits; on entasse coffres forts sur coffres forts. La cause de tout cela est dans la défiance où l'on est de la philantropie; dans la passion de l'avarice, dans la crainte du besoin, dans l'habitude de la méchanceté, dans l'amour de la volupté. D'où il résulte que les sentimens affectueux, éconduits, éliminés, étouffés, conservent à peine quelques foibles, quelques imperceptibles vestiges. Et ces sentimens qui devroient être les plus communs, les plus universels, les plus répandus, le nombre de ceux qui les éprouvent est si peu de chose, que si l'on dit qu'ils ont existé jadis, soit dans la Grèce, soit chez les Barbares, on n'ajoute aucune foi à ce qui en est raconté : on le regarde comme une fiction poétique : on le met au nombre des fables, et ce n'est pas sans raison.

IV. Une flotte Grecque, composée d'un nombre infini de vaisseaux, vient en Asie, amenant ce que la Grèce avoit de plus illustres personnages. Pendant dix ans, ils habitent sous les mêmes tentes, ils se nourrissent des mêmes alimens, ils ont à combattre les mêmes ennemis, les mêmes Barbares. La renommée de tous leurs hauts faits présente à Homère le sujet d'un poëme; et au milieu d'une si nombreuse armée, durant le cours d'un si long intervalle, il n'a à nous offrir de la véritable philantropie qu'un exemple unique, et c'est celui d'un jeune Thessalien et d'un Locrien homme fait (9). De tous les récits d'Homère, il n'en est point de plus délicieux sous le rapport de l'agrément, de plus attrayant sous le rapport de la vertu, de plus recommandable sous le rapport de la renommée. Tous les autres détails d'Homère, si l'on y fait attention, ne présentent que guerres, ressentimens, menaces, fureurs, et ce qui en est le résultat, lamentations, gémissemens, meurtres, saccagemens et carnages. D'un autre côté, dans les fastes de la République d'Athènes, on cite aussi un exemple bien mémorable d'amitié. Mais il est unique dans la volumineuse histoire des Athéniens. D'ailleurs, il est digne de Minerve, digne de Thésée; c'est celui de deux hommes de bien (10), unis par l'amour du beau et du juste, sentiment qui les arma l'un et l'autre du même glaive contre un tyran, qui leur fit prendre le même dessein, et braver le même trépas. Hors cet exemple, les annales d'Athènes n'en offrent point d'autre. Tout le reste est ulcéré, gangrené. Ce n'est que perfidie et que corruption. On n'y voit qu'envie, que colère, que crasse ignorance de ce qui est honnête, que cupidité, qu'ambition.

V. Si nous parcourons le reste de la Grèce, nous ne trouverons que tableaux hideux, les citoyens en guerre contre les citoyens, les cités aux prises avec les cités, les peuples en hostilité avec les peuples. Non-seulement les Doriens contre les Ioniens, non-seulement les Béotiens contre les Athéniens, mais encore les Ioniens contre les Ioniens, les Doriens contre les Doriens, les Béotiens contre les Béotiens, les Athéniens contre les Athéniens, les Thébains contre les Thébains, les Corinthiens contre les Corinthiens. On voit se combattre et se déchirer les uns les autres des peuples qui avoient une tige commune, que la même patrie avoit enfantés, qui étoient nés sous la même température, sous le même climat, qui vivoient sous les mêmes lois, qui parloient la même langue, qui cultivoient la même contrée, qui se nourrissoient des mêmes alimens, qui célébroient les mêmes mystères. Ceux qui étoient renfermés dans l'enceinte des mêmes murailles, ceux qui habitoient la même cité,

on les voit courir aux armes, après s'être réciproquement promis d'étouffer toute dissension ; violer la solennité des sermens par lesquels ils s'étoient liés ,
rentrer en guerre après être convenus de vivre en
paix ; et se faire les plus grands maux sur les plus
légers prétextes. Car les sentimens affectueux ne sont
pas plutôt éteints entre les hommes, que tout devient
entre eux sujet suffisant d'animosité et de trouble.
C'est un' vaisseau profond qui a perdu son lest. Les
moindres écueils le touchent et le font chavirer.

VI. Comment s'y prendra donc l'homme amoureux
de ces sentimens pour s'en assurer la possession ? Il en
coûte à le dire, il faut néanmoins avoir le courage de
ne pas le taire. « De même qu'il ne peut point exister
» de société entre les lions et les hommes, de même
» qu'il ne peut exister nulle sympathie entre les loups
» et les agneaux (11) » ; de même aussi il ne peut
point exister d'impulsion de sentimens affectueux
d'homme à homme, tant que l'or et l'argent auront
des attraits à leurs yeux. Parvinssent-ils à en détourner leurs regards, cette victoire ne suffiroit pas pour
laisser le champ libre à ces sentimens ; la fleur de
l'âge dans un beau garçon, les charmes d'une belle
femme feroient naître un nouvel obstacle. Éloignas-
sent-ils leur attention de ces objets, ils se laisseroient
séduire aux appas de la faveur populaire (12) , au
désir de jouer un rôle dans les assemblées du peuple,
d'acquérir auprès de lui de la renommée, la chose du
monde la plus fugitive, et qui s'envole avec le plus de
rapidité de tous les lieux dont elle remplissoit la
sphère (13). Mépriseront-ils cette vaine fumée, ils
craindront les tribunaux. Mépriseront-ils les tribunaux, ils craindront la prison. Braveront-ils les fers,

ils ne braveront point la mort (14). Il faut se mettre au-dessus d'un grand nombre de voluptés, il faut remporter sur soi-même beaucoup de triomphes (15), pour acquérir un bien qui vaut à lui seul un grand nombre de voluptés, dont le prix est proportionné aux efforts que l'on fait pour lui, un bien plus précieux que les richesses, plus solide que la beauté, plus stable que la renommée, plus réel que tous les résultats de l'ambition ; un bien que chacun peut se donner à soi-même, vers lequel chacun peut spontanément se diriger ; un bien dans l'éloge duquel on n'a pas à redouter la corruption des suffrages ; un bien qui, donnât-il lieu à quelque déplaisir, à quelque fatigue, ne laisse pas de remplir de la satisfaction la plus douce celui qui le met en action, par la pensée du motif qui l'a animé.

VII. Il est rare sans doute ce bien-là, tandis qu'on voit de tous les côtés, et sous mille diverses formes, ce qui n'en est que le simulacre, l'adulation avec le nombreux essaim, le long cortège de ses ricaneries, de ses flagorneries, de ses bassesses, ayant toujours sur le bout des lèvres le langage des plus affectueux sentimens, réglé, non d'après les impulsions de la bienveillance, mais calculé sur l'impérieuse loi de l'intérêt personnel ; non marqué du sceau des affections généreuses, mais empreint du cachet des affections mercénaires. Il ne faut pas même espérer de remède à ce mal, tant que les hommes ne trouveront pas leur plus grand bien dans l'activité des sentimens d'une affectueuse bienveillance (16). C'est bien là sans doute qu'il réside, mais le plus grand nombre ne le voit, ni sous le rapport public, ni sous le rapport privé. Car s'ils le voyoient, certes ils mettroient bas

les armes, ils congédieroient leurs Généraux, ils fer-
meroient leurs ateliers d'artillerie, ils licencieroient
leurs soldats, ils n'auroient plus besoin de drapeaux,
ils ne construiroient plus de forteresses, ils ne trace-
roient plus de lignes de circonvallation, ils stipule-
roient d'eux-mêmes un nouveau traité de paix, sous
les auspices de Jupiter, qui ne proclameroit point la
cessation des hostilités dans les Jeux Olympiques, ni
dans les Jeux Isthmiques, mais qui crieroit du haut
de l'Olympe : « Laissez, mes amis, laissez-moi sortir
» seul, quoique je vous donne beaucoup de sollici-
» tude (17) » ; que je coure vous sauver, et que je
ne souffre pas plus long-tems que vous vous extermi-
niez les uns les autres (18). Mais les hommes sont en
possession de ne faire que des trêves éphémères, des
trêves de trente années. Ils ne donnent à leurs calamités que des relâches courts et très-peu solides, jusqu'à ce qu'un nouveau prétexte se présente pour tout
bouleverser de nouveau. Posent-ils les armes, font-ils
la paix, un nouveau genre de guerre s'empare de leur
âme. Ce n'est point une guerre publique, c'est une
guerre privée. Il ne s'agit point d'une armée qui porte
le fer et la flamme, ni de forces navales, ni de cavalerie, c'est une guerre à laquelle les armes, le fer et
le feu restent étrangers, mais qui attaque l'âme, qui
la saccage, qui la remplit d'envie, d'animosité, de
colère, d'acharnement, et de mille autres maux.

VIII. De quel côté donc se tourner (19)? Où trouver au moins quelque trève? Où seront nos Jeux
Olympiques? Où aurons-nous des Jeux Néméens (20)?
Sans doute, on célèbre à Athènes avec un grand éclat
les fêtes de Bacchus et les Panathénées. Mais au milieu
de ces fêtes, les Athéniens se haïssent les uns les

autres. C'est une guerre, ce ne sont point des fêtes. C'est aussi un beau coup-d'œil à Lacédémone de voir les jeunes gens dans leur nudité, au milieu de leurs jeux, de leurs danses, de leurs exercices. Mais Agésilas y est jaloux de Lysandre, Agésipolis y est l'ennemi d'Agis, Kinadon y tend des embûches aux Rois, Phalante aux Éphores, les Parthéniens aux Spartiates. Je n'ai nulle foi aux fêtes, jusqu'à ce que je voie les sentimens affectueux régner entre ceux qui les célèbrent. Voilà la véritable loi, la véritable stipulation de la trêve, dont les Dieux eux-mêmes ont été les régulateurs, à laquelle resteront constamment étrangers ceux qui ne possèdent pas les sentimens qui en sont la base, quand même ils multiplieroient les libations, quand même ils se feroient inscrire plusieurs fois aux Jeux Olympiques, Isthmiques, ou Néméens. Il faut que la voix des hérauts proclamateurs de la trêve pénètre jusques dans l'intérieur de l'âme. Tant que la guerre qui y a son siége n'éprouve point les effets de cette proclamation, l'âme se maintient dans le même état d'aliénation, d'animosité, de haine. De là, les Déesses chargées du châtiment des forfaits, de là les Furies, de là les sujets des représentations théâtrales, de là les tragédies. Attachons-nous donc à mettre un terme aux hostilités. Appelons la philantropie à notre secours : qu'elle vienne, qu'elle règle les conditions du traité, qu'elle en proclame le résultat.

N O T E S.

(1) Si Formey eût réfléchi sur la matière de cette Dissertation, il n'en auroit pas rendu le titre par ces mots : « Quelles sont les disposi- » tions préalables à l'amitié ». D'ailleurs, les traducteurs latins n'ont pas mieux exprimé la pensée de notre Auteur.

(2) « Songez au Cygne à qui Léda fit fête,
» Sans cesser d'être une personne honnête ».
Voyez la *Pucelle* de Volt.

(3) Allusion à l'aventure de Jupiter avec Danaë.

(4) Notre Auteur fait allusion ici au langage que Jupiter adresse à Europe, dans la seconde Idylle de Moschus : « Tu auras de moi d'il- » lustres enfans qui porteront le sceptre, et qui commanderont à tous » les mortels ». Au reste, cette opinion que les Rois sont les enfans des Dieux, remonte à une très-haute antiquité, et il n'est pas malaisé d'apercevoir à quels motifs elle doit son origine. Spanheim, dans ses savantes notes sur les Hymnes de Callimaque, observe sur le 79e. vers de l'Hymne à Jupiter, que chez les Anciens, et principalement en Égypte, les Rois étoient appelés des Dieux. Il parle à ce sujet d'une médaille antique, sur un des côtés de laquelle on lisoit en l'honneur de Ptolémée-Lagus, ou Soter, et de sa femme Bérénice, *les Dieux sauveurs ;* et de l'autre côté, en l'honneur de Ptolémée-Philadelphe, son fils, et d'Arsinoë sa sœur et sa femme, *les Dieux frères.*

(5) J'ai cru devoir lire τὰ γένη παντὰ, au lieu de τὰ γένη ταῦτα ; et il est peut-être étonnant que nul des annotateurs n'ait pensé à cette correc- tion. Maxime de Tyr vient de dire que si Jupiter n'étoit regardé que comme l'auteur de la naissance des Rois, ce ne seroit pas la peine de lui donner le nom de *Père*, et il ajoute que s'il en étoit ainsi, *Jupiter n'auroit pas une nombreuse famille.* Pour justifier cette dénomination dans toute sa latitude, il est donc naturel de penser que notre Auteur a embrassé tout ce qu'embrasse en effet l'expression d'Homère, lors- qu'il appelle Jupiter le *Père des Dieux et des hommes.* Or, il y a là quelque chose de plus que des Rois.

(6) Voilà une de ces vérités fondées sur la nature pratique du cœur humain. Térence a beau dire, *homo sum, humani nihil à me alienum puto.* « Je suis homme, et rien de ce qui appartient à l'espèce hu- » maine ne m'est étranger ». On a beau applaudir à ce bel axiome de morale, les applaudissemens même qu'on lui donne, attestent qu'il

e st de celui-là , comme de beaucoup d'autres principes philantro-
piques , qui sont moins l'expression de ce qui est, que de ce qui devroit être. Au surplus, j'aime bien autant le mot de ces Sauvages du
Canada qui vinrent prendre des notions de civilisation à Rouen , où
la Cour de Charles IX , d'horrible mémoire , étoit alors ; et qui disoient que dans leurs forêts *les hommes se regardoient comme étant la
moitié les uns des autres*. A la vérité , ils tiroient de cette opinion naturelle chez eux , des conséquences dont nos corps politiques ne s'ac-
commoderoient pas trop bien. On peut consulter là-dessus les *Essais*
de Montaigne, liv. I, chap. 30, à la fin.

(7) Heinsius s'est mépris sur le vrai sens de ce passage. Il n'a pas vu
qu'en blâmant les échanges intéressés, les marchés ordinaires, qui
avoient lieu entre les hommes pour tout ramener à un commerce gra-
tuit de bons offices , notre Auteur excluoit toute idée d'échange et
d'emprunt, et qu'il avoit en vue la communauté des biens, dans ce
sens, que ceux qui n'auroient pas, pourroient aller prendre tout ce
qui leur seroit nécessaire chez ceux qui auroient, sans autre retour
que de faire , de leur côté , pour le service de ces derniers, ce qui pourroit être exigé sans blesser les convenances. Pacci ne s'y est pas
trompé.

(8) Nous disons *cent pièces de bétail*, et non point *cent bœufs*, parce
que le mot *hécatombe*, qui est dans le grec , ne signifie pas toujours
plutôt *cent bœufs* que *cent moutons*, que *cent brebis*, ou toute autre
espèce de bétail.

(9) On n'a pas besoin de dire qu'il s'agit ici d'Achille et de Patrocle.

(10) Maxime de Tyr fait allusion ici à ces deux jeunes Athéniens ,
qui poignardèrent Hipparque , fils de Pisistrate. Ce maladroit héritier
d'une usurpation que la sagesse politique et le talent de gouverner
firent trouver supportable , au lieu d'imiter son père , donna à la tyrannie à laquelle il avoit succédé les formes les plus acerbes. Harmodius et Aristogiton eurent le courage de l'en punir. La république
d'Athènes , que cet évènement fit ressusciter , érigea des statues à ses
deux libérateurs. Les poëtes les célébrèrent dans leurs hymnes , et
nous avons encore celle qu'Alcée composa en leur honneur. Lorsque
Xerxès s'empara d'Athènes , évacuée par le conseil de Thémistocle ,
il fit enlever les deux statues d'Harmodius et d'Aristogiton , et les fit
transporter en Perse , fantaisie bizarre de la part d'un despote , s'il en
fut jamais de telle. Peu de temps après, ces deux statues furent ramenées à Athènes, et sur toute leur route, les peuples, non encore dégra-
dés par la servitude, signalèrent leur passage par des réjouissances et
des solennités.

(11) Iliade , chant 22 , vers 262.

(12) Le texte porte littéralement, « *de la faveur du peuple du ma-* » *gnanime Erechthée* », c'est-à-dire, d'Athènes. Il est curieux de voir dans quel contresens est tombé Formey sur ce passage. Il n'a pas du tout rendu le latin d'Heinsius. Il n'a pas vu que dans le tableau des diverses passions de l'homme que Maxime de Tyr passe en revue dans cet endroit, les séductions démagogiques jouoient un rôle. Il a traduit en conséquence avec du vrai galimatias. « Si l'on peut consi- » dérer tous ces objets sans la plus légère émotion, c'en est assez pour » donner au peuple d'Erichthée, les espérances les plus magnifiques, » pour faire la matière des éloges les plus pompeux, pour procurer » une gloire dont la renommée, la chose du monde la plus rapide, se » répandra en un clin-d'œil dans tout l'univers ».

(13) « La réputation et la gloire, dit Montaigne, la plus inutile, » vaine et fausse monnoie qui soit en notre usage ». *Essais*, liv. I, chap. 38.

(14) Ceci me rappelle, que, sous le règne d'un des Ptolémées, un philosophe Grec, Hégésias, si je ne me trompe, qui tenoit école à Alexandrie, parloit avec tant de force sur le mépris de la vie, que plusieurs de ses disciples se donnoient la mort, de gaîté de cœur, au sortir de ses leçons. Le Roi d'Égypte, instruit de cette singularité, se hâta d'envoyer ordre au philosophe de fermer absolument son école. Ptolémée vit le danger d'une semblable doctrine sous son vé- ritable point-de-vue. Il est impossible peut-être que les dépositaires du pouvoir suprême ne commettent des actes de tyrannie plus ou moins violens. Or, que n'auroient-ils pas à craindre, si la doctrine d'Hégésias devenoit une doctrine vulgaire ?

(15) Pour être littéral, j'aurois dû traduire, *il faut résister à beau- coup de travaux.*

(16) Le texte est corrompu en cet endroit. J'ai donné la préférence à la correction de Markland.

(17) Homère met ces paroles dans la bouche de Priam, lorsqu'à l'aspect du corps sanglant d'Hector, traîné, la tête en bas, par le char d'Achille, il veut sortir de Troye et venir dans le camp des Grecs de- mander le cadavre de son fils. *Voy.* l'Iliade, chant 22, vers 416.

(18) Heinsius a traduit, *priusquàm mutuis omnes vulneribus ad inter- necionem redigamini.* Sur quoi nous remarquerons qu'il n'y a point de *priusquàm* dans le texte. Dans le sens de Maxime de Tyr, ce dernier membre de la phrase n'est pas moins direct dans la bouche de Jupiter, que ce qui le précède. Pacci a bien mieux rendu la pensée de notre Auteur, *Minimè committite ut vos contemnam incommodis affectos :* sauf que *incommodis affectos* ne dit pas, à beaucoup près, ce qu'il falloit dire.

(19) Heinsius a traduit, *quid remedii igitur ?* Ce n'est pas correct. Formey a rendu le latin d'Heinsius par, *quel remède y peut-on ?* C'est du françois barbare, s'il en fut jamais. Pacci a été plus exact. *In quam igitur partem vertaris ?* Voilà le texte.

(20) Les anciens Grecs attachoient des idées si augustes et si religieuses à la solennité de ces jeux, que, lorsque la périodicité de leur célébration les ramenoit, cet évènement opéroit, de plein droit, une suspension d'armes entre les peuples de la Grèce qui étoient alors en guerre.

Paris, le 16 germinal an IX. (6 avril 1801.)

D I S S E R T A T I O N VII.

La philosophie s'approprie à toutes les situations de la vie (1).

Quoi donc ! ceux qui représentent les pièces de théâtre dans les fêtes de Bacchus, lorsqu'ils prennent tantôt le rôle d'Agamemnon, tantôt celui d'Achille, lorsqu'ils jouent tantôt le personnage de Télèphe, tantôt celui de Palamède, ou tout autre quelconque, selon que le drame l'exige, ne sont censés rien faire ni contre les bienséances, ni contre les mœurs, quoique les mêmes individus se montrent sous des formes si variées : et si, mettant à part ces divertissemens, ces jeux de théâtre, et les renfermant dans le cercle de ce qui appartient aux fêtes, nous réfléchissons qu'il est un drame politique où nous avons un rôle à jouer ; non point un drame en vers ïambes qu'un poëte ait habilement composé à l'unique occasion de quelque fête, ni en musique dont un chœur doive faire briller l'harmonie ; mais le drame de tous les évènemens de la vie, que le philosophe regarde comme plus vrai sous le rapport du sujet, comme plus long sous le rapport de la durée, et d'ailleurs comme l'ouvrage et la leçon des Dieux mêmes ; si ensuite nous disposant à figurer dans ce drame, et nous plaçant à la tête du chœur, nous gardons les bienséances des situations, nous n'offrons que le caractère, nous ne parlons que le langage, convenables à la nature de l'action dramatique dont les Dieux eux-mêmes ont tracé le plan ;

nous reprochera-t-on d'être incohérens, de faire plusieurs personnages, de ressembler à ce Protée dont
parle Homère, à ce héros marin, qui se métamor-
phosoit de tant de manières (2)? Ou bien en est-il
comme de la supposition où il faudroit que les hommes, pour être heureux, fussent musiciens de profession et en même-tems susceptibles des impressions
musicales; comme de la supposition où l'on ne feroit
nulle part nul cas d'un musicien, capable à la vérité
de briller seul dans le mode dorien, mais qui reste-
roit muet s'il s'agissoit de faire aller ensemble plusieurs
parties, et de mettre en harmonie le ton ïastien avec
le ton œolien?

II. Mais, puisque les hommes font peu d'usage de
la musique, et qu'ils sont peu sensibles aux affections
attrayantes que l'âme en reçoit, puisqu'il leur faut
une autre muse plus digne d'eux, sous le nom de Calliope, pour parler le langage d'Homère, sous le nom
de Philosophie, pour parler le langage de Pythagore,
ou sous tout autre nom; les Auteurs et leurs ouvrages, dirigés par l'influence de cette muse, doivent-ils
être moins capables que les musiciens de se prêter à
cette variété d'harmonie, à cette diversité de tons qui
lui sont propres, sans porter jamais atteinte à la
beauté de ses inspirations, et en même-tems sans se
laisser déconcerter, ni réduire au silence? Car, si dans
le cours étendu, si dans la longue durée de la vie,
il est quelques intervalles auxquels les principes de
la philosophie ne soient point nécessaires (3), nous
n'avons nul besoin de cette muse capable de se prêter
à divers accens, de cette harmonie susceptible de
varier ses modulations. Il en seroit de même, si les
choses humaines alloient toujours le même train, sous

une forme unique, si elles n'établissoient point d'alternative, de la volupté à la douleur, et de la douleur à la volupté, si elles ne formoient point entre les passions une réciprocité de succession et de correspondance, si elles ne bouleversoient pas, si elles ne mettoient pas sens-dessus-dessous les têtes de chacun des hommes, « car chaque jour les pensées des mortels sont ce que le père des mortels et des immortels veut qu'elles soient (4) ». Il est dans le décret des Dieux que les choses humaines soient dans un état continuel de vicissitudes, et que chaque manière d'être n'ait qu'une durée éphémère. De même que les fleuves qui prennent leur origine dans des sources qui coulent continuellement, n'ont qu'un nom unique, tels que le Sperchius, l'Alphée, ou tout autre; et que la succession de leurs eaux qui se remplacent et se renouvellent sans cesse en impose aux yeux par la continuité du courant, comme s'il restoit toujours le même sans se mouvoir; de même les choses humaines naissent, se suivent, comme si elles émanoient d'une source intarissable. Elles marchent avec une célérité vive et désordonnée. Leur cours est insensible. Elles produisent sur les yeux de l'esprit la même illusion que l'aspect des fleuves sur les yeux du corps ; et la raison appèle tout cela une seule et même vie. C'est néanmoins une chose très-diverse, très-variée, modifiée par une infinité d'accidens, de conjonctures, de circonstances. A la vérité, elle a été soumise à l'empire de la raison, qui s'accommode toujours au présent : semblable à un médecin habile vis-à-vis d'un corps qui n'a point de consistance (5), qui se porte d'une extrémité à l'autre, qui se jète tour à tour dans les excès de la satiété ou de l'inanition, et qu'il doit

gouverner de manière à prévenir l'une et l'autre. Telle
est la fonction des principes de la philosophie à l'égard
de la vie de l'homme ; ils se mettent en harmonie
avec les passions , ils mitigent ce qu'elles ont de hideux , ils applaudissent à ce qu'elles ont d'agréable.

III. Si la vie n'avoit qu'une même marche , qu'une
même manière d'être , il ne faudroit qu'une seule
règle, qu'un identique plan de conduite. Mais il n'est
qu'un moment unique marqué pour le musicien qui
sait marier les doux accens de sa voix aux tendres
sons de la guitare , c'est celui où les tables regorgent
« de mets et de vins , et où les échansons versent à
» boire à la ronde (6) ». Il n'est qu'un moment unique marqué pour l'orateur , c'est celui où le tribunal
qui doit l'entendre est en séance. Il n'est qu'un moment unique marqué pour le poëte dramatique , c'est
celui où dans les fêtes de Bacchus on demande un
chœur (7). Au lieu que les discours philosophiques
n'ont aucun moment propre qui leur ait été spécialement assigné. Ils s'appliquent à tous les momens de la
vie. Ils en embrassent toutes les circonstances. Il en
est comme de la lumière , à l'égard des yeux. Car,
quelle fonction imagineroit-on que pussent remplir
les yeux, si on ôtoit la lumière ? Encore même les yeux
aident-ils à quelque chose en pleine nuit. A peine
discernent-ils les objets les uns des autres; ils ont
néanmoins comme la main leur tâtonnement au milieu des ténèbres. Tandis que, si on ôte à la vie humaine
la droite raison destinée à la guider, elle se jetera
au travers de routes, inconnues, scabreuses, funestes,
qui la conduiront dans des précipices : routes , auxquelles ne peuvent point s'arracher, tant qu'ils demeurent étrangers aux principes de la droite raison, les

Barbares, sans cesse livrés au brigandage, à l'impu-
dicité (8), aux affections mercenaires, aux égaremens
de tout genre. Éloignez d'un troupeau de chèvres le
berger, ôtez au berger son flageolet, vous dispersez
le troupeau. Si vous ôtez à l'espèce humaine cette
droite raison qui doit lui servir de régulateur et de
guide, que faites-vous autre chose que jeter dans le
désordre et la perdition des êtres d'une aménité naturelle, mais qu'une mauvaise éducation pervertit facilement (9), et qui demandent à être gouvernés avec
ordre et mesure, sans que pour châtier leur indoci-
lité ou réprimer leurs écarts, on se serve ou d'aiguil-
lons, ou de verges. Ceux donc qui ne pensent pas
qu'il n'y a pas un seul moment où le philosophe n'ait
occasion de faire usage des principes de la droite raison (10), ressemblent à peu près à ceux qui prescri-
roient à un guerrier habile dans tous les détails du
métier de la guerre, également propre à combattre
au milieu de l'infanterie, ou parmi les troupes légères,
à cheval, ou sur un char, de ne charger son ennemi
qu'à une époque déterminée, sans avoir égard aux
accidens, aux conjonctures de tout genre, que produit la guerre, la chose du monde la plus féconde en
vicissitudes, et sur les règles de laquelle on est le
moins unanime.

IV. Un athlète qui a combattu dans les Jeux Olympiques peut dédaigner les Jeux Isthmiques. Dans ce
cas-là même, on ne laisse pas de lui reprocher sa
nonchalance. Une âme qui a l'amour de la gloire ne
supporte point la paresse. Elle ne renonce point au
désir de s'illustrer dans toutes les occasions; elle am-
bitionne non-seulement la couronne d'olivier d'Olym-
pie, mais encore la couronne de pin des Jeux Isth-

miques, la couronne d'ail des Jeux de l'Argolide, et la couronne de pommier des Jeux Pythiques; et cela, non que l'âme soit personnellement intéressée dans ces combats, mais elle habite avec le corps, elle est avec lui dans des relations si étroites, qu'elle est sensible aux acclamations dont il est l'objet, qu'elle jouit de sa victoire. Et dans les choses où l'âme est proprement intéressée, dans les combats où le rôle est tout entier pour elle, où la victoire n'appartient qu'à elle seule, elle laissera échapper l'occasion d'acquérir de la gloire, elle s'abandonnera spontanément à l'indolence, lorsque ce n'est ni de rameaux d'olivier, ni de branches de pommier qu'elle doit être couronnée, mais lorsque le prix qui l'attend est bien plus propre par son éclat à flatter son ambition, à frapper les regards des spectateurs sous le rapport de l'utilité, et à faire marcher avec plus de sécurité dans la carrière de la vie celui qui l'obtient! Dans ces combats, les circonstances, les lieux, varient. Quelquefois on les proclame à l'improviste. La Grèce (11) ne s'y réunit pas de son pur mouvement. Elle ne s'y rassemble pas sans y être convoquée. On ne vient point s'y repaître d'une vaine volupté. On s'y engage dans l'espérance d'y recueillir la vertu, ce qui a bien plus de rapport avec l'âme de l'homme que la volupté. Dans les autres combats, on voit en quoi consistent ceux qui ont pour objet la force et les autres dons du corps, et on y remarque que dans la foule des spectateurs qui ont mis de l'intérêt à s'y rendre, il n'en est pas un seul qui songe à se piquer d'émulation, et à imiter ce qu'il voit. C'est dans la critique situation d'autrui que les yeux puisent les plaisirs qu'ils y goûtent; et dans la multitude de ceux qui assistent au spectacle, il n'est personne qui voulût être du nombre de ceux qui se couvrent de poussière, qui courent, qui froissent, qui sont froissés, qui succombent sous les coups au milieu de l'arène, à moins d'avoir une âme d'esclave. Au lieu que les combats de l'âme me paroissent d'autant plus nobles que les autres combats, au lieu que les fatigues auxquelles on s'y livre me paroissent d'autant plus utiles que les autres fatigues, au lieu que l'intérèt des spectateurs me paroît d'autant plus vif en faveur des athlètes, qu'il n'est aucun de ceux qui sont témoins de ce qui s'y passe, s'il a une raison saine, qui ne désire de quitter son rôle, et de se mettre au nombre des combattans.

V. Quelle en est donc la cause? C'est que toutes les complexions physiques ne sont point susceptibles des dons du corps, ni des violentes épreuves auxquelles ils donnent lieu. Ce n'est pas d'ailleurs quelque chose d'absolument volontaire. Cela vient de soi-même. C'est la nature qui le dispense, et même elle n'en favorise qu'un petit nombre d'individus. Car il faut être né ou avec l'énorme taille de Titorme, ou avec la vigueur de Milon, ou avec la force de Polydamas, ou avec la vélocité de Lasthène (12). Or, si quelqu'un plus foible qu'Épée, plus hideux que Thersite, plus petit que Tydée, plus lourd qu'Ajax, et réunissant toutes les autres défectuosités corporelles, avait envie de se mettre sur les rangs, certes ce seroit être animé d'un désir vain et impossible à satisfaire. C'est tout le contraire des combats de l'âme. Ils sont rares ceux qui n'apportent point en naissant les qualités nécessaires pour y figurer. Il est petit le nombre de ceux qui ne peuvent point se rendre vertueux. Car les vertus ne viennent pas d'elles-mêmes : elles

ne sont point innées dans l'âme. A la vérité, la nature
y fait bien quelque chose, mais il en est comme d'un
mince fondement sous un large mur, ou d'une petite
quille sous un grand vaisseau. Les Dieux ont associé
à nos facultés intellectuelles l'amour et l'espérance,
le premier, semblable à des ailes légères, propres à
s'élancer dans les plus sublimes régions, pour enlever
l'âme, pour lui faire prendre un facile et rapide essor,
et lui frayer une route vers l'objet de ses désirs; (les
philosophes appellent cet élan, cet essor chez l'homme, *impulsion de l'appétit*): la seconde, l'espérance,
qui n'est point aveugle, suivant la pensée du poëte
d'Athènes (15), mais qui a au contraire des yeux très-
perçans, les Dieux l'ont attachée à l'âme pour soutenir son courage, dans la poursuite de ses désirs,
pour lui défendre de se relâcher au milieu de ses
efforts, dans la certitude d'obtenir complètement ce
qu'elle désire. Sans l'espérance il y a long-tems que
le commerçant auroit cessé le commerce, que le sti-
pendiaire auroit cessé de porter les armes, que le navigateur auroit cessé de naviguer, que le brigand auroit cessé de courir après le butin, que l'impudique
auroit cessé de corrompre la femme d'autrui. Mais ils
sont dupes de l'espérance ceux qui n'entreprennent
les choses impossibles qu'elle leur commande, que
parce qu'ils comptent, le commerçant qu'il s'enri-
chira, celui qui porte les armes qu'il remportera des
victoires, celui qui navigue qu'il ne fera point naufrage, le déprédateur qu'il fera une grande fortune,
l'adultère qu'il ne sera point découvert. Un accident
imprévu, un malheur inopiné, surviennent à chacun
d'eux, et voilà le commerçant ruiné, le guerrier
mort, le navigateur submergé, le déprédateur chargé

de chaînes, l'adultère publiquement signalé, et les désirs de tous anéantis avec leurs espérances. Car les Dieux n'ont déterminé la mesure, n'ont posé la limite, ni des richesses, ni de la volupté, ni de nul autre des objets des désirs de l'espèce humaine. Ces objets ne connoissent point de bornes (14). D'où il arrive que ceux qui les poursuivent en sont d'autant plus affamés qu'ils en regorgent davantage (15). Car ce qu'ils ont déjà est toujours au-dessous de ce qu'ils attendoient. Au lieu que, lorsque l'âme tend à un objet qui a de la consistance, dont le mérite n'est point équivoque, qui est bien défini, bien déterminé (16), beau de sa nature (17), dont on peut venir à bout par le travail, que l'entendement peut saisir, auquel l'amour peut s'attacher, et qui peut être embrassé par l'espérance; alors l'âme triomphe dans le combat où elle s'engage; elle atteint son but; elle remporte la victoire. Tel est l'unique motif pour lequel les philosophes rassemblent des spectateurs autour d'eux.

VI. J'ai besoin encore de cette allégorie des athlètes. Chacun d'eux désireroit que nul compétiteur ne se présentât avec eux dans l'arène. Il voudroit vaincre sans se couvrir de poussière. Car entre plusieurs, la victoire ne peut appartenir qu'à un seul. Dans les autres combats au contraire le comble de la gloire est d'attirer à soi un grand nombre de concurrens. Car, si les Dieux faisoient que quelqu'un de ceux qui m'écoutent se lançât à côté de moi dans la même carrière, et que dans la même arène (18) il vînt se couvrir de la même poussière, et se livrer aux mêmes efforts, c'est alors que j'acquerrois de la gloire, c'est alors que je ceindrois mon front de couronnes, c'est alors que je serois proclamé avec honneur dans toute la Grèce.

Mais j'avoue que jusqu'à ce jour, je n'ai obtenu ni couronne, ni proclamation de ce genre, de quelques applaudissemens que je sois d'ailleurs honoré. Car quel fruit ai-je recueilli de tant de discours, et de ma continuelle assiduité dans la carrière? Des éloges? j'en ai assez. De la gloire? j'en suis rassasié. En un mot, loue-t-on l'art oratoire, sans en faire usage, lorsqu'on a de la voix et des oreilles? Loue-t-on la philosophie sans en pratiquer les leçons, lorsqu'on a une âme à morigéner, et un maître pour remplir cette tâche? Mais il en est comme de ces belles choses dont la flûte, ou la guitare, ou toute autre harmonie musicale, relève l'éclat, dans les représentations de tragédie, ou de comédie, aux fêtes de Bacchus; tout le monde les couvre d'éloges, et personne ne les imite.

VII. Certes, dans ces représentations-là même, il y a une grande distance entre l'éloge et la volupté. Car tous ceux qui écoutent, éprouvent de la volupté. Celui-là seul décerne vraiment l'éloge qui se laisse emporter à l'émulation. Jusqu'alors nul éloge n'a été décerné. On a vu des hommes qui ne s'étoient jamais occupés de musique, montrer, au son de la flûte, de la disposition pour cet art; on les a vus avec de l'oreille retenir les airs exécutés sur cet instrument, et les frédonner, à voix basse. Avec de l'émulation pour un pareil exemple, peut-être prendroit-on du goût pour la flûte. Un homme qui aimoit les bêtes avoit des oiseaux, de ceux qui sont dressés à donner agréablement le bon jour avec leur langage; non toutefois sans quelque imperfection, mais aussi bien que des oiseaux peuvent le faire. Cet homme avoit pour voisin un joueur de flûte. Ces oiseaux qui l'entendoient s'exercer sur son instrument, s'étant accoutumés à le suivre chaque jour, formèrent leurs oreilles au son de la flûte, et finirent par être en état de l'accompagner et de faire chorus avec lui, dans l'air qu'il jouoit, lorsqu'il commençoit à l'exécuter. Et des hommes ne feront point vis-à-vis de nous ce que firent ces oiseaux, tandis que nous leur faisons si souvent entendre non pas de vains sons, mais des discours qui s'adressent à leur raison, des discours composés selon les règles de l'art, pleins de principes féconds et de leçons faciles à pratiquer! Si donc jusqu'à ce moment j'ai gardé le silence vis-à-vis de tout le monde touchant nos intérêts les plus chers, si je n'ai rien dit de grand, d'élevé, soit en particulier, soit en public, je crois devoir aujourd'hui, à votre considération, traiter les matières les plus sublimes et les plus transcendantes. O jeunes gens, je vous offre une foule de moyens d'instruction très-étendus, très-variés, sur toute sorte de sujets, à la portée de tous les degrés d'intelligence, propres à toutes les inclinations, à tous les goûts, à tous les systèmes d'éducation, moyens que chacun peut mettre à contribution à son gré, sans se constituer en frais, sans que la négligence puisse être excusée, sans qu'on ait à redouter l'envie, et qui sont à la discrétion de quiconque veut en profiter! Quelqu'un a-t-il du goût pour la rhétorique? la carrière de l'éloquence s'ouvre devant lui. Il peut apprendre à se mettre à la hauteur de plusieurs sujets, à être abondant, élevé, énergique, soutenu, vigoureux, et facile. Quelqu'un a-t-il du goût pour la poésie? Qu'il vienne avec la seule précaution de se munir d'ailleurs de poèmes. Il recueillera ici toutes les instructions sur l'art poétique. On lui enseignera en quoi consistent la pompe, l'éclat, le brillant, le sublime. On lui enseignera à bien dessiner un plan, à le bien conduire, à fuir la recherche dans les expressions, à ne pas pécher contre les règles de l'harmonie. Un autre désire-t-il de s'instruire dans la politique, d'apprendre l'art de manier le peuple, de parler dans ses assemblées ? Pour remplir son but, il n'a besoin que de lui-même. Qu'il observe le peuple : qu'il assiste à ses délibérations : qu'il entende ses orateurs : qu'il soit témoin de ce qui persuade, de ce qui fait impression. Un autre méprise-t-il tout cela, veut-il embrasser la philosophie, offrir ses hommages à la vérité ? Ici, je cesse de me faire valoir. J'avoue mon insuffisance : je ne suis plus en mesure. Il s'agit d'une chose de haute importance, qui veut, de par tous les Dieux, être dirigée par quelqu'un qui soit au-dessus du vulgaire, qui n'aille point terre à terre, et qui ne soit point encroûté de la rouille de la multitude.

VIII. Si quelqu'un dit donc que la philosophie consiste en mots, en paroles, en discours artificieux, en controverses, en disputes, en sophismes, et en futilités de cette nature, il n'est pas difficile alors de trouver un maître. On rencontre partout de pareils sophistes. Ils abondent de toutes parts. Il s'en sera bientôt présenté. J'oserai même dire que les professeurs d'une semblable philosophie sont en plus grand nombre que les disciples. Mais si ce n'est là qu'une petite partie de la philosophie, une partie telle, qu'à la vérité il soit honteux de l'ignorer, mais dont la science ne donne aucune recommandation, évitons la honte de l'ignorance; mais en remplissant ce but, ne nous en faisons pas accroire à nous-mêmes. Car certes ceux-là même qui donnent les premières leçons de la lecture, mériteroient beaucoup de considération, quoiqu'ils ne s'occupent que de syllabes, et qu'à faire bégayer des

troupes

troupes d'enfans lorsqu'ils sont le plus dépourvus d'intelligence. Ce qui constitue la partie fondamentale de la philosophie, le chemin qui y conduit, exigent un maître qui sache donner de l'élévation à l'âme des jeunes gens, régler leurs désirs, et leur faire sentir que la douleur et la volupté en sont l'unique mesure : selon la méthode de ceux qui dressent les jeunes chevaux, qui n'éteignent point toute leur fougue, et qui ne leur permettent pas non plus de s'y laisser entièrement emporter. Si d'ailleurs l'impétuosité des jeunes chevaux est gouvernée par le frein, par les rênes, par le manège du cavalier, ou du cocher, l'âme de l'homme est gouvernée par le discours, non point par un discours insignifiant, abject, dénué d'intérêt, mais par un discours où le pathétique est allié à la saine morale, qui ne donne point à ceux qui l'entendent le temps d'occuper leur attention à ce qui concerne le style, et le plaisir qu'il peut faire, mais qui produit une espèce de transport, une sorte d'enthousiasme, semblable à celui des trompettes qui sonnent tantôt la charge, tantôt la retraite.

IX. Si tel est le genre d'éloquence nécessaire à ceux qui embrassent l'étude de la philosophie, il faut chercher avec soin celui qui en a le talent, l'éprouver, et le choisir, soit vieux, soit jeune, soit pauvre, soit riche, soit qu'il ait, ou qu'il n'ait point de réputation. Ce n'est pas qu'à mon avis la vieillesse ne le cède à la jeunesse, la pauvreté à l'opulence, et l'obscurité à la renommée. Mais les hommes songent plus volontiers à devenir philosophes (19), lorsqu'ils péchent par tous ces désavantages; et les disgraces de la fortune sont regardées comme le véhicule de la philosophie. Parce que Socrate étoit pauvre, le pauvre s'empressera donc de marcher sur les traces de Socrate ? Nous serons heureux, si ceux qui, comme Socrate, ont un petit nez et un gros ventre, ne viennent pas se mettre aussi sur les rangs. Que personne d'ailleurs ne reproche à Socrate de ne s'être exclusivement occupé que des pauvres, et de n'avoir fait aucune attention à ceux qui se distinguoient par leurs richesses, leur réputation, et l'illustration de leur origine (20). Car Socrate pensoit, je crois, que la République d'Athènes ne recueilleroit que peu de fruit des élucubrations philosophiques d'Æschine ou d'Antisthène, et que même nul de leurs contemporains n'en recueilleroit plus d'avantages, que n'en produiroit vis-à-vis de nous, qui devions leur succéder (21), la mémoire de leurs discours. Mais si, en effet, ou Alcibiade, ou Critias, ou Cléobule, ou Callias, eussent été philosophes, les Athéniens de ce temps-là n'auroient point éprouvé les maux qui leur arrivèrent. Il ne suffit pas, pour ressembler à Diogène, de porter comme lui une besace et un bâton (22). On peut avec cet attirail n'être pas moins malheureux que Sardanapale. Le célèbre Aristippe, vêtu de pourpre, et embaumé de parfums, n'avoit pas moins de tempérance que Diogène. Car de même que celui qui parviendroit à mettre son corps à l'épreuve de l'action du feu, pourroit, sans rien craindre, s'élancer dans les gouffres du mont Etna; de même celui qui s'est pleinement mis en mesure contre les impressions de la volupté, n'a rien à craindre au milieu de ses prestiges, de ses amorces, de ses séductions.

X. La pierre de touche du philosophe n'est donc ni son costume, ni son âge, ni sa situation sous le rapport de la fortune. Ce sont les opinions, les principes, la manière d'être sous le rapport de l'âme, qui seuls en constituent, en déterminent le vrai caractère. Tout le reste dont la fortune fait les frais, ressemble aux décorations et aux habits de théâtre pendant les fêtes de Bacchus. La beauté des ouvrages des poëtes est toujours une, toujours la même, que ce soit un Roi, que ce soit un esclave qui parle. Le costume dépend des rôles. On donne à Agamemnon un sceptre, à un homme des champs un gilet de peau, à Achille une armure, à Télèphe des haillons et une besace. Les spectateurs ne prêtent pas plus d'attention à Agamemnon qu'à Télèphe. L'âme embrasse le poëme entier, et non point la situation isolée des interlocuteurs. Qu'on pense de même que dans les discours des philosophes, ce qui en fait le *beau* n'est ni cisaillé, ni morcelé, mais toujours un, mais toujours en cohésion avec lui-même. Ceux qui entrent dans la carrière de la vie dont il est le but (23), s'y présentent avec la diversité de costume dont la fortune les a revêtus. Tels on vit Pythagore avec un habit de pourpre, Socrate avec un mauvais manteau, Xénophon avec la cuirasse et le bouclier, le champion de Sinope (24), comme Télèphe, dont nous parlions tout à l'heure, avec une besace et un bâton. Leur costume même prêtoit à leurs rôles. En effet, Pythagore répandoit l'admiration, Socrate le reproche, Xénophon la docilité, et Diogène le sarcasme. O heureux les personnages de ces drames ! heureux les spectateurs qui les entendirent en scène ! Où trouverons-nous aujourd'hui un acteur et un personnage, non point de ceux dont le costume n'a rien d'agréable, et qui sont condamnés aux rôles muets, mais de ceux qui auroient pu se présenter sur le théâtre des Grecs ? Cherchons-le, peut-être le trouve-

rons-nous quelque part, et si cela nous arrive, il n'aura
point à se plaindre d'avoir été dédaigné.

NOTES.

(1) Pacci a traduit, *omni subjecto philosophicum convenire sermonem.*
Heinsius n'a fait que copier Pacci, *omni subjecto convenire philosophiam.*
Lorsqu'on aura lu la Dissertation, et qu'on en aura bien saisi l'objet,
on choisira avec connoissance de cause, entre ces deux versions et la
mienne.

(2) Odyssée, chant 4, vers 384 et suivans. Virgile a imité dans le
quatrième chant de ses *Géorgiques,* ce que dit Homère de ce Dieu
marin.

(3) Voyez ci-dessus la première note de cette Dissertation.

(4) Odyssée, chant 18, vers 135 et 136.

(5) Consistence par un *e,* Diderot, *Essai sur la poésie dramatique.*

(6) Odyssée, chant 9, vers 9.

(7) Ce passage donne à entendre que dans la première institution
du théâtre, chez les Grecs, ce n'étoit qu'à l'époque des fêtes de Bacchus que l'on donnoit au peuple le plaisir du spectacle, des représentations dramatiques. Si l'on eût dit alors à Æschyle, à Sophocle, ou à
Aristophane, qu'il existeroit un jour une Cité dans laquelle il y auroit
douze ou quinze théâtres en activité chaque soir, je ne sais ce qu'ils
en auroient pensé.

(8) Le texte a donné ici de la tablature aux critiques. Chacun a
formé sa conjecture. *Pacci, Davies, Reiske,* ont chacun admis une
leçon différente. *Markland* s'est borné à faire sentir l'insuffisance des
corrections proposées, sans rien présenter de son crû. Au milieu de
ce vague, je me suis décidé pour la conjecture de *Davies,* qui a pour
elle un passage de cette Dissertation au-dessous de celui-ci, où il
semble que Maxime de Tyr n'a dû que se répéter, quoique *Markland*
ne soit pas de cet avis. Il auroit désiré un mot qui eût exprimé quelque
chose d'odieux, propre et exclusif aux Barbares, comme si les autres
traits de ce tableau ne convenoient pas malheureusement autant aux
peuples prétendus civilisés, qu'à ceux qui, du temps de notre Auteur,
étoient proprement appelés Barbares.

(9) J'ai suivi *Markland* qui lit δυσπαθῖ au lieu de δυσπαθῖ. Le mot
qui termine la phrase, ne laisse aucun doute sur le mérite de cette
correction.

(10) *Davies* reproche ici à *Heinsius* d'être tombé dans un contre-sens. C'est une erreur de l'annotateur Anglois. *Heinsius* a traduit sans négation ce que *Davies* a rendu avec deux négations. Il est donc évident que le sens est le même des deux côtés. Mais si *Heinsius* est exempt de reproche, il n'en est pas ainsi de *Formey*. Il fait dire à Maxime de Tyr la chose du monde la plus contraire à sa pensée. « C'est, selon moi, le cas de ceux qui veulent toujours philosopher ». Il est curieux de voir le galimatias que cette version jète dans tout le passage, mise en contact avec ce qui la précède et ce qui la suit.

(11) J'ai admis la correction de Davies, qui lit πλῆθος Ἑλληνικὸν, au lieu de πλὴν Ἑλληνικὸν, évidente bévue des copistes.

(12) Ælien, dans le 12ᵉ. livre de ses *Histoires diverses*, chap. 22, parle de Titorme et de Milon. Pausanias, dans son livre VI, ch. 5 et 6, et dans son livre VII, chap. 27, parle de Polydamas. Platon, dans le livre premier de sa République, parle de Lasthène.

(13) Maxime de Tyr fait allusion ici au 250ᵉ. vers du Prométhée d'Æschyle, poëte tragique, originaire d'Athènes.

(14) Ce n'est cependant point la faute des philosophes. Témoin ce passage de Juvénal :

> . . . . *Mensura tamen quæ*
> *Sufficiat censús, si quis me consulat, edam.*
> *In quantum sitis atque fames et frigora poscunt :*
> *Quantum, Epicure, tibi parvis sufficit in hortis :*
> *Quantum Socratici ceperunt ante penates.*
>
> Sat. XIV, *vers. 315 et seq.*

(15) Citons encore le même poëte :

> *Sed quò divitias hæc per tormenta coactas ?*
> *Cum furor haud dubius, cum sit manifesta phrenesis,*
> *Interea pleno cum turget sacculus ore,*
> *Crescit amor nummi quantum ipsa pecunia crescit.*
>
> Ibid. *vers. 135 et seq.*

(16) Il faut prendre ces deux derniers mots dans toute la rigueur du langage philosophique.

(17) Le texte porte ἢ καλὸν μὲν τῇ φύσει. Pourquoi donc Heinsius a-t-il traduit, *quod vi sibi insitâ hominum trahit.* Le mot καλὸν lui auroit-il fait illusion ? Pacci a correctement traduit, *naturâ pulchram (rem.)*

(18) Le grec porte littéralement, *dans la même chaire :* ce qui peut faire penser que les philosophes de ce temps-là, et Maxime de Tyr lui-même, débitoient leurs discours en public, comme l'ont fait depuis les prédicateurs qui leur ont succédé.

(19) J'ai suivi la conjecture d'*Heinsius*, qui a mieux aimé lire ἐπ'αὐτὴν, que ἐπ'αὐτῆς.

(20) *Davies* et *Markland* se sont aperçus que la transposition de la particule négative produisoit dans cettre phrase un contresens, qu'il est étonnant qu'*Heinsius*, avec sa sagacité ordinaire, n'ait point remarqué. *Quid audio !* s'écrie avec raison Davies, *nemone recordatur Socratem ditissimos ac nobilissimos viros incitare solitum, ut rebus philosophicis operam darent.* Qui ignore en effet que ses accusateurs lui reprochèrent, entre autres griefs, d'avoir eu pour disciples Alcibiade et Critias. Voyez les *Mémoires* de Xénophon, liv. I, chap. 2, n°. 12. Lactance, dans ses *Divines institutions*, liv. III, chap. 19, n°. 85. Ælien, dans ses *Histoires diverses*, liv. IV, chap. 15. Au reste, j'ai suivi la correction de Markland, qui a lu διαμέμφεται οὐδείς, au lieu de διαμέμπται.

(21) J'ai suivi la leçon d'*Henri Étienne* et d'*Heinsius*, qui ont mieux aimé πλέον ἡμῶν que πλὴν ἡμῶν.

(22) *Formey* a commis ici un contresens. « Il ne s'agit point, dit-il, » d'imiter Diogène, et de marcher comme lui avec une besace et un » bâton ». Il n'a pas rendu le latin d'*Heinsius*, *nec enim Diogenem imitatur qui cum perâ incedit et baculo.*

(23) Markland a lu αὐτὸ (τὸ καλὸ), au lieu de αὐτὸς, et je l'ai suivi.

(24) C'est-à-dire, Diogène le Cynique.

Paris, le 26 germinal an IX. (16 avril 1801.)

DISSERTATION VIII.

S'il faut représenter les Dieux sous des emblèmes sensibles (1).

LES Dieux ont toujours été regardés comme les conservateurs, comme les gardiens tutélaires des hommes; d'abord tous les Dieux comme les conservateurs de tous les hommes, et ensuite tel Dieu, selon sa dénomination, comme le gardien de tel homme en particulier. De leur côté, les hommes ont consacré aux Dieux des honneurs solennels, des objets pour les représenter, selon que les bienfaits qu'ils en avoient reçus les touchoient, sous les rapports divers de leur intérêt personnel. C'est ainsi que les matelots consacrèrent aux Dieux de la mer des timons de navire qu'ils placèrent sur des points élevés au bord du rivage, de manière que les vagues n'y pussent atteindre. C'est ainsi que les bergers honorèrent le Dieu Pan, en lui consacrant ou un grand sapin, ou une profonde grotte. C'est ainsi que les agriculteurs rendirent hommage à Bacchus, en plantant dans leur jardin le tronc d'un arbre venu de lui-même, genre d'emblème vraiment agreste. On consacra à Diane les fontaines d'eau vive, les coteaux et les vallons couverts de forêts, les prés où les chasseurs sont si à leur aise (2). Jupiter aussi reçut de la part des premiers mortels des offrandes de cette nature. On lui consacra les points les plus éminens des montagnes, le mont Olympe, le mont Ida, et tous ceux qui s'approchoient le plus du ciel. Les fleuves eux-mêmes ne restèrent point sans honneurs, ou lorsqu'ils furent utiles, comme le Nil en Égypte, ou lorsqu'ils offrirent à la vue un beau coup-d'œil, comme le Penée en Thessalie, ou lorsqu'ils en imposèrent par leur majesté, comme le Danube chez les Scythes, ou lorsque quelque évènement fabuleux les eut rendus recommandables, comme l'Acheloüs chez les Étoliens, ou lorsque les lois de l'Etat s'en mêlèrent, comme l'Eurotas à Lacédémone, ou lorsqu'ils entrèrent pour quelque chose dans une institution religieuse, comme l'Ilissus à Athènes. L'usage que faisoient les peuples des eaux des fleuves fut une autre source des honneurs qu'ils leur décernèrent. Les arts eurent aussi chacun leurs Dieux particuliers, auxquels ils consacrèrent des monumens. Et s'il est des hommes, qui ne soient ni épars sur les rivages de la mer, ni répandus dans les campagnes, mais réunis dans des cités, vivant dans des relations communes sous une même forme de gouvernement, les Dieux n'en obtiendront-ils ni honneurs ni hommages? Ou bien les révéreront-ils seulement de bouche, et penseront-ils d'ailleurs que les Dieux n'ont nul besoin ni d'autels, ni d'emblèmes qui les représentent? Car les emblèmes et les autels ne paroissent pas plus nécessaires aux Dieux, que les images des grands hommes aux gens de bien.

II. De même, à mon avis, qu'en ce qui concerne la parole et le langage nous n'avons nul besoin qu'il consiste en caractères, ou Phéniciens, ou Ioniens, ou Attiques, ou Assyriens, ou Égyptiens, et que tous ces signes ont été inventés par la foiblesse humaine, comme un supplément à l'imperfection de l'intelligence, et comme une ressource pour la mémoire; de

même, sans doute, les Dieux n'ont nul besoin ni
d'emblèmes, ni d'autels. Mais les hommes, dans l'excès de leur foiblesse, éloignés comme ils le sont des
Dieux, autant que le ciel l'est de la terre (3), imagi-
nèrent ce genre de signes auxquels ils imposèrent les
noms des Dieux, et auxquels ils attachèrent ce qu'ils
en disoient. Ceux donc qui ont de la vigueur dans
l'intelligence (4), et qui peuvent faire prendre à
leur âme un essor direct vers le ciel, et s'y aller mettre
en commerce avec les Dieux, ceux-là peut-être peuvent se passer d'emblèmes. Mais le nombre en est assez
rare parmi les hommes, et il seroit impossible de trouver une nation entière qui eût la connoissance des
Dieux, et à laquelle un tel secours ne fût point nécessaire. De même que ceux qui enseignent à lire aux
enfans pratiquent certains artifices, comme de crayon-
ner à leurs yeux les caractères dans une forme très-
défectueuse, pour leur donner lieu de rectifier eux-
mêmes ces défectuosités, et s'imprimer par ce moyen
dans la mémoire le souvenir de ces caractères ; de
même les législateurs, tout ainsi que s'ils avoient eu
affaire à des troupeaux d'enfans, me paroissent avoir
inventé pour les hommes ces représentations, ces
images des Dieux, comme des signes du culte qui leur
est dû, comme un moyen propre à conduire, à diriger vers ce souvenir.

III. D'ailleurs, il n'existe nulle uniformité touchant
ces images, ces représentations des Dieux, ni dans
l'objet fondamental de l'institution religieuse qu'on
leur attache, ni dans le mode du cérémonial qu'on
leur approprie, ni dans la forme même qu'on leur
donne, ni dans la matière dont on les compose (5).
Les Grecs, par exemple, ont jugé convenable de con-

sacrer à leurs Dieux les premiers genres de beau qui
sont sur la terre, la matière la plus pure, la forme
humaine, l'art le plus parfait. Et ce n'est pas sans
raison qu'on a imaginé de faire ressembler à l'homme
les représentations, les images des Dieux. Car si l'âme
de l'homme est ce qui approche le plus de la Divinité,
ce qui lui ressemble davantage, il n'y avoit nulle apparence de représenter la Divinité, qui lui ressemble
le plus à elle-même, sous les figures les plus difformes,
mais sous celle qui par sa prestance, sa légèreté, sa
mobilité devoit être appropriée à des âmes immortelles (6); mais sous la figure du seul des êtres qui sont
sur la terre, qui soit capable de tourner ses regards
vers le ciel, qui ait de la dignité, de la majesté, une
régulière ordonnance; qui n'épouvante point par sa
grandeur, qui n'en impose point par sa force (7); qui
n'est ni par son poïds difficile à mouvoir, ni par sa
légèreté facile à renverser; qui ne repousse point par
ses aspérités; qui ne se traîne point terre à terre à
cause de sa frigidité; qui n'a point de chaleureuse impétuosité; qui n'est réduit, ni à vivre dans l'eau à
cause du peu de consistance de son organisation, ni
à manger de la chair crue, à cause de sa férocité, ni à
se nourrir d'herbe, à cause de sa foiblesse; mais har-
moniquement doué de toutes les qualités propres à sa
destination, offrant un aspect terrible au méchant,
montrant de l'aménité à l'homme de bien; ayant toujours ses pieds attachés à la terre, mais s'élançant dans
les airs sur les ailes de l'intelligence, au milieu des
mers sur les ailes de la navigation (8); vivant des productions de la terre, la cultivant par ses labeurs, se
nourrissant des fruits qu'il lui fait produire, ne présentant à l'œil que des agrémens sous le rapport de la

teinte de la carnation, sous le rapport de la stature et sous celui de la physionomie (9). C'est en représentant les Dieux sous la forme d'un pareil être, que les Grecs crurent les honorer.

IV. Quant aux Barbares, admettant tous également l'existence des Dieux, ils les représentèrent les uns sous une figure, les autres sous une autre. Les Perses sous l'image fugitive du feu, élément dévorateur et insatiable. Dans les sacrifices, ils lui offrent son aliment ordinaire, en lui disant : « Feu, souverain maître, » mange ». Ils mériteroient ces Perses qu'on leur dît, « O les plus insensés des hommes, qui, dédaignant de » prendre pour représenter vos Dieux les nombreux, » les divers objets que vous offroit la nature, ou cette » terre nourricière (10), ou ce brillant soleil, ou cette » mer, théâtre de la navigation, ou ces fleuves pères » de la fécondité, ou cet air qui donne la vie, ou le » ciel lui-même, ne vous êtes principalement occu- » pés que de celui-là seul qui en est le plus violent, » le plus propre à la destruction ; et qui, sans vous » contenter d'offrir à ce Dieu que vous vous êtes choisi, » à cet emblème sous lequel il vous a plu de le repré- » senter, ce qui est son naturel aliment, ou des sacri- » fices, ou des parfums, lui avez donné à dévorer » Érétrie, Athènes, les temples de l'Ionie, et les sta- » tues de la Grèce » !

V. Je n'approuve pas davantage les institutions de l'Égypte. On y adore un bœuf, un oiseau, un bouc, les reptiles du Nil, êtres dont les corps sont périssables, l'existence abjecte, la vue rampante, les fonctions serviles, et qu'il est honteux d'adorer. Chez les Egyptiens, les Dieux meurent : on porte leur deuil. On voit à la fois et leurs tombeaux et leurs temples. Chez les Grecs (11), dans les solennités célébrées en l'honneur des héros, on offre des hommages à leurs vertus, mais on ne parle point des maux qui ont pu être leur ouvrage. Mais en Égypte, dans le culte qu'on rend aux Dieux, on mêle quelquefois les pleurs aux offrandes (12). Une femme Égyptienne élevoit un petit crocodile. Les Égyptiens regardoient comme un grand bonheur pour elle d'être la nourrice d'un Dieu. Quelques-uns même alloient jusqu'à faire des caresses (13) à cette femme et à son nourrisson. Cette Égyptienne avoit un fils, encore impubère, du même âge que le Dieu, avec lequel il étoit accoutumé de prendre ses ébats et de manger. Tant que le Dieu fut foible, il eut de la mansuétude. En grossissant, il développa sa férocité naturelle. Un jour il dévora l'enfant. L'infortunée Égyptiennne envisagea comme un bonheur pour son fils son genre de mort, d'avoir été la proie d'un Dieu domestique. Voilà pour ce qui concerne l'Égypte.

VI. Le célèbre Alexandre, après s'être rendu maître de la Perse, s'être emparé de Babylone, et avoir fait Darius prisonnier, poussa jusqu'aux Indes, où jusqu'alors nulle autre armée étrangère, d'après ce que disent les Indiens, n'avoit pénétré, à l'exception de celle de Bacchus. Porus et Taxile, Rois de cette contrée, prirent les armes. Porus fut fait prisonnier, et Taxile rechercha la bienveillance d'Alexandre. Il lui fit parcourir toutes les merveilles de l'Inde. Il lui fit admirer la grandeur des fleuves, la variété des oiseaux, les parfums des plantes, et tout ce qui pouvoit piquer la curiosité d'un Grec. Entre autres choses prodigieuses, il lui montra un animal d'une grandeur au-dessus de toutes les proportions de la nature, que les Indiens regardoient comme la représentation de Bacchus, et auquel ils offroient des sacrifices. C'étoit un dragon d'une longueur et d'une grosseur monstrueuse (14). On le nourrissoit dans un lieu creux, profond, et entouré de murailles qui dominoient toutes les hauteurs d'alentour. Il absorboit les troupeaux de l'Inde. On lui amenoit des bœufs et des moutons à manger, plutôt comme à un tyran que comme à un Dieu.

VII. Les Lybiens occidentaux habitent une langue de terre étroite et longue que la mer cerne des deux côtés. A l'extrèmité de cette langue de terre, la mer qui la baigne fait du fracas par le tourbillonnement et l'impétuosité de ses vagues. L'Atlas est le Dieu de ce peuple. Il est lui-même sa représentation. Or l'Atlas est une montagne creuse, d'une médiocre hauteur, et dont l'ouverture s'offre du côté de la mer, comme l'ouverture d'un théâtre s'offre vis-à-vis de l'atmosphère (15). Dans le milieu de la montagne est un court boyau d'une terre féconde, et couvert de beaux arbres. Ces arbres portent du fruit. En regardant du sommet de la montagne on voit comme dans le fond d'un puits. D'ailleurs, il n'est pas possible d'y descendre à cause de la roideur de la pente, et d'un autre côté cela n'est pas permis. Ce qu'il y a là de plus merveilleux, c'est que quand le flux de l'Océan gagne le rivage, les ondes se répandent à droite et à gauche au travers des terres, tandis qu'en face de l'Atlas elles s'amoncèlent; et l'on voit les flots s'entasser les uns sur les autres comme une muraille, sans se diriger vers la cavité de la montagne, et sans toucher à la terre ferme, entre laquelle et les flots sont un air extrêmement dense, et des bois enfoncés. Tel est le temple, tel est le Dieu des Lybiens. C'est par lui qu'ils jurent. C'est à lui qu'ils rendent leurs adorations.

VIII. Les Celtes adorent Jupiter, et le Jupiter des Celtes est un grand chène (16). Les Pœons adorent le soleil, et le soleil des Pœons est un petit disque pendu à une longue perche. Les Arabes adorent aussi, mais je ne sais quoi. Quant à l'objet sensible de leurs adorations, je l'ai vu, c'est une pierre quadrangulaire (17). Vénus étoit adorée à Paphos. La figure sous laquelle on la représentoit ne ressembloit guère qu'à une pyramide blanche, de l'on ne sait quelle matière. Chez les Lyciens, le mont Olympe jète des flammes, mais non point à l'instar de l'Etna. Ce sont des flammes périodiques et qui ne font aucun mal. Ce feu est pour eux l'objet de leur culte. Il leur représente leur Dieu. Les Phrygiens, qui habitent Celæne, rendent leurs hommages à deux fleuves que j'ai vus, le Marsyas et le Méandre. Ils partent de la même source. L'eau qui en sort, après avoir traversé une montagne, disparoît à côté de la ville. Elle reparoît au delà, et se distribue en deux courans sous des noms divers. Celui qui se dirige vers la Lydie est le Méandre. L'autre va se perdre dans les campagnes. Les Phrygiens sacrifient à ces fleuves, les uns à tous les deux, les autres au Méandre, et les autres au Marsyas. Ils jètent leurs offrandes dans la fontaine qui leur sert de source, en prononçant à haute voix le nom du fleuve auquel elles sont destinées. Ces offrandes suivent le courant des eaux au travers de la montagne, s'engloutissent, ressortent avec elles, et l'on ne voit point que celles qui sont adressées au Méandre prennent le chemin du Marsyas, ni que celles qui doivent appartenir au Marsyas prennent le chemin du Méandre. Si elles sont pour l'un et pour l'autre, elles se partagent entre eux (18). C'est une montagne qui est le Dieu des habi-

tans de la Cappadoce. C'est par elle qu'ils jurent.
C'est elle qui leur représente la Divinité. Chez les
peuples qui habitent les rivages du Palus-Méotide,
c'est le Palus-Méotide lui-même. Chez les Massagètes,
c'est le Tanaïs.

IX. O quelles différences, quelle variété dans les
images des Dieux, dans les signes qui les représentent ! Tantôt c'est la main des arts qui les a éla-
borés. Tantôt ce sont les services du besoin qui ont
déterminé les hommages. Les uns se sont conciliés le
respect des mortels par le bien réel qu'ils leur faisoient,
les autres par des impressions imposantes. Ici le culte
a été commandé par l'énormité des formes; là, il a
été l'ouvrage de leur régularité, de la beauté de leur
coup-d'œil. D'ailleurs il n'est aucun peuple, ni Grec,
ni Barbare (19), ni placé sur les bords de la mer, ni
reculé dans l'intérieur des terres, ni nomade, ni civi-
lisé, qui n'ait senti le besoin d'avoir sous les yeux des
symboles quelconques propres à rappeler l'idée des
hommages que l'on doit aux Dieux. A quoi bon mettre
donc en question s'il faut représenter les Dieux sous
des emblèmes sensibles ? Si nous avions à donner des
lois à des hommes qui nous fussent totalement étrangers, qui vécussent dans une autre atmosphère que
la nôtre; qui fussent récemment sortis du sein de la
terre (20), ou pétris par un nouveau Prométhée,
sans aucune expérience de notre manière de vivre,
de nos habitudes, de notre langage, peut-être aurions-
nous besoin de nous livrer à cette recherche, et d'examiner s'il conviendroit de permettre à une semblable
génération de prendre pour symboles de la Divinité
ceux que la nature présente, et d'adorer non de l'ivoire,
ni de l'or, ni des chênes, ni des cèdres, ni des fleuves,

ni des oiseaux, mais le soleil à son lever, la lune dans
son plein, le firmament dans sa variété brillante, ou
même la terre, l'air, ou le feu universel, ou les eaux
en masse. Aimerions-nous mieux les réduire à la nécessité d'adorer du bois, de la pierre, de la toile? Mais
si telle est la condition commune de tous les peuples,
laissons les choses comme elles sont; respectons les
opinions reçues sur le compte des Dieux, et conser-
vons leurs symboles ainsi que leurs noms.

X. Car il est un DIEU, père et créateur de tout
ce qui existe, plus ancien que le soleil, plus ancien
que le firmament, antérieur aux temps, aux âges,
et à toutes les générations qui en ont émané; législateur supérieur à toutes les lois, dont le langage des
mortels ne peut pas plus énoncer le nom, que leurs
yeux n'en peuvent contempler l'essence. Dans l'impuissance où nous sommes de nous faire une idée de sa
nature, nous cherchons un appui dans les mots, dans
les dénominations, dans les animaux, dans les images
d'or, d'argent et d'ivoire, dans les plantes, dans les fleuves, dans les hauteurs des montagnes, dans les fontaines.
Nous sommes avides de le connoître, mais la foiblesse
de notre intelligence nous réduit à nous le représenter
sous l'emblème du *beau* à nos yeux (21). Il en est
comme de ce qu'on éprouve en amour. Ce qu'on voit
avec le plus de plaisir est le portrait de l'objet qu'on
aime. On se plaît encore à fixer ses regards sur la lyre
dont il tiroit de si agréables sons, sur la lance dont il
s'armoit avec tant de grâce, sur le siége où il venoit se
reposer, sur le lieu où il jouissoit de la promenade; en
un mot, sur tout ce qui peut en rappeler le souvenir. Que serviroit donc d'aller plus avant et de nous
ériger en législateurs sur cette matière? Il suffit que

l'entendement

l'entendement humain ait l'idée de DIEU. D'ailleurs, que le ciseau de Phidias soit employé chez les Grecs à leur en retracer la mémoire, qu'en Égypte le culte qu'on rend aux animaux soit chargé de la même fonction, que chez certains peuples on adore un fleuve, chez d'autres le feu, qu'importe la différence? Elle ne me choque pas. C'est assez pour moi que les nations sachent qu'il est des Dieux. Il suffit qu'elles les honorent. Il suffit qu'elles en conservent le souvenir.

NOTES.

(1) Heinsius a rendu le titre de cette Dissertation par ces mots, *Utrum Diis sint dicandæ statuæ.* Cette version ne m'a pas paru exacte. D'abord, dans le cours de la Dissertation, on voit qu'il s'agit pour la plus grande partie de toute autre chose que de *statues.* D'un autre côté, le mot grec ἄγαλμα qu'Heinsius a rendu par *statue*, n'a ce sens que dans une acception spécifique. Or, dans ce sens, il en a plusieurs : car si l'on peut le prendre pour l'ouvrage d'un sculpteur, on peut le prendre aussi pour l'ouvrage d'un peintre. C'est dans ce dernier sens, par exemple, que l'a pris Cicéron, dans son second livre *des Lois*, en traduisant un passage du douzième livre *des Lois* de Platon. Ici donc ce mot m'a semblé emporter une acception générique, et sous ce rapport, Pacci m'a paru plus correct qu'Heinsius, lorsqu'il a traduit, *Utrum Diis dicanda sint signa. Signa* est générique, *Statuæ* ne l'est pas.

(2) Heinsius a traduit, *vestita floribus prata.* Le traducteur Florentin s'est plus rapproché du texte, *venationibus exposita prata.* Cette dernière version laisse encore quelque chose à désirer, parce qu'elle ne rend pas tout le sens de l'épithète, εὔθηροι.

(3) Le texte porte littéralement, *autant que la terre l'est du ciel.*

(4) Le grec dit littéralement, *dans la mémoire.*

(5) Voilà sans doute une très-longue phrase pour rendre une ligne et demie du texte. J'en conviens. A ce propos j'observe deux choses. C'est que si, en traduisant du grec, Cicéron même, dont la langue se prêtoit si facilement au laconisme, reconnoît qu'il étoit souvent obligé d'employer plusieurs mots latins pour un grec, (*equidem soleo etiam,*

dit-il, au 3ᵉ. livre *de Finibus*, *equidem soleo etiam quod uno græci, si aliter non possum, idem pluribus verbis exponere*), à plus forte raison cette obligation doit exister dans une langue qui n'a sous c erapport aucun des avantages du latin. Je remarque, en second lieu, que les ellipses étoient pour les écrivains Grecs, sous le rapport du style , et sous le rapport des pensées, la source la plus féconde des agrémens et de la grâce de leur langue , au lieu que nos langues vulgaires ne comportent point ce double genre d'abréviation au même degré.

(6) Mécontent du sens dans lequel *Heinsius* et *Pacci* avoient entendu ce passage, j'hésitois à prendre celui que je croyois devoir préférer, lorsque je me suis avisé de voir si *Reiske*, au défaut des autres annotateurs, n'avoit fait aucune remarque sur cet endroit. J'ai trouvé que ce passage avoit fixé son attention, et qu'il l'avoit entendu comme je pensois devoir l'entendre. Sur la foi de cet habile critique, j'ai eu bientôt pris mon parti. En effet, Maxime de Tyr venoit de dire que *ce n'étoit pas sans raison qu'on avoit représenté les Dieux sous la figure de l'homme.* Cette raison, il la donne dans le passage en question. Si je ne me trompe, le sens dans lequel j'ai traduit, rend cette raison sensible. Qu'on voie dans les versions latines, ou dans celle de *Formey*, s'il en est ainsi.

(7) Le grec porte littéralement, *par sa chevelure.* Markland a remarqué qu'il ne s'agissoit ici que des qualités corporelles, et qu'il falloit lire *force*, au lieu de *cheveux*, à moins que *force* et *cheveux* ne soient synonymes, comme dans l'exemple de Samson.

(8) Le texte porte littéralement, *volant par la raison, nageant par l'art.*

(9) Le grec ajoute, *et de la barbe.* J'ai cru, par égard pour la délicatesse des lecteurs François, devoir supprimer ce dernier trait.

(10) L'épithète grecque paroit ici insignifiante, à la prendre dans son sens propre. Pacci a traduit, *placida terra.* Heinsius a traduit, *terram mitissimam*, et Formey, « la terre si bénigne ».

(11) Voyez sur cet endroit une longue note de Markland.

(12) Chaque année les Égyptiens célébroient une fête funéraire en l'honneur d'Osiris. Ils poussoient de longs gémissemens, ils rasoient leur tête, ils frappoient leur poitrine, ils déchiroient leurs bras, ils rouvroient les cicatrices de leurs antérieures lacérations. Après avoir employé quelques jours à ces momeries, ils faisoient semblant d'avoir retrouvé les morceaux de chair qu'ils avoient détachés de leur corps en l'écharpant, et alors ils se livroient à la joie. *Voy.* Firmicus, *De err. prof. delig.* p. 4. Minucius-Felix, chap. 21; et le savant Selden, *De Diis Syriis, Syntagm.* II, cap. 2.

(13) J'ai adopté la correction de Davies. Il a lu προσεπτύσσοντο, qui

donne un bon sens, au lieu de προσεθρύπτοντο, qui est évidemment une altération.

(14) Plutarque, au troisième livre de ses *Propos de table*. quest. 5, remarque que les Dragons étoient consacrés à Bacchus. Quant aux énormes dimensions de celui dont il est ici question, il est contre toute vraisemblance qu'elles couvrissent *quatre arpens de terre*, ainsi que le dit Maxime de Tyr. Il vaut mieux en croire Ælien, au livre XV, chap. 21 de ses *Histoires diverses*, qui ne lui donne que soixante-dix coudées de longueur. *Voy.* Samuel Bochard, dans sa *Hiérozologie*, part. II, lib. III, chap. 14.

(15) Les théâtres des anciens n'étoient pas, comme les nôtres, couverts de toitures. Leur intérieur étoit aussi dans un autre plan. Ceux qui ont vu les restes des monumens de ce genre, que le temps n'a point encore dévorés, saisiront facilement l'idée de notre Auteur.

(16) Chêne, en grec, est δρῦς. Telle est l'étymologie des Druides de l'ancienne Celtique. Tel est tout le mystère de leur religion

(17) Selon Clément d'Alexandrie, *in protrepticis*, les Arabes adoroient une pierre. Arnobe, dans son sixième livre, appelle cette pierre, « une pierre informe », *informem lapidem*. Le savant Bochard, dans son *Phaleg*. liv. II, chap 19, a prétendu que le nom de ce Dieu, que les Arabes adoroient sous la forme d'une pierre carrée, étoit *Dusaris*, ou *Dousaris*.

(18) Quel malheur que Maxime de Tyr, qui paroît avoir été sur les lieux, n'ait pas eu la *curiosité* de se rendre témoin de ces merveilles, et de se mettre en état de nous dire d'elles, comme des deux fleuves qui en étoient le théâtre, *je l'ai vu*.

(19) Les éditions vulgaires portent βαρβαρικὸν, correct, au lieu de βάρβαρον, incorrect, que porte l'édition de Davies. Ce savant Helléniste a dit à ce sujet, *quod eodem sanè redit*, « ce qui revient parfaitement » au même ». Il s'est trompé. S'il eût consulté la précieuse collection des mots grecs d'Ammonius, il auroit vu que ces deux mots ont une acception différente, διαφέρει; et que le premier se dit *de tout ce qui appartient aux Barbares*, tandis que le second ne s'entend que *d'un mot qui n'est pas de la langue grecque*, autrement dit d'un barbarisme. Βάρβαρον μὲν γὰρ ἐστιν ὄνομα τὸ ἐξ Ἑλληνικὸν, βαρβαρικὸν δὲ, τὸ τῶν βαρβάρων.

(20) Comme les soldats de Cadmus. *Voyez* la Mythologie.

(21) Les Auteurs des Livres Saints ont-ils jamais parlé de Dieu en termes plus pompeux et plus magnifiques ? Maxime de Tyr n'en dit-il pas autant dans ce passage, que Job dans le XIe. et le XXVIe. chapitre de son livre ?

Paris, le 28 Germinal an IX. (18 avril 1801.)

DISSERTATION IX.

Si Socrate fit bien de ne rien dire pour sa défense (1).

C'EST une chose inconcevable, que dans chaque profession on puisse décliner la jurisdiction commune: que le marin, qui a pris le commandement d'un vaisseau et qui l'a dirigé à sa guise d'après ses connoissances nautiques, puisse ne pas rendre compte de sa conduite à des hommes qui n'entendent rien à la navigation; qu'il ne soit point permis aux malades de se constituer juges des ordonnances de leur médecin, des remèdes qu'il commande, du régime qu'il prescrit; que, ni ceux qui fabriquent des vases, ni ceux qui fabriquent des armes, ni aucun des autres artisans qui font des métiers bien moins relevés, ne soumettent le jugement de leurs ouvrages qu'à la jurisdiction respective de leurs pairs; et que Socrate, qui ne fut point regardé comme dénué de lumières et de connoissances, au tribunal même d'Apollon, de ce Dieu « qui savoit le nombre des grains de sable, » et qui devinoit juste, au-delà même des mers (2) », soit poursuivi encore aujourd'hui sans relâche de la part des Sycophantes qui le traduisent devant eux; et que parmi de pareils accusateurs et de pareils juges, qui se succèdent sans interruption, il trouve plus d'animosité, plus d'acharnement, que ne lui en montrèrent jadis Anytus, Mélitus, et les Athéniens ses contemporains. S'il eût été ou peintre comme Zeuxis, ou sculpteur comme Polyclète et Phidias, à la faveur de la réputation dont il auroit joui dans son art, ses ouvrages auroient été admirés comme ceux de ces artistes célèbres. Car, en contemplant ces derniers, non - seulement on n'ose pas leur reprocher des défauts; on n'ose pas même y appliquer l'œil de la critique. Chacun au contraire les comble à l'envi d'éloges. Mais qu'un homme qui fut étranger aux arts de la main, qui ne fut ni statuaire ni peintre, dont le talent consista à mettre de la symmétrie, de l'harmonie dans ses mœurs, et à les soumettre à la plus parfaite régularité, à l'aide de la raison, du travail, de l'habitude, de la frugalité, de l'honnèteté, de la tempérance et de toutes les autres vertus; que cet homme n'ait point obtenu une gloire solide, des éloges unanimes, des juges qui n'aient eu qu'une voix, mais que chacun ait eu de cet homme une opinion différente, c'est ce dont nous allons en ce moment faire l'objet de notre examen (3).

II. Socrate fut accusé par Mélitus, traduit en jugement par Anytus, poursuivi par Lycon, condamné par les Athéniens, chargé de fers par les onze (4), et réduit à avaler la ciguë : et Socrate dédaigna Mélitus qui l'accusoit, et Socrate couvrit de mépris Anytus qui le traduisoit en justice, et Socrate se moqua de Lycon qui parloit contre lui; et tandis que les Athéniens le jugeoient, il les jugeoit lui-même; et tandis qu'ils prononçoient une condamnation contre lui, il en prononçoit une contre eux. Lorsque les onze se présentèrent pour le charger de chaînes, il leur abandonna son corps, un des plus foibles, sous le rapport des forces physiques. Mais il ne leur abandonna point son âme; sous le rapport des forces morales, il l'emportoit sur tous les Athéniens. L'aspect du bourreau ne l'effraya point. La vue du poison ne

fit aucune impression sur lui. Les Athéniens le condamnèrent à contre-cœur, et lui, il reçut la mort
sans répugnance. La preuve qu'il ne répugna point
à la mort, c'est qu'étant le maître d'en être quitte
pour une amende (5), ou de se sauver par une évasion
clandestine, il aima mieux mourir. La preuve que
les Athéniens le condamnèrent à contre-cœur, c'est
qu'ils ne tardèrent pas à se repentir de l'avoir condamné. Or, peut-il rien arriver à des juges de plus
propre à les couvrir de ridicule ?

III. Vous désirez donc d'examiner si Socrate, dans
ces circonstances, se conduisit bien ou mal. Si quelqu'un s'approchoit de vous, et vous disoit : « Il fut
» un homme à Athènes, avancé en âge, Philosophe
» de profession, mal à son aise du côté de la fortune,
» doué d'ailleurs d'excellentes qualités morales, bon
» orateur, ayant beaucoup de sagacité, actif, sobre,
» incapable de rien faire ni de rien dire, sans avoir
» un objet déterminé; ayant parcouru une assez lon-
» gue carrière en se conciliant sous le rapport des
» mœurs les éloges des plus recommandables d'entre
» les Grecs, et d'Apollon entre les Dieux. L'envie,
» l'animosité, la haine du beau moral, soulevèrent
» contre lui, parmi les Poëtes comiques Aristo-
» phane, parmi les Sophistes Anytus, parmi les
» Sycophantes Mélitus, parmi les Orateurs Lycon,
» parmi les Grecs les Athéniens (6); et tandis qu'il
» étoit ainsi joué sur le théâtre par l'un, accusé par
» l'autre, tandis que celui-ci le traduisoit en juge-
» ment, que celui-là parloit contre lui, et qu'il étoit
» d'ailleurs en présence du Tribunal, il commença
» par user de représailles vis-à-vis d'Aristophane,
» il le mit à son tour sur la scène durant les fêtes

» de Bacchus, pendant que les spectateurs étoient
» encore échauffés par la licence des orgies. De là,
» il se rendit vers ses propres Juges, il parla à son
» tour contre ceux qui avoient parlé contre lui, il
» entra dans de très-longs détails ; son but principal
» dans sa défense fut de se concilier le Tribunal,
» de gagner sa bienveillance dès le début de son dis-
» cours, de le convaincre par l'exposition des faits,
» de faire éclater l'évidence à ses yeux, par la force
» et la vérité de ses preuves, par la justesse des rap-
» prochemens, par le témoignage de ses concitoyens
» les plus recommandables, et les plus dignes de faire
» foi devant des Juges Athéniens. Dans sa pérorai-
» son, il eut recours aux supplications, aux prières,
» il excita la pitié, il laissa échapper de temps en
» temps quelques larmes ; à tout cela, il finit par
» ajouter l'apparition de Xantippe, le tableau de ses
» lamentations, celui des pleurs et des cris de ses
» enfans ; et par le concours de tous ces moyens, ses
» Juges, fléchis, attendris, touchés de commiséra-
» tion, se décidèrent en sa faveur, et le renvoyèrent
» absous ».

IV. O la brillante victoire ! Certes, en sortant de
là, il eût pu reparoître ou au Lycée, ou à l'Académie, ou dans les autres lieux de ses rendez-vous,
avec autant d'hilarité que ceux qui ont échappé sur
mer à quelque tempête. Mais, de quel œil la Philosophie eût-elle vu un pareil homme revenir vers
elle ? Du même œil qu'un chef de gymnase verroit
revenir de l'arène un athlète tout parfumé, qui auroit obtenu sa couronne, sans éprouver aucune fatigue, sans se couvrir de poussière, sans avoir été ni
meurtri, ni blessé, sans rapporter aucune preuve

de son courage. Et pour quel motif Socrate se seroit-il défendu devant des Juges tels que ceux qui le jugèrent à Athènes? Étoit-ce parce qu'ils pouvoient prononcer selon la justice? mais ils ne connoissoient que l'iniquité. Étoit-ce parce que c'étoient des hommes remplis de sagesse? mais ils n'avoient aucun bon sens. Etoit-ce parce qu'ils étoient susceptibles de bienveillance? mais ils étoient pleins d'animosité contre lui. Etoit-ce parce qu'ils avoient quelque point de commun avec sa manière d'être? c'étoit tout le contraire. Etoit-ce parce qu'ils valoient mieux que lui? mais il valoit lui-même beaucoup mieux qu'eux. Etoit-ce parce qu'ils avoient moins de mérite que lui? et quel est l'homme qui, sentant sa supériorité sur ses Juges, en pareil cas, s'abaisseroit à se défendre devant eux? Et s'il eût voulu se défendre, qu'auroit-il pu dire? Qu'il n'avoit point professé la Philosophie? mais il auroit proféré un mensonge. Qu'il avoit fait la profession de Philosophe? mais c'étoit de cela même qu'on l'accusoit.

V. A la bonne heure, qu'il n'eût rien dit de cela; mais il devoit repousser les chefs de son accusation, se justifier d'avoir corrompu la jeunesse, et d'avoir introduit de nouveaux Dieux. Mais où est l'artiste qui, sur les matières qui appartiennent à son art, portera la conviction dans l'esprit de celui qui n'en a pas les premiers principes? Et comment les Athéniens auroient-ils entendu en quoi consistoit la corruption de la jeunesse, en quoi consistoit la vertu, quelles notions on devoit avoir des Dieux, quel culte on devoit leur rendre? Les milliers de juges que le sort des fèves (7) appelle à cette fonction, n'examinent point des questions de cette nature. On ne trouve rien de réglé là-dessus dans les lois de Solon. Dracon n'en dit pas un mot dans son Code. Il n'y est question que de citations en justice, de défenses judiciaires, d'accusations, de mise en jugement des comptables, de sermens à prêter respectivement par les parties (8), et de tous les détails de cette nature, qui composent la jurisdiction de l'Héliée (9). C'est comme dans les groupes d'enfans, lorsqu'ils prennent querelle entre eux, et qu'ils se débattent au sujet de leurs osselets qu'ils s'enlèvent les uns aux autres (10), et lorsqu'ils éprouvent des injustices dont ils sont réciproquement les auteurs. Mais la vérité, mais la vertu, mais les bonnes mœurs, demandent d'autres juges, d'autres lois, d'autres orateurs. Alors Socrate triomphera, alors la palme lui sera décernée, alors il sera couvert de gloire.

VI. Et combien ne seroit-il donc point ridicule de voir un homme avancé en âge, un Philosophe, jouer avec des enfans? Et quel est le médecin qui a jamais persuadé à des malades ayant la fièvre, que la faim et la soif sont un bien? Et qui a jamais persuadé à un homme livré à la débauche, que ce genre de volupté est un mal? Qui a jamais persuadé à celui qui est adonné aux opérations mercantiles, qu'il n'y a nul bien dans le but qu'il se propose? Certes, Socrate n'auroit pas eu beaucoup de peine à persuader aux Athéniens, que ce n'est pas pervertir les jeunes-gens, de les dresser à la vertu, et que ce n'est point pécher contre les Dieux, de propager les lumières en ce qui les concerne. Ils en savoient là-dessus autant que Socrate ; ou bien, tandis que Socrate avoit là-dessus les plus saines notions, les Athéniens étoient à cet égard dans une pleine ignorance. Or, s'ils étoient

aussi savans que lui, qu'avoit-il à leur apprendre ?
S'ils étoient, au contraire, dans une profonde ignorance, ce n'étoit pas de plaidoyer, mais de leçons
qu'il devoit s'agir arprès d'eux. Dans les débats judiciaires, c'est des témoignages, des ouï-dire, des
preuves, des pièces de conviction, des épreuves que
l'on fait subir à l'accusé (11), et d'autres semblables
détails, que dépend devant les tribunaux la mani-
festation de la vérité. Mais lorsqu'il s'agit des principes de la vertu et de la morale, il n'est qu'une source
de preuves, c'est le respect qu'on a pour l'une et pour
l'autre. Or, ce respect étant alors banni d'Athènes,
que pouvoit avoir à dire Socrate ?

VII. Il devoit dire du moins ce qu'il falloit pour
éviter la mort. Mais, si mourir est un accident, dont
l'homme de bien doive se garder sur toutes choses,
non-seulement Socrate auroit dû songer à se défendre devant le tribunal des Athéniens qui le jugeoient,
mais il auroit antérieurement (12) dû s'abstenir de
montrer de l'animosité contre Mélitus, de démasquer
Anytus, de dérouler le tableau du déréglement et de
l'inconduite de ses concitoyens, de passer en revue
toute la ville d'Athènes, de scruter toutes les conditions, toutes les professions, toutes les occupations,
toutes les ambitions, de se constituer l'amer et inexorable censeur de tout le monde, ne prononçant vis-à-
vis de qui que ce soit aucun mot sentant la bassesse,
la flagornerie, la servilité, l'humiliation. Le soldat
bravera la mort au milieu des batailles, et le nauton-
nier au milieu des flots ; l'un et l'autre désirera de
mourir avec gloire pour l'honneur de sa profession,
et le Philosophe sera un lâche qui désertera son
poste, qui abandonnera son vaisseau, et pour sauver

sa vie, il jètera sa vertu comme un bouclier à la guerre? Et où seroit le juge qui le loueroit d'une semblable conduite? Et qui supporteroit de voir Socrate en présence d'un tribunal, dans la contenance de l'humiliation, de l'abattement, sollicitant, mendiant aux pieds de ses Juges quelques jours de vie? Etoit-ce là le genre dans lequel il devoit diriger sa défense; ou bien devoit-il, dans son discours, écartant toute bassesse, toute crainte, toute défiance, prendre le ton de la liberté, et parler un langage digne de la Philosophie? Mais ce n'eût point été répondre à ses accusateurs. Il n'eût fait qu'enflammer l'animosité, que l'exaspérer davantage. Et comment une défense de cette nature auroit-elle été reçue de la part d'un tribunal composé de pervers, insolens par la forme de leur gouvernement, capables de tous les excès de la licence par le sentiment de leur autorité, ennemis de cette intrépidité de pensée et de discours qui est l'apanage de la liberté, et accoutumés uniquement au langage d'une continuelle adulation? Elle ne l'auroit pas été mieux que ne le seroit dans une orgie de débauchés la conduite d'un ami de la tempérance, qui feroit emporter les coupes, qui feroit mettre à la porte la musicienne jouant de la flûte, qui feroit enlever les couronnes, et qui voudroit empècher ses convives de s'enivrer. Il n'y eut donc aucun danger pour Socrate de garder le silence dans une conjoncture, où il ne pouvoit parler avec la dignité convenable. Il ne dégrada point sa vertu. Il n'irrita point les passions de ses Juges, et il leur endossa la honte et l'infamie de l'avoir condamné sans l'entendre.

VIII. Socrate avoit donc grand besoin de discourir auprès des Athéniens qui le jugeoient! Il étoit âgé de

soixante-dix ans. Il avoit consacré cette longue carrière à l'étude de la Philosophie et à la pratique de la
vertu. Il n'avoit jamais nui à personne. Pas un vice
à lui reprocher. Les mœurs les plus pures. Les liaisons
les plus honnêtes. Visant à l'utile dans toutes ses relations, et améliorant tous ceux qui l'approchoient.
Tout cela ne l'arracha ni au tribunal, ni à la prison,
ni à la mort ; et le court espace de quelques clepsydres (15), qu'on lui auroit accordé pour sa défense,
l'auroit sauvé? Non, les clepsydres ne l'auroient pas
pu, et cela leur eût-il été possible, Socrate n'en auroit point fait usage. Non, par Jupiter ; non, par
tous les Dieux ! C'est tout comme si quelque Sycophante sous les armes, admis dans le conseil du célèbre Léonidas Lacédémonien, eût été d'avis de céder
un peu de terrein, et de laisser faire une irruption à
Xerxès ; Léonidas auroit repoussé cette proposition.
Il eût mieux aimé périr à son poste, avec sa vertu,
les armes à la main, que de se sauver en tournant
le dos à un Roi Barbare. Eh ! qu'auroit été la défense
de Socrate, que tourner le dos, que se sauver avec
lâcheté, que prendre une honteuse fuite? Il resta donc
ferme, il soutint le choc, il acquitta la dette de la
valeur et du courage. Les Athéniens pensoient l'avoir
condamné à la mort. Et Xerxès aussi pensoit avoir
vaincu Léonidas. Mais, par la mort de Léonidas,
Xerxès fut vaincu lui-même ; par la mort de Socrate,
les Athéniens aussi ont été condamnés à l'infamie. Ils
l'ont été au tribunal des Dieux, au tribunal de la vérité. Voici l'acte d'accusation de Socrate contre eux.
Le Peuple d'Athènes attente à la religion. Il ne regarde point comme Dieux, ceux que Socrate regarde
comme tels. Il en introduit de nouveaux. Socrate

pense que Jupiter est le Dieu de l'Olympe. Les Athéniens pensent que c'est Périclès (14). Socrate croit à Apollon (15), et les Athéniens jugent l'inverse de ce qu'a jugé ce Dieu. Le Peuple d'Athènes attente à la morale. Il corrompt les jeunes gens. C'est lui qui a perdu Alcibiade, Hypponicus, et une infinité d'autres. O combien il y a de vérité dans cette accusation ! Combien il y a d'équité à ce tribunal ! Combien elle est grave cette condamnation ! Les impiétés envers Jupiter amenèrent la peste et la guerre du Péloponnèse. La corruption de la jeunesse produisit la catastrophe de Dekélie, les revers en Sicile, et les désastres sur l'Hellespont. C'est ainsi que juge le tribunal des Dieux. Tels sont les arrêts qui en émanent.

NOTES.

(1) Platon et Xénophon nous ont laissé chacun une apologie de Socrate. Il résulte de ces deux monumens de l'amitié et de la vénération, que Socrate, en présence de ses juges, tint quelques discours pour répondre à ses accusateurs. Il ne faut donc pas prendre au pied de la lettre le titre de cette Dissertation, et penser que Maxime de Tyr se soit mis en contradiction avec les deux disciples de Socrate, qui ont écrit son apologie. Notre Auteur a seulement voulu dire que Socrate n'employa point pour sa défense, cet ensemble, ce concours, cet appareil de moyens de tout genre qu'on met ordinairement en œuvre devant les Tribunaux criminels.

(2) Chœrephon étoit un des disciples de Socrate qui lui étoient le plus attachés. Il consulta l'oracle d'Apollon sur le compte de son maitre; et l'oracle lui répondit en deux vers grecs; « Sophocle est » sage; Euripide est plus sage encore; mais Socrate est le plus sage de » tous les mortels ». *Voy.* le Scholiaste d'Aristophane sur le 144ᵉ. vers *des Nuées.* Maxime de Tyr fait au surplus allusion ici à la réponse que l'oracle d'Apollon fit aux envoyés de Crésus, Roi de Lydie. *Voy.* plus bas *Dissert.* 17, sect. 6; *Dissert.* 19, sect. 3.

(3) Le défaut d'exactitude de la ponctuation des manuscrits, dans cet endroit, y a jeté de l'obscurité. Pacci a placé le point après λέγοντας. Mais s'apercevant que pour compléter le sens de la phrase, il manquoit quelque chose, il a ajouté de son crû *quis ferat*, avec un point d'interrogation. Heinsius a senti également que le texte laissoit le sens incomplet, en supposant, comme Pacci, la phrase finie après λέγοντας; et il y a suppléé par cet équivalent, *mihi quidem indignissimum videtur*. Les annotateurs Anglois ont fait plus; non-seulement ils ont admis le point après λέγοντας. Ils ont encore terminé à ce mot la première section de la Dissertation. S'il m'est permis d'en dire ma pensée, je crois que le sens de cette phrase n'a dû se terminer qu'après le mot σκέμμα. Cette opinion, outre qu'elle donne au passage un sens coulant et naturel, présente l'avantage de dispenser de l'addition que Pacci et Heinsius ont appelée à leur secours.

(4) C'étoit à Athènes le nom d'un corps de Magistrats. Le Scholiaste d'Aristophane, Pollux et Suidas en parlent diversement, en ce qui concerne ses attributions. Pollux est beaucoup plus précis que les deux autres. Selon lui, ce corps étoit formé de citoyens pris dans chacune des onze Tribus, dans lesquelles se divisoient les citoyens d'Athènes. Ils choisissoient entre eux celui qui devoit remplir les fonctions de Greffier. Dans la suite on leur donna le nom de *Gardiens des lois*. Ils avoient l'inspection des prisons. Ils connoissoient du vol commis sur les grandes routes ou dans les maisons des particuliers, ainsi que du crime de ceux qui vendoient comme esclave un homme libre. Lorsqu'ils étoient unanimes, ils prononçoient la peine de mort. Dans le cas contraire, ils renvoyoient devant la Jurisdiction ordinaire; et s'il échéoit peine de mort, ils étoient chargés de l'exécution. *Voy.* le Scholiaste d'Aristophane sur le 1103ᵉ. vers de la comédie *des Guêpes;* Suidas, sous le mot ἕνδεκα, et Pollux, liv. VIII, chap. 9, sect. 102.

(5) Les Juges de Socrate eurent d'abord l'intention de ne prononcer contre lui qu'une amende. Ils lui firent demander jusqu'à quelle somme il pensoit qu'elle pouvoit être portée. Il leur répondit qu'on devoit la régler d'après ce que coûtoit à la République l'entretien de ceux à qui elle décernoit l'honneur de vivre à ses dépens dans le Prytanée. Suidas remarque sur ce mot, que cet honneur n'étoit la récompense que des plus grandes actions, et qu'on attachoit un très-haut prix à l'obtenir. *Voy.* Ménage dans ses *Observations* sur Diogène-Laërce, liv. II, n°. 42; Platon, dans l'Apologie de Socrate, et la quatorzième des Lettres sous le nom de Socrate, publiées par Allatius.

(6) La suite du Discours a fait conjecturer à Markland qu'il falloit

ajouter aux autres traits de la tirade, ἐκ δὲ τῶν Ἑλλήνων, Ἀθηναῖος. J'ai adopté cette opinion.

(7) C'étoit en effet avec des fèves blanches et des fèves noires que l'on donnoit les suffrages dans les scrutins électifs de l'antiquité. Témoin ce que dit Plutarque dans la première de ses morales, *comment il faut nourrir les enfans*, au sujet du précepte de Pythagore, *de s'abstenir de fèves*, qui signifioit, « ne s'entremettre point du gouvernement de la » chose publique, pour ce qu'anciennement on donnoit les voix avec » des fèves, et ainsi procédoit-on aux élections des Magistrats ». *Version d'Amiot.*

(8) L'accusateur et l'accusé prêtoient serment l'un et l'autre, que ce qu'ils diroient, l'un pour soutenir l'accusation, l'autre pour la combattre, ne seroit que la vérité. C'étoit assez bien vu, quoiqu'au fond, il dût, en dernière analyse, en résulter un parjure, à moins que le fait relatif à l'accusation ne fût pas un délit, ou que celui qui étoit mis en jugement n'en fût pas l'auteur. Aujourd'hui dans notre code criminel, les défenseurs officieux de l'accusé sont obligés de prêter serment qu'ils n'*emploieront que la vérité dans la défense.* Loi du 3 brumaire an 4, art. 342. Aucune obligation de ce genre n'est imposée ni à l'accusateur, ni au plaignant. Nos Législateurs ont donc fait un contresens manifeste. Car, à moins de se jouer de la liberté des Citoyens, c'est bien plutôt dans l'accusation que dans la défense que la vérité doit être exigée. La Justice criminelle des Anciens, au moins celle d'Athènes, avoit encore quelque chose de mieux. Si l'accusateur n'obtenoit pas contre l'accusé le cinquième des voix, il étoit condamné lui-même à la peine du délit, objet de l'accusation par lui intentée. *Voy.* dans les lois Romaines, le *Senatus-Consulte Turpilien.*

(9) L'Héliée étoit un Tribunal d'Athènes. Harpocration, sur le mot Ἡλιαία, et Suidas sur le mot Ἡλιασταὶ, donnent des détails sur l'organisation et les attributions de ce Tribunal.

(10) Le texte est évidemment corrompu ici. Davies et Markland se sont savamment escrimés au sujet du mot ἐντροπικαὶ, qui paroît ici déplacé. Je pense, comme ce dernier, que *puerorum rixæ et concertationes de talis et ludicris suis nihil minus quam* ἐντροπίαι *vocari possunt.*

(11) Ce qu'on appeloit la question chez les criminalistes modernes, nous étoit venu des anciens. O l'étrange moyen d'arracher la vérité à un malheureux, que de mettre son corps à la torture! Sans craindre de se tromper, on peut affirmer que le premier auteur de cette infernale idée, fut un monstre comme Denis ou Néron. Le nom de ce dernier rappelle le trait de courage de cette Épicharis qui trempa dans une conjuration contre lui; et qui, craignant que les douleurs qu'elle

avoit d'abord bravées, ne lui arrachassent le second jour où elle devoit être mise à la question, des révélations funestes à ses complices, s'étrangla pendant qu'on la portoit devant les bourreaux du tyran. *Voy.* Tacite, *Annal.* liv. XV, n°. 57. A ce trait héroïque, joignons-en un d'une atrocité inouïe. Une Italienne est accusée d'avoir assassiné son mari qui avoit disparu. On l'applique à la question. La torture lui arrache un aveu qui la conduit au dernier supplice. Trois ans après le mari reparoit. Il veut faire réhabiliter la mémoire de son épouse. On le met en justice sous prétexte de démence, et il est condamné pour la vie aux petites-maisons.

(12) Le grec ne porte point *antérieurement.* Mais il est enveloppé dans le sens de la phrase, et j'ai cru devoir me servir de cet auxiliaire, pour être plus clair.

(13) Les anciens, au défaut de montres et de pendules, avoient des clepsydres pour mesurer le temps. C'étoient des machines à-peu-près dans la forme de ces sabliers, ou horloges de sable, en usage autrefois dans les Communautés religieuses. La clepsydre contenoit une mesure d'eau déterminée, et cette eau mettoit à s'écouler, comme le sable dans le sablier, une mesure de temps déterminée également. D'ailleurs, Maxime de Tyr fait allusion ici à un usage des Tribunaux de l'antiquité, où les orateurs ne parloient point à discrétion, comme dans les nôtres. On accordoit à chacun tel nombre réglé de clepsydres, et il étoit obligé de tout dire dans la mesure de temps qui lui avoit été assignée.

(14) Notre Auteur fait allusion ici au surnom d'*Olympien,* que l'adulation avoit fait donner à Périclès. *Voy.* Aristophane, au 529°. vers de ses *Acharnaniennes ;* Plutarque, dans la *Vie de Périclès,* et Philostrate, dans la *Vie d'Apollonius,* liv. VIII, chap. 7.

(15) C'est-à-dire, à la réponse qu'il avoit faite à Chœrephon. *Voy.* ci-dessus Sect. I, note I.

Paris, le 30 germinal an IX. (20 avril 1801.)

~~~~~~~~

DISSERTATION
~~~~~~~~

DISSERTATION X.

Quels sont ceux qui ont eu les idées les plus saines touchant les Dieux, des Poëtes ou des Philosophes.

Il est étonnant qu'il y ait conflit d'opinion entre les hommes, non-seulement en matière de principes politiques, non-seulement en matière de formes de gouvernement, et des inconvéniens attachés aux uns et aux autres (1), mais encore sur les choses qui en devoient être les plus éloignées du monde, la poésie et la philosophie. Ces deux choses, diverses quant à la dénomination, n'en forment qu'une seule quant à l'essence, et n'ont entre elles aucune différence réelle. C'est tout comme si l'on disoit que le jour est autre chose que la lumière du soleil qui éclaire la terre, ou que la lumière du soleil qui éclaire la terre est autre chose que le jour. Il en est ainsi de la poésie et de la philosophie. Car qu'est-ce que la poésie, sinon la philosophie, antique sous le rapport de l'origine, harmonique sous le rapport de la mesure, allégorique sous le rapport du fond des choses ? Qu'est-ce aussi que la philosophie, sinon la poésie plus récente sous le rapport de l'origine, plus régulière (2) sous le rapport de la mesure, et plus à découvert pour le fond des choses? La poésie et la philosophie n'étant donc différentes que par rapport à l'époque de leur origine, et à leur forme respective, quelle autre différence y chercheroit-on, car d'ailleurs les uns et les autres parlent des Dieux, les poëtes et les philosophes.

II. Se livrer à l'examen d'une pareille question, ce seroit comme si, comparant la médecine de l'antiquité à celle qui se pratique aujourd'hui dans le traitement des maladies, on recherchoit ce qu'elles ont l'une et l'autre de pis et de mieux. Esculape nous répondroit (3) : « Le temps ne change rien dans les autres » arts. Leur emploi est perpétuellement identique. Ils » produisent des ouvrages toujours à peu près de » même nature. Mais la médecine doit s'adapter à la » constitution des corps, chose qui n'a ni assiette fixe » ni uniformité, mais qui varie, qui se diversifie, » selon la nature des alimens, et le genre de vie, et » par conséquent approprier ses médicamens et ses » régimes aux diverses données qui se présentent. Ne » pensez donc pas que mes successeurs (4), l'illustre » Machaon et le célèbre Podalyre, fussent moins habiles » dans l'art de guérir, que ceux qui se sont adonnés » dans les temps modernes à la même profession, et » qui ont introduit avec succès la variété des remèdes. » Seulement, alors, la médecine n'ayant affaire qu'à » des corps, uniformément, identiquement constitués, » et qui ne s'abandonnoient point à toute sorte de dis- » solution, leur administroit ses secours avec plus de » facilité. Tout se bornoit pour elle à une opération » fort simple, *à arracher le fer des blessures, et à ap-* » *pliquer les plus doux topiques* (5). Mais aujourd'hui » que les corps ont dégénéré, qu'on a mis beaucoup de » variété dans la manière de vivre, et produit une mau- » vaise complexité dans les humeurs, la médecine a » dû varier elle-même, et passer de son antique sim- » plicité à la diversité des modifications qui en ont » pris la place ».

III. Voyons : que le poëte et le philosophe nous répondent, chacun de son côté, sur l'objet de son travail, dans le même sens qu'Esculape (6). Le premier souffrira d'abord très-impatiemment que l'on regarde Homère, ou Hésiode, ou Orphée, ou tout autre poëte de ce temps-là, comme moins éclairé des lumières de la sagesse, qu'Aristote de Stagyre, que Chrysippe de la Cilicie, que Clitomaque de la Lybie, ou tout autre de ceux qui ont les premiers dit ou écrit de si belles choses sur la philosophie; et il trouvera mauvais qu'on ne pense pas que les premiers étoient au moins aussi habiles sous ce rapport, s'ils ne l'étoient davantage. De même qu'en ce qui concerne le corps humain, la manière dont il étoit constitué anciennement, à l'aide d'un régime sainement ordonné, le rendoit très-facile à être traité par les gens de l'art, au lieu qu'aujourd'hui les méthodes compliquées sont devenues nécessaires; de même dans les temps antiques, l'âme encore en possession de sa simplicité native, et de ce qu'on appelle son goût inné pour les bonnes mœurs (7), avoit besoin d'une philosophie en quelque façon musicale, pleine de douceur, qui la gouvernât, qui la dirigeât à la faveur des fictions, de la même manière que les nourrices forment l'esprit de leurs nourrissons avec les fables qu'elles leur content. Mais à mesure que l'âme a fait des progrès, qu'elle a acquis de la vigueur, que l'incrédulité et les vices se sont emparés d'elle, qu'elle a cherché à pénétrer les fictions, qu'elle n'a plus voulu se payer d'énigmes, elle a mis la philosophie à découvert, elle l'a dépouillée de toutes ses brillantes enveloppes, elle a mis de la nudité dans son langage. Ce dernier ne diffère de celui d'autrefois que par les formes harmoniques; mais les opinions touchant les Dieux, dont l'origine remonte à l'antiquité la plus reculée , sont communes à l'une et à l'autre philosophie.

IV. A l'exception d'Epicure, que je ne range ni parmi les poëtes , ni parmi les philosophes, les autres avoient le même objet et tendoient au même but. Si ce n'est qu'on ne croira pas peut-être qu'Homère ait vu les Dieux lancer des flèches, dialoguer entre eux , se livrer aux plaisirs de la table (8), ou faire toutes autres choses de cette nature, dont il parle dans ses poèmes. On ne pensera pas davantage que Platon ait vu Jupiter tenir les rènes d'un char ailé (9) sur lequel il étoit porté, ni l'armée des Dieux distribuée en onze phalanges, ni les Dieux célébrant par de splendides festins les noces (10) de Vénus dans le palais de Jupiter, lorsque le Dieu qui fait venir l'argent (11) s'approcha clandestinement de la Pauvreté, et lui fit engendrer l'Amour. On n'admettra pas non plus, qu'il ait contemplé de ses propres yeux, ni le Pyriphlégéthon (12), ni l'Acheron, ni le Cocyte, ni les fleuves qui roulent sens-dessous-dessus des torrens d'eau et de feu. On ne s'imaginera pas, enfin, qu'il ait vu Clotho et Atropos, ni le fuseau roulant, ni les sept révolutions en sens inverse du Peson (13). Qu'on jète les yeux, d'un autre côté, sur la Théogonie de Phérécyde (14), poëte Syrien, et qu'on voie ce qu'il dit de son Jupiter, de sa Chthonie, de son Amour, qu'il place entre l'un et l'autre, de sa naissance d'Ophionée, de sa guerre des Dieux, de son arbre, de son voile de femme. Héraclite n'a-t-il pas aussi ses Dieux mortels, et ses hommes immortels ?

V. Tout est plein d'énigmes et d'allégories chez les poëtes, et chez les philosophes; et j'aime bien mieux le respect qu'ils ont montré pour la vérité en l'enveloppant, que l'état de nudité dans léquel elle a été présentée par les modernes. Car la foiblesse humaine ne permet point de contempler les choses sous l'évidence de la réalité; et alors les mythes (15) en sont les emblèmes les plus décens. Si d'ailleurs les modernes ont étendu les lumières de leurs prédécesseurs, c'est un bonheur dont il faut les féliciter. Mais, si sans rien ajouter sous ce rapport, ils n'ont fait qu'écarter les voiles, et donner le mot des énigmes, je crains qu'on n'ait le droit de leur reprocher d'avoir indiscrètement révélé le secret des choses (16). Car à quoi d'ailleurs seroient bons les mythes, s'ils n'étoient des discours destinés à cacher une vérité sous des ornemens étrangers, semblables aux représentations, aux images des Dieux, que les prêtres entourent d'incrustations d'or, d'argent, qu'ils couvrent de vêtemens magnifiques, pour en accroître la majesté? L'âme de l'homme est constituée de manière qu'elle contemple avec une sorte d'arrogance les choses qui sont à sa portée, et qu'elle en fait peu de cas; tandis qu'elle attache du merveilleux à tout ce qu'elle ne peut atteindre. Guidée par la conjecture vers ce qu'elle ne voit point, elle cherche, à l'aide du raisonnement, d'en acquérir la connoissance. Si elle éprouve des difficultés, elle fait des efforts pour les vaincre; et lorsqu'elle est parvenue à apprendre ce qu'elle vouloit savoir, elle n'y attache pas plus d'intérèt qu'aux choses qui sont l'objet de ses fonctions les plus naturelles.

VI. Les poëtes, qui connoissoient cette manière d'ètre de l'âme, inventèrent ce moyen de l'entretenir des choses qui appartiennent aux Dieux, le langage des mythes, moins clair que celui du discours ordinaire, moins obscur que celui des énigmes, et tenant le milieu entre la science et l'ignorance; déterminant la crédulité par les charmes de sa contexture, et la repoussant par ses paradoxes; inspirant à l'âme l'amour de la recherche de la vérité, et le désir de faire constamment vers elle de nouveaux progrès. On fut long-tems à s'apercevoir (17), que ces hommes, en s'emparant de nos oreilles par les agrémens de leurs ouvrages, Philosophes en réalité, et Poëtes de nom, avoient mis à la place d'une chose qui auroit été mal accueillie, une invention agréable à la multitude. Car le nom de Philosophe est lourd et mal sonnant aux oreilles du vulgaire; c'est ainsi que le pauvre ne voit point avec plaisir le spectacle de l'opulence, ni le libertin le tableau de la tempérance, ni le lâche le modèle du courage. Les vices n'aiment pas davantage de voir les vertus se complaire dans leur propre mérite, et s'enorgueillir d'amour-propre. Au lieu que le nom de Poëte est doux à entendre. Le peuple aime ce nom-là. Il l'aime par l'idée du plaisir qu'il en attend, sans se douter de sa puissance. Semblable à ces médecins, qui, voyant des malades avoir un grand dégoût pour les remèdes, administrent les drogues amères enveloppées dans des choses d'une saveur agréable, et dissimulent ainsi ce qui rebuteroit dans le médicament destiné à produire un effet salutaire; l'ancienne philosophie déposa la substance de sa doctrine dans des mythes, dans des vers, dans des hymnes, et l'on ne se douta point de la tournure qu'elle avoit prise pour s'insinuer dans l'esprit des hommes et les diriger, en masquant ce qui auroit repoussé sous un appareil didactique.

VII. Qu'on ne demande donc pas quels sont ceux qui ont le mieux pensé des Dieux, des Poëtes ou des

Philosophes. Qu'on laisse plutôt la concorde et la bonne intelligence régner entre les ouvrages des uns et des autres ; et qu'on les considère comme n'ayant qu'une fin unique et un même objet. Nommer un poëte, c'est parler d'un philosophe ; nommer un philosophe, c'est parler d'un poëte. On donne également le nom d'intrépide guerrier, et à Achille armé d'un bouclier d'or, chef-d'œuvre de l'art, et à Ajax qui ne portoit qu'un bouclier de cuir. Le courage donne aux exploits de l'un et de l'autre le même caractère de grandeur et d'éclat, sans nul égard à ce qui fait la matière des armures. Que dans la question qui nous occupe (18), on assimile donc les formes métriques et musicales à l'or du bouclier d'Achille, et le discours simple et naturel au cuir du bouclier d'Ajax. Mais, laissant de côté l'or et le cuir, qu'on ne considère que le mérite de celui qui est dans l'arène. Qu'il s'agisse de la vérité, et alors que ce soit un poëte qui parle, qu'il emploie le langage des mythes, qu'il l'embellisse des agrémens de la musique, je m'attacherai à ses énigmes, je m'efforcerai d'en pénétrer le sens, et le charme des formes ne m'en imposera point. Qu'il soit question de la vérité, et alors que ce soit un philosophe qui nous la présente tout bonnement et sans enveloppe, je ne me plaindrai point de la facilité qu'il me donne de l'entendre. Mais si ni l'un ni l'autre, ni le poëte ni le philosophe, ne m'offrent la vérité, les vers du premier ne sont à mes yeux que de grossières rapsodies ; et les beaux discours du second, que des mythes. Car, si l'on ôte la vérité, on n'aura pas plus de confiance dans les mythes du poëte que dans les dissertations du philosophe.

VIII. En effet, Épicure traite à la vérité les ma-

tières de la philosophie ; mais c'est dans un langage
encore plus inconcevable que celui des mythes. Si
bien que j'aime mieux en croire Homère, lorsqu'il
nous dit de Jupiter, qu'il pesoit dans une balance d'or
les âmes de deux vaillans guerriers (19), « celle
» d'Achille, et celle d'Hector, dont le bras faisoit
» tant de carnage (20) » : et qu'il tenoit le fléau de
la balance de la main droite. Car la main de Jupiter
est à mes yeux l'emblème du signe de tête, du Dieu
qui règle la destinée des mortels : « Ce signe de tête
» irrévocable, qui ne trompe jamais, qui ne reste
» jamais sans être accompli, lorsqu'il a été une fois
» donné (21) ». Je sens qu'il s'agit là de la volonté
de Jupiter, de cette volonté suprême, qui maintient
la terre dans son immobilité (22), qui retient la mer
dans ses limites, qui fait circuler l'air, monter le feu,
rouler le firmament, produire les animaux, végéter
les plantes. La vertu même des hommes et leur félicité sont l'ouvrage de la volonté de Jupiter (23).
J'entends aussi ce que c'est que Minerve, qui, tantôt
vient auprès d'Achille, calme sa colère et se tient
derrière lui; tantôt est à côté d'Ulysse, « au milieu
» de tous ses dangers (24) ». J'entends aussi ce que
c'est qu'Apollon, ce Dieu qui lance des flèches, et
qui préside à la musique. Je l'aime sous ce dernier
rapport, je le redoute sous le premier. D'un autre
côté, Neptune ébranle la terre de son trident, Mars
range ses escadrons en bataille, Vulcain fait retentir
les enclumes. Mais ce n'est point pour Achille seul
qu'il met tout en mouvement dans son ardent atte-
lier. Tel est le langage des poëtes, tel est le langage
des philosophes. Transposez les noms, et vous verrez qu'ils vous disent les uns et les autres la même

chose, et vous trouverez que leur doctrine est semblable. Entendez par Jupiter, cette intelligence qui
est la plus ancienne de toutes, à laquelle toutes les
autres doivent leur origine, à l'empire de laquelle
tout ce qui existe est soumis; par Minerve, entendez
la prudence; par Apollon, le soleil; par Neptune,
les vents qui se promènent sur mer et sur terre, et qui
les maintiennent l'une et l'autre dans une mutuelle
harmonie, dans un réciproque équilibre.

IX. Si l'on dirige son attention sur d'autres objets,
on trouvera que tout est affaire de noms chez les
poëtes, et que tout consiste en discours chez les philosophes. Mais, ce que débite Épicure, à quel genre
de mythe le comparerons-nous? Où est le poëte dont
le langage soit aussi futile, aussi décousu, et aussi
étranger aux idées relatives à la connoissance des
Dieux? *L'Être immortel n'a rien à faire de son chef,
pas plus qu'il ne donne affaire à un autre* (25). Que
veut dire un semblable mythe? Quelle idée nous ferons-nous de Jupiter? Quelles imaginerons-nous que
sont ses actions, ses volontés, ses jouissances? Sans
doute chez Homère il boit, mais il fait aussi des ha-
rangues; il tient des conseils pour régler les choses
humaines, comme en tient le grand Roi (26) pour
administrer les affaires de l'Asie, comme les Athéniens
tiennent leurs comices pour la conduite des affaires de
la Grèce. Car les délibérations du grand Roi régissent
l'Asie, celles du Peuple d'Athènes régissent la Grèce,
celles du Pilote régissent le vaisseau, celles du Général
régissent l'armée, celles du Législateur régissent la
Cité, celles de l'Agriculteur régissent ses propriétés,
celles du Chef de famille régissent sa maison; et pour
le salut du vaisseau, de l'armée, de la Cité, des pro-

priétés, de la maison, le Pilote, le Général, le Législateur, l'Agriculteur, le Père de famille, ont des soins à prendre. Et du ciel, de la terre, de la mer, et des autres parties du monde, dites-nous donc, Épicure, qui s'en occupe? Où sont le Pilote, le Général, le Législateur, l'Agriculteur, le Père de famille? Mais Sardanapale lui-même n'étoit pas sans avoir quelque chose à faire. Quoique les portes de son palais fussent constamment fermées, quoiqu'il fût toujours étendu sur des lits magnifiques, et entouré d'un sérail, il s'occupoit néanmoins des moyens de sauver Ninive, et de faire le bonheur des Assyriens. Et, à vous en croire, Jupiter sera plus inertement enfoncé dans les voluptés que le fameux Sardanapale! O l'incroyable conte que vous nous faites là, et auquel ne se prêteront jamais les charmes de l'harmonie poétique!

NOTES.

(1) Formey a traduit, « Et sur d'autres matières prises en quelque » sorte du sein des maux ». *Des matières prises du sein des maux!* Je doute que cela soit intelligible, et que Formey se soit entendu lui-même. C'est peut-être la faute d'Heinsius qui a rendu le texte par *reliquisque quæ in medio versantur malorum.* Cette version n'est pas correcte. Pacci a mieux fait, *aut ad ea mala quæ jacent in medio contentionem attulerint.*

(2) Pour être littéral, j'aurois dû traduire, *plus leste sous le rapport de la mesure.*

(3) Notre Auteur emprunte ici un passage de Platon au troisième livre *de la République.*

(4) Le grec porte littéralement, *mes enfans,* τὰς υἱέας τὰς ἐμὰς.

(5) Maxime de Tyr a emprunté ici le 515 vers du onzième chant de l'Iliade. Heinsius a étranglé ce vers d'Homère, en s'efforçant de le rendre en un seul vers latin.

Tollere corporibus jaculum, vulnusque fovere.

Ces derniers mots *vulnusque fovere* ne disent pas tout. Pacci auroit été plus heureux, quoique moins laconique, s'il n'avoit pas pris les javelots pour la gangrène,

Virus ab infectis abscindere partibus ægri ;
Mitiave affectis imponere pharmaca membris.

(6) Pacci n'a pas correctement rendu le début de cette phrase. Il s'est laissé induire en erreur par le participe δυσωπαθῶν. Formey a traduit, « Le premier dira que c'est faire une grande injure aux poëtes » que *de ne pas les décorer* du titre de Sages, etc. *et les croire pour le* » *moins aussi sages*, etc. ». Pour être correct en françois, il falloit, *et ne pas les croire.*

(7) Ni Pacci, ni Heinsius n'ont correctement rendu le substantif grec εὐήθειαι. Le premier a traduit, *crassus animus*, le second, *ruditas animi*. Ce n'est point cela. D'abord le mot grec signifie proprement et étymologiquement, ainsi que le rendent les Lexiques, *bonitas seu probitas morum, innocentia*. Il est d'ailleurs assez évident que notre Auteur porte ici sa pensée sur ce bel âge de l'espèce humaine, où l'âme non encore corrompue ne connoissoit ni le crime, ni l'injustice; de ce bel âge, dont Ovide a dit :

. . . . *Quæ vindice nullo*
Sponte suâ, sine lege, fidem rectumque colebat.
Pœna, metusq. aberant ; nec vincula minacia collo
Ære ligabantur ; nec supplex turba timebat
Judicis ora sui ; sed erant sine judice tuti.
Metamorph. *lib. I.*

(8) Les critiques ont regardé le mot θύουσιν du texte comme suspect, et y ont substitué le mot μεθύουσιν, correction heureuse. Les Imprimeurs de la traduction de Formey ont fait une faute énorme dans la note qu'il a mise ici. Ils ont imprimé πτύουσιν, *ils crachent*, au lieu de πίνουσιν, *ils boivent.*

(9) Notre Auteur fait allusion ici à un passage du Phœdre de Platon. Philostrate, dans la Vie d'Apollonius de Thyane, liv. II, pag. 74, édition d'Oléarius, rappelle le même passage.

(10) Davies remarque avec raison, que Platon, dans le passage de son Symposiaque, auquel notre Auteur fait allusion ici, n'a point parlé des noces de Vénus, mais de sa naissance. « Lorsque Vénus vint au » monde, dit-il, les Dieux du premier ordre firent des festins, ainsi » que les autres Dieux, entre autres le fils de la Prudence, le Dieu » qui fait venir l'argent, etc. ». Origène, dans son quatrième livre contre Celse, p. 189, et Eusèbe, dans sa Préparation évangélique,

liv. XII, chap. II, donnent des éloges à cette allégorie de Platon. Thémistius en fait autant dans la treizième de ses Oraisons, p. 162.

(11) Plutus étoit proprement le Dieu des richesses. Celui dont il s'agit ici sous une autre dénomination, πόρος, avoit des attributions moins étendues que le premier. Il étoit, selon toutes les apparences, un de ses subordonnés ; et s'il faut en juger par son étymologie, sa fonction spéciale étoit de présider aux perceptions pécuniaires, et à toutes les opérations industrielles qui produisoient de l'argent.

(12) Maxime de Tyr fait allusion ici à ce que dit Platon dans son Phœdon. *Voy.* la traduction de cet ouvrage de Platon par Dacier, vers la fin.

(13) Pour entendre ce passage, il faut lire dans le dixième livre de la République de Platon, vers la fin, ce que dit ce philosophe du fuseau de la nécessité, et du peson qui y étoit attaché. On peut consulter l'estimable traduction que Grou nous a donnée de cet ouvrage.

(14) La Théogonie de Phérécyde étoit un ouvrage en prose. Diogène-Laërce, dans son premier livre, sous le mot *Phérécyde*, parle de cette Théogonie. Il en a même copié le début. Cet ouvrage n'est point venu jusqu'à nous. Peut-être n'en doit-on pas beaucoup regretter la perte. Car s'il en faut croire ce qu'en disoit l'Auteur lui-même, dans une lettre qu'il adressa à Thalès, en lui envoyant son travail, lettre que Diogène-Laërce nous a conservée, qu'auroit pu nous apprendre un livre où tout étoit enveloppé d'énigmes. Il est probable que Thalès n'en fit pas grand cas. Le peu de mérite de cet Ouvrage est cause sans doute qu'il s'est perdu. Il y a lieu de s'étonner que les Auteurs du Dictionnaire historique n'aient fait aucune mention de cette Théogonie, dans le long article dont ils ont honoré ce philosophe.

(15) Ce mot qui n'est que le μῦθος grec, a été assez récemment introduit dans notre langue. Le Citoyen Millin, entre autres, en fait un fréquent usage dans les articles aussi curieux que savans, dont il enrichit le Journal Encyclopédique. Au surplus, Maxime de Tyr donne un peu plus bas la définition la plus exacte de ce mot d'origine grecque, en disant que c'est « un Discours destiné à cacher une vérité » sous des ornemens étrangers ».

(16) La 105 des Épitres de Synèse offre un passage qui renferme la même idée. ᾗ τοῖς ὀφθαλμιῶσι τὸ σκότος ὠφελιμώτερον, ταύτῃ καὶ τὸ ψεῦδος ὄφελος εἶναι τίθεμαι δήμῳ, καὶ βλαβερὸν τὴν ἀλήθειαν τοῖς οὐκ ἰσχύουσιν ἐνατενίσαι πρὸς τὴν τῶν ὄντων ὑπάρχειαν. « De même que les ténèbres sont plus avantageuses à » ceux qui ont une ophthalmie, de même je pense que le mensonge » est utile au peuple, et que la vérité est nuisible à ceux qui ne peu- » vent point élever leur esprit jusqu'à la vraie nature des choses ».

Dans le système politique de l'antiquité, à partir des Égyptiens,
l'ignorance de la multitude fut un des premiers ressorts de la science
du Gouvernement. Les prêtres avoient senti que leur empire ne pouvoit avoir d'autre base ; et les Princes, soit exemple, soit intérêt,
s'étoient mis de moitié dans ce calcul. Il ne fut pas malaisé de régner
sur ce pied-là, jusqu'au quinzième siècle de notre ère. Mais la décou-
verte de l'Imprimerie produisit une révolution, dont les dominateurs
des peuples n'aperçurent pas toutes les conséquences. Ils protégèrent,
ils encouragèrent cet art naissant. Tels, les Troyens introduisirent
dans l'enceinte de leurs murailles, le cheval des Grecs. « Lorsque les
» Souverains », dit quelque part J. J. Rousseau, « ouvriront les yeux
» sur leurs véritables intérêts, ils mettront à restreindre l'Imprimerie
» autant de zèle, qu'ils en ont mis à la propager ». Que gagneroient-
ils à cela, en supposant que cette étrange coalition fût praticable ?
N'est-il pas plus simple et plus digne d'eux, sous tous les rapports, de
remplacer l'ancien Traité avec les Prêtres et la superstition par une
sainte alliance, avec les sages lumières et les vrais philosophes. Qui
sait même, n'en déplaise à l'Auteur du Contrat Social, si, en calculant
les progrès et le perfectionnement de l'esprit humain depuis trois ou
quatre siècles, on ne trouveroit pas que c'est aujourd'hui pour eux le
cas de faire de nécessité vertu.

(17) J'ai suivi Davies, qui, sur la foi des manuscrits, a substitué
ἔλαβεν à ἔληξεν.

(18) Les éditions de Maxime de Tyr qui ont précédé celle de Davies,
ont ici une lacune considérable. Les deux précieux manuscrits qui
ont fourni à cette dernière de si utiles et si importantes corrections,
ont également rendu ici au texte grec, ce que l'inadvertance d'un
copiste lui avoit enlevé. Markland explique bien naturellement cette
inadvertance. Henri Étienne s'étoit aperçu de cette lacune. Car Pacci
ne l'avoit point trouvée dans le manuscrit sur lequel il fit sa version ;
et en imprimant cette dernière avec le texte en 1557, Henri Étienne
avoit bien vu qu'autant le sens paroissoit plein et entier dans le latin
de l'Archevêque de Florence, autant il paroissoit incomplet et tronqué dans le manuscrit sur lequel il imprimoit le grec. *Ante* ἀλλὰ,
dit-il, *desunt quædam quæ in suo exemplari reperit interpres. Nam in
ejus interpretatione sententia est integra.*

(19) Plutarque nous apprend, au Traité, *comme il faut lire les poëtes,*
qu'Æschyle prit dans cette fiction d'Homère, le sujet d'une tragédie,
qu'il intitula : *le Poids et la Balance des Ames.* Il ajoute que le poëte
faisoit assister aux bassins de la balance de Jupiter, d'un côté Thétis,
et de l'autre l'Aurore, qui prioient respectivement pour leurs fils qui
combattoient.

(20) Ce passage est emprunté du 22ᵉ. chant de l'Iliade, au 211ᵉ. vers. Il y a lieu de s'étonner, nous le remarquons en passant, que Markland, toujours si soigneux de relever les inexactitudes qui échappent à Maxime de Tyr, lorsqu'il cite les vers d'Homère, n'ait pas vu qu'il y en avoit une dans celui-ci; savoir, ἀνδροφόνοιο au lieu de ἱππο-δάμοιο.

(21) Iliade, chant premier, vers 526 et 527.

(22) Il est assez connu que dans le système astronomique des Anciens, la terre étoit immobile. Nous avons déjà eu occasion de faire cette remarque. Maxime de Tyr se sert ici d'un verbe grec qui exprime l'immobilité, μένει. Pacci ne s'y est pas trompé. Il a traduit, *quo vide-licet stat tellus.* Par quelle inadvertance est-il donc arrivé à Heinsius de traduire, *cujus beneficio terra movetur.*

(23) Dans le Discours qu'Énée adresse à Achille au 20ᵉ. chant de l'Iliade, vers 242, il dit spécialement de la vertu militaire, du courage, ce que Maxime de Tyr dit ici de la vertu en général.

(24) Odyssée, chant 13, vers 299. Euripide, dans sa tragédie de *Rhésus*, vers 609. Plutarque, dans son Traité *De l'Esprit familier de Socrate*, nº. 11, compare Minerve assistant Ulysse dans tous ses travaux, à l'esprit familier de Socrate, qui l'inspiroit dans toutes les actions de sa vie.

(25) La mémoire de notre Auteur ne l'a pas fidèlement servi, lorsqu'il a cité ce dogme de la philosophie d'Épicure. Du moins Cicéron l'a énoncé en d'autres termes, dans le premier livre de son Traité sur la *Nature des Dieux*, nº. 17. « L'Être heureux et éternel », a-t-il dit, au lieu de « l'Être immortel ». D'ailleurs, ces légères différences d'énonciation ne valent peut-être pas trop la peine d'être relevées. Ausone, dans sa 116ᵉ. Épigramme, a renfermé l'axiome d'Épicure dans deux vers ïambes :

> *Quod est beatum, morte et æternum carens,*
> *Nec sibi parit negotium nec alteri.*

Voyez touchant ce principe de la doctrine d'Épicure, Lactance, *De irâ Dei*, chap. 4; et Diogène-Laërce, liv. X, §. 139.

(26) C'est par cette antonomase que les Rois de Perse étoient communément désignés dans le style grec. Arrien, au septième livre *de l'Expédition d'Alexandre*, chap. 1, nous apprend qu'ils s'étoient eux-mêmes donné cette imposante dénomination, et il leur reproche de ne pas la justifier.

Paris, le 4 floréal an IX. (24 avril 1801.).

DISSERTATION XI.

S'il faut adresser des prières aux Dieux (1).

Un Phrygien qui vivoit dans l'oisiveté (2), et qui aimoit beaucoup l'or, prit un jour, suivant ce que la fable raconte, un Satyre (3), espèce de Dieu, qui aime beaucoup le vin. Pour le prendre, il avoit jeté une quantité de cette liqueur dans la fontaine où ce Dieu venoit boire quand il avoit soif. L'insensé Phrygien pria le Dieu son prisonnier, et lui adressa un vœu tel qu'il étoit probable qu'il le formeroit; un vœu, qui étoit d'ailleurs de nature à être accompli par le Dieu, savoir, que toutes les campagnes de ses États fussent converties en or, que les arbres, que les guérets, que les prés et les fleurs dont ils étoient émaillés, que tout devînt or. Le Satyre lui accorda ce qu'il demandoit. Mais le territoire de la Phrygie n'eut pas été plutôt changé en or, que les peuples furent en proie à la famine. Midas alors pleura sur ses richesses. Il chanta la palinodie de son vœu. Il supplia, non-plus le Satyre, mais les Dieux et les Déesses du premier ordre, de lui rendre son ancienne médiocrité, de rétablir la fécondité de ses campagnes, et d'envoyer son or à ses ennemis. C'est là ce qu'il demandoit aux Dieux en les implorant. Mais il n'en étoit pas plus exaucé (4). Je loue cette fable sous le rapport de son agrément, et sous celui de la vérité morale où elle conduit. Car quel autre emblème nous présente-t-elle, sinon celui de la démence d'un homme qui demande aux Dieux une chose qui ne peut lui être bonne à rien, et qui croyant demander ce qui doit faire son bonheur, se repent de l'avoir demandé, aussitôt qu'il l'a obtenu. Quand la fable parle de la prise du Satyre, des liens dont il fut chargé, du vin qui servit à le prendre, elle fait allusion aux stratagèmes, aux moyens violens que mettent en œuvre, pour satisfaire leurs désirs, pour remplir leurs vœux, ceux qui n'y sont pas plutôt parvenus, qu'ils se hâtent de vouloir rendre aux Dieux les dons qu'ils ne veulent point garder. Car les Dieux ne nous dispensent rien de ce qui ne nous est pas bon. Les dons de cette nature nous viennent de la fortune. Ce sont des dons que la démence adresse à la folie, comme les caresses que distribuent en passant les gens pris de vin.

II. Et ce Roi de Lydie, qui ne fut pas moins insensé que le Phrygien, ne demanda-t-il point à Apollon qu'il lui accordât de renverser l'Empire des Perses: ne fit-il pas tout son possible pour se concilier ce Dieu à force d'or, comme un potentat capable de se laisser corrompre par des présens (4 *bis*). Il savoit que l'oracle de Delphes avoit dit plusieurs fois, « Que » Crésus en passant le fleuve Halis, renverseroit un » grand Empire (5) ». Il prit cet oracle à son profit: il passa le fleuve, et son Empire en Lydie fut renversé. J'entends dans Homère un Grec qui s'adresse à Jupiter en ces mots, « O Jupiter! fais tomber le sort, » ou sur Ajax, ou sur le fils de Tydée, ou même sur » le Roi de l'opulente Mycènes (6) ». Et Jupiter accomplit ses vœux; « le nom que le sort fait tirer du casque, » est celui d'Ajax qu'ils désiroient (7) ». Tandis que Priam, qui implore aussi Jupiter pour sa patrie, qui lui sacrifie tous les jours des bœufs et des moutons, ne fait que des vœux inutiles. Le même Dieu promet à Agamemnon, et lui assure par un signe de sa tête, au moment où ce prince s'embarque pour une région étrangère, « qu'après avoir renversé les fortes mu- » railles de Troye, il retournera chez lui (8) ». D'un autre côté, Apollon ne venge pas d'abord Chrysès de l'injure qu'il a reçue dans le camp des Grecs; mais aussitôt que Chrysès lui a librement raconté ce qui vient de se passer (9), et qu'il lui a rappelé les ho- locaustes qu'il fait fumer sur ses autels, le Dieu lance, pendant neuf jours, ses flèches contre les Grecs, exter- minant leurs mulets, leurs moutons, et leurs chiens.

III. Incomparable poëte, que voulez-vous dire? Quoi! les Dieux sont cupides, ils sont susceptibles de se laisser gagner par des présens; et à cet égard, ils ne diffèrent point du commun des hommes! Devons- nous vous en croire, lorsque vous nous dites que « les » Dieux eux-mêmes ne sont point inflexibles » : ou bien croirons-nous, au contraire, qu'ils ne se laissent ni toucher, ni attendrir, ni émouvoir? Changer de vo- lonté, passer d'une affection à une autre, ne con- vient pas plus aux Dieux qu'à l'homme de bien. Car l'homme versatile dans ses volontés ne peut passer du mal au bien, que parce que sa première intention étoit mauvaise; et, si c'est du bien au mal qu'il passe, le vice est dans son changement de volonté. Or, rien de mauvais, rien de vicieux n'entre dans la notion de la Divinité. Ou bien, celui qui lui demande quel- que chose mérite de l'obtenir, ou bien il ne le mérite pas. S'il le mérite, il l'obtiendra, quoiqu'il ne l'ait pas demandé. S'il ne le mérite pas, il ne l'obtiendra pas, quoiqu'il le demande. Car celui qui mérite d'obtenir, et qui néglige de s'adresser aux Dieux, n'en devient

point indigne, parce qu'il ne s'adresse point à eux.
De même que celui qui ne mérite point d'obtenir, et qui
invoque les Dieux, ne devient point digne de leurs
bienfaits parce qu'il les invoque. C'est tout le contraire.
Celui qui mérite la bienfaisance des Dieux, s'en rend
encore plus digne en s'abstenant de les fatiguer. Celui
qui ne la mérite pas, s'en rend d'autant plus indigne
qu'il les fatigue davantage. Ajoutons que le premier a
de la vénération pour les Dieux, et qu'il place en eux
sa confiance. Ce dernier sentiment fait qu'il se repose
en leur bonté, comme s'il en avoit déjà éprouvé les
effets ; et le premier ferme sa bouche au murmure,
lors même que les Dieux ne font rien pour lui. Celui, au
contraire, qui est indigne de leurs bienfaits, réunit la
méchanceté au défaut de lumières. Ce défaut l'empêche
de voir qu'il n'est pas nécessaire de prier les Dieux, sa
méchanceté empêche que ses vœux ne soient exaucés.
Quoi donc ! si Dieu étoit un Général d'armée, et qu'un
des goujats demandât à ce Général de l'envoyer dans
les rangs au milieu du champ de bataille, tandis qu'un
des combattans se tiendroit à l'écart et en repos, le
Général, fidèle aux lois de la discipline militaire, ne
feroit-il point retourner le goujat à ses fonctions serviles, et ne laisseroit-il pas le combattant à son poste ?
Or, un Général d'armée peut ne pas tout savoir. Il
peut se laisser gagner par des largesses. Il peut être
trompé. Auprès de la Divinité rien de semblable ne
peut avoir lieu. Autant elle s'abstiendra de verser ses
bienfaits sur ceux qui le lui demandent, lorsqu'ils ne le
mériteront pas, autant elle les répandra sur ceux qui
ne le lui demandent pas, lorsqu'ils le mériteront.

IV. Mais parmi les choses que les hommes demandent aux Dieux, les unes émanent de leur providence,

les autres sont nécessairement produites par le sort ;
celles-ci dépendent des vicissitudes de la fortune ;
celles-là sont l'effet de l'industrie des humains. Or la
providence est l'œuvre des Dieux ; le sort est l'œuvre
de la nécessité ; l'industrie est l'œuvre de l'homme ; et
la fortune l'œuvre du hasard. Les parties intégrantes
de la vie de l'homme sont, par l'effet du destin, pour
chacune de ces choses, l'objet de leur activité, de leurs
résultats respectifs (10). Tout ce que nous demandons
se rapporte donc ou à la providence des Dieux, ou à
la nécessité du sort, ou à l'industrie de l'homme, ou
au cours de la fortune. Si ce que nous demandons regarde la providence, qu'avons-nous besoin de le demander ? Car si DIEU agit par sa providence, ou bien
il l'étend sur l'univers entier, sans s'occuper de ses
différentes parties, (ainsi que les Rois de la terre régissent les peuples par les lois et par la justice, sans
entrer dans les détails relatifs aux individus) ou bien
sa providence en surveille jusqu'aux plus petites parties. Que dirons-nous donc ? Veut-on que DIEU n'embrasse que le tout ? Il est donc inutile de l'importuner
par des vœux. Il ne les écoutera point, si l'on demande
quelque chose de contraire à la conservation du tout.
Quoi donc ! si les membres du corps recevoient le
don de la parole, lorsque, dans une maladie, le médecin
veut faire amputer l'un d'entr'eux, pour la conservation du malade, ce membre-là demanderoit-il au médecin de ne point le faire amputer? Le disciple d'Esculape ne lui répondroit-il point : « Malheureux, ce
» n'est point sur ton intérêt que celui du corps doit être
» réglé. Il faut qu'il se sauve, même à tes dépens». Il
en est de même de cet univers. Les Athéniens éprouvent la famine ; les Lacédémoniens sont ébranlés par

un tremblement de terre; la Thessalie est submergée
par des inondations; l'Ætna vomit ses torrens de
flamme. On crie à la destruction, à l'anéantissement.
Mais le médecin sait bien pourquoi tout cela. Il ne
s'arrête point aux vœux particuliers, aux supplications individuelles. Il ne voit que la conservation
du tout. Il ne songe qu'à l'opérer. Dira-t-on, au contraire, que DIEU étend sa providence, jusque dans
les détails? Il est donc inutile encore ici de rien demander. Il en est comme d'un médecin à qui un
malade demanderoit, ou un médicament, ou quelque chose à manger. Selon que l'un ou l'autre conviendra, ou ne conviendra pas au malade, il l'ordonnera
sans qu'on le demande, ou ne l'ordonnera pas, quand
même on le demanderoit. En ce qui concerne la providence de DIEU, on n'a donc rien à lui demander,
ni aucune prière à lui adresser.

V. Que dirons-nous des choses qui dépendent du
sort? Faire des vœux à cet égard, seroit la chose du
monde la plus ridicule. On obtiendroit plutôt ce qu'on
demanderoit à un Roi, ou à un tyran. Le sort est
une puissance tyrannique, qui n'est subordonnée à
aucune autre, et dont les décrets sont immuables.
C'est comme s'il attachoit la bride et le frein à l'espèce humaine, s'il l'entraînoit avec violence, s'il la
forçoit de suivre, de toute nécessité, le chemin qu'il
voudroit lui faire prendre. C'est Denis qui commande
à Syracuse. C'est Pisistrate qui commande à Athènes.
C'est Périandre qui commande à Corinthe. C'est Trasibule qui commande à Milet. Car chez les peuples
où le gouvernement est démocratique, les discours
éloquens, les prières, l'intrigue (11), les supplications, peuvent quelque chose. Mais chez les tyrans,

c'est comme à la guerre, le pouvoir n'appartient qu'à la force. « Prenez-moi vivant, fils d'Atride, et » recevez le juste prix de ma rançon (12) ». Mais, quelle rançon donnerons-nous au sort pour nous soustraire au joug de la nécessité, pour échapper à ses chaînes ? Quelle somme en or lui offrirons-nous ? Par quels bons offices nous concilierons-nous sa bienveillance ? Quelles oblations lui présenterons-nous ? Quels vœux lui adresserons-nous ? Mais Jupiter lui-même est sans moyens pour faire révoquer ses décrets. Il pousse des cris de douleur : « Malheureux que je » suis », s'écrie-t-il, « que le Destin ait réglé que Sar- » pedon, celui des mortels qui m'est le plus cher, » périroit de la main de Patrocle (15) fils de Menœ- » tide» ! Lequel des Dieux Jupiter implore-t-il pour son fils ? Thétis aussi s'écrie, «Que je suis malheureuse, » d'avoir mis un héros au monde, et de le voir périr » ainsi (14) » ! Tel est le sort. Telles sont Atropos, Clotho, Lachésis, à qui l'empire de la vie des hommes est échu. Elles sont inflexibles, inexorables. Qui donc leur adressera des vœux ?

VI. Il n'y a pas non plus de vœux à former, en ce qui concerne les choses qui dépendent de la fortune. Bien moins encore pour celles-ci que pour les autres. Quel langage parler à un Souverain insensé, dans l'Empire duquel il n'existe ni conseil, ni délibération, ni mesures modérées, où l'on ne voit que de la fougue, de l'emportement, des passions désordonnées, des impulsions folles, des volontés qui se succèdent sans cesse ? Telle est la fortune, dénuée de raison, de sens, de prévoyance, n'écoutant rien, ne consultant jamais les augures, allant et venant comme l'Euripe, étant dans une rotation perpétuelle, et incapable de souffrir la direction d'aucun guide. Que demander donc à une puissance aussi instable (15), aussi insensée, aussi versatile , aussi inabordable ? Il ne nous reste plus que l'industrie humaine. Mais où est le charron qui lui adressera des vœux pour avoir une belle charrue, lorsqu'il a tout le talent qu'il faut pour la faire ? Où est le tisserand qui lui adressera des vœux pour avoir une belle étoffe, lorsqu'il a tout le talent nécessaire pour la fabriquer ? Où est le faiseur de boucliers qui se mettra en frais de prières vis-à-vis d'elle, pour avoir un beau bouclier, lorsqu'il est assez habile pour le forger lui-même ? Où est l'homme vaillant qui lui demandera de la confiance, lorsqu'il a du courage ? Où est l'homme de bien qui viendra lui demander le bonheur, lorsqu'il possède la vertu ?

VII. Que demander donc aux Dieux qui ne dépende, ou de leur providence, ou du sort, ou de la fortune, ou de l'industrie humaine ? Demandera-t-on de l'argent ? Mais qu'on n'importune point les Dieux. Ce n'est rien demander de ce qui nous est bon. Qu'on n'importune point le sort. Ce n'est rien demander de ce qui nous est nécessaire. Qu'on ne fatigue point la fortune. Elle n'en donne point à ceux qui lui en demandent. Qu'on ne fatigue point l'industrie humaine. Qu'on écoute Ménandre, qui dit : « Quand on vit de » sa profession, on n'a pas une belle vieillesse, si l'on » n'a pas aimé l'argent (16). N'est-ce pas le cours des choses humaines ? Êtes-vous homme de bien ? changez de mœurs; commencez à devenir un méchant homme; mettez-y tous vos soins, et amassez de l'argent à faire l'un de ces métiers, à servir de courtier d'amour, à donner du vin frelaté, à détrousser sur les grands chemins, à commettre toute sorte de mauvaises actions, à vendre un faux témoignage, à jouer le rôle de Sycophante, à laisser acheter votre conscience (17). Demandez-vous de vaincre vos adversaires? vous le pouvez, en achetant, pour faire la guerre, des mercenaires, pour parler devant les Tribunaux, des Sycophantes. Demandez-vous quelque espèce de denrée? Les vaisseaux, la mer, les vents vous la fourniront. Les marchés vous sont ouverts. On en vend partout. Pourquoi donc harceler les Dieux? Bravez toute espèce d'infamie, et vous vous enrichirez, fussiez-vous un Hipponicus; et la victoire sera pour vous, fussiez-vous un Cléon; et vous gagnerez votre procès, fussiez-vous un Mélitus. Mais si vous vous amusez à vous adresser aux Dieux, c'est tout comme si vous vous adressiez à un Tribunal sévère et inexorable. Aucun des immortels ne supportera que vous veniez lui demander des choses qui ne peuvent être demandées ; aucun ne vous accordera ce qui ne peut vous être accordé. Toutes les demandes seront examinées, contrôlées à la rigueur , et elles seront ramenées à la mesure de l'intérêt particulier. On ne parviendra point à se concilier les Dieux. On aura beau s'ouvrir un accès auprès d'eux, comme on le pratique dans nos Tribunaux , on aura beau prendre le ton suppliant , faire entendre les accens de la pitié, de la commisération, se couvrir la tête de beaucoup de cendre (18), leur rappeler même, s'il en est besoin, « qu'on a pro- » digué à leurs autels des sacrifices qui ont dû leur être » agréables (19) ». Les Dieux répondront ; « Si vous » demandez de bonnes choses à bonne fin , et que vous »méritiez de les obtenir, les voilà ».Dès-lors, vous n'a- vez pas besoin de les demander. Vous les obtiendrez, quoique vous gardiez le silence.

VIII. Et cependant Socrate alloit au Pyrée, pour y faire ses prières à la Déesse (20); il y invitoit ses concitoyens. Il paroît d'ailleurs que, durant le cours de sa vie, il ne fit que prier. Et Pythagore aussi pria; et Platon aussi; et tous les philosophes qui rendoient hommage à l'existence des Dieux. Mais pensez-vous que la prière du philosophe ait pour objet de demander aux Dieux les choses qu'il n'a point? Je pense, au contraire, qu'elle consiste à s'entretenir, à causer avec eux, sur les choses qu'il possède, et à leur présenter ainsi le tableau de sa vertu. Certes, pensez-vous que Socrate ait demandé aux Dieux de lui envoyer une grande fortune, ou de lui donner le pouvoir suprème, à Athènes? Bien loin de là. Sans doute Socrate honoroit les Dieux; mais c'étoit en lui-même qu'il cherchoit, sous leurs auspices, les moyens de se rendre vertueux, de mener une vie tranquille, d'avoir des mœurs irréprochables, d'attendre la mort avec confiance; dons admirables, dont les Dieux devroient être les dispensateurs (21). Si quelqu'un s'avisoit de demander au continent une heureuse navigation, à la mer une abondante récolte, à un tisserand une charrue, à un charron une pièce de toile, il demanderoit en vain : il seroit éconduit sans rien obtenir. O Jupiter! ô Minerve! ô Apollon ! ô vous, qui surveillez la conduite de tous les mortels, vous avez besoin d'avoir pour disciples des philosophes, dont les âmes vigoureuses et énergiques se plaisent à devenir vos émules, et recueillent de leur zèle, à cet égard, les fruits d'une vie heureuse et prospère. Mais les résultats de ce genre de culture sont une chose assez rare : à peine sont-ils sensibles, au déclin des ans. Quoi qu'il en t, les hommes ont besoin de voir paroître de temps en temps chez quelques-uns de leurs semblables des étincelles de ce feu divin, quelque rares, quelque foibles qu'elles puissent être, ainsi qu'au milieu d'une profonde nuit, on a besoin d'un peu de lumière. *Le beau dans le moral de l'homme n'est qu'en très-petite mesure ; mais, toute petite qu'elle est, elle suffit pour la conservation de l'espèce humaine entière.* Otez à l'homme la philosophie, vous lui ôtez le feu qui l'anime, qui le soutient, qui lui donne la vie. Vous lui ôtez la seule chose qui lui enseigne à (22) honorer les Dieux. Il en est, comme du corps humain, lorsqu'on lui ôte l'âme ; c'est en faire un cadavre : comme d'une contrée à qui l'on ôte sa fécondité ; c'est la changer en désert : comme du soleil à qui l'on ôte sa lumière ; c'est anéantir le jour.

NOTES.

(1) Platon, dans son second Alcibiade, autrement intitulé, *de la Prière*, nous a transmis l'ancien Formulaire d'une prière tres-courte, que Socrate dit qu'il emprunte d'un poëte, sans le nommer. La voici. « Roi de l'univers, accorde-nous ce qui nous est bon, soit que nous » te le demandions, soit que nous ne te le demandions pas, et éloigne » de nous les maux, quand même nous te les demanderions ». Dans les diverses liturgies qui ont paru, ou qui paroîtront sur la terre, on trouvera bien, je crois, des prières plus longues que celle-là. Je doute qu'on en trouve de plus majestueuse, de plus auguste, de plus digne du Grand Être qui est prié, et de l'homme qui le prie. D'ailleurs, les philosophes en général n'ont guère été les partisans de la prière. Les Péripatéticiens, les Cyrénaïques, et tous ceux qui nioient la providence de DIEU, lorsqu'ils admettoient son existence, ou qui attribuoient tout à un destin aveugle, ont regardé la prière comme absolument inutile. On peut consulter là-dessus, Origène contre Celse, liv. II, pag. 68, et son Traité *sur la Prière*, §. 11 ; Lucien, *in Jove confut.* tom. II, pag. 120; St. Jérôme *sur St. Mathieu*, chap. 6; Proclus *sur le Timée de Platon*, liv. II, pag. 64; et Hiéroclès, *sur les vers dorés de Pythagore*, ch. 49.

Au reste, dans l'édition de Henri-Étienne, cette Dissertation est intitulée : *de Mydas le Phrygien.*

(2) Markland a regardé comme suspects les mots ἀργὸς τὸν βίον, sous prétexte qu'il est question plus bas d'une médiocrité aisée, et de fécondes campagnes. Cette considération ne paroît pas suffisante. Il propose d'y substituer ἄγροικος τὸν βίον, parce que, dans le vœu de Midas, il s'agit de champs, d'arbres, de guérets, de prés, de fleurs. Mais ce n'est peut-être pas encore une raison pour métamorphoser un Roi de Phrygie en paysan.

(3) Xénophon, dans le premier livre de l'*Expédition de Cyrus*, ch. I, parle d'un chemin, " dans le voisinage duquel étoit la fontaine qu'on » appeloit *de Midas*, Roi de Phrygie, où l'on disoit que ce Prince » avoit pris un Satyre, après y avoir jeté du vin ». Philostrate, dans la *Vie d'Apollonius de Thyane*, liv. VI, chap. 27, et dans ses *Images*, liv. I, chap. 22, parle aussi de ce Satyre. D'autres Auteurs lui donnent le nom de *Silène*. Tels sont, Hérodote, liv. VIII, n°. 138; Cicéron, dans ses *Tusculanes*, liv. I, n°. 48; Athénée, liv. II, p. 45; Ælien, dans ses *Histoires diverses*, liv. III, n°. 18; et Pausanias, dans ses *Attiques*, pag. 12. S'il faut en croire ce qu'en disent Pausanias, dans son premier livre, pag. 54, et le célèbre Scholiaste de Virgile, Servius, sur le 14e. vers de la sixième Églogue, il n'y avoit de différence entre *les Satyres* et *les Silènes*, qu'en ce que les uns étoient jeunes, et que les autres étoient vieux. Sur ce pied-là, il n'est pas étonnant que les Auteurs de l'antiquité les aient alternativement pris les uns pour les autres.

(4) Ovide parle de ce même trait de la Mythologie dans le onzième livre de ses Métamorphoses. Il y change, à la vérité, quelques circonstances; et au lieu que Maxime de Tyr laisse ici son Midas dans une situation très-critique, Ovide fait venir Bacchus au secours de son étourdi :

> *Bacchus peccasse fatentem*
> *Restituit, factique fide data munera solvit.*

Il lui indique d'aller se plonger tout entier dans la source du fleuve qui passe auprès de Sardes, d'où il résulte que le fleuve acquiert la propriété dont Midas est trop heureux d'être délivré.

> *Vis aurea tinxit*
> *Flumen, et humano de corpore cessit in amnem.*

(4*bis.*) Heinsius avoit, sans doute, si bonne opinion des Princes, qu'il ne les croyoit pas capables de se laisser engager pour de l'argent dans des coalitions hostiles. En conséquence, il a pensé que le mot δυνάστης du texte, qui se rend littéralement par le mot françois *Potentat*, étoit une bévue de copiste, et il a lu δικαστής, *un Juge*. C'est-à-dire, qu'il a fait sa cour aux Souverains, aux dépens des Officiers de Justice. Davies a été moins habile ou moins servile courtisan qu'Heinsius. Il est allé déterrer dans le 3e. livre de la *République* de Platon, un vers dont le sens est, « Que les Rois et les Dieux se laissent toucher aux » présens qu'on leur fait »; et il a rappelé qu'Hésiode, au 39e. vers du premier livre de son poème *des Œuvres* et *des Jours*, a donné aux Rois l'épithète de δωροφάγους, *donivoros*, « mangeurs de présens ».

(5) Dans ses démêlés avec Cyrus, Roi de Perse, Crésus fit consulter, à plusieurs reprises, Apollon, qui répondit constamment de la même manière, par le vers amphibologique du texte.

(6) Il s'agit ici de l'exclamation d'un soldat de l'armée des Grecs, qu'Homère ne nomme point, et qui, voyant tirer le sort entre les principaux chefs, pour savoir quel sera celui d'entr'eux qui ira se mesurer contre Hector, élève ses mains vers le ciel, et demande que le sort tombe, ou sur Ajax, ou sur Diomède, ou sur Agamemnon. *Iliade*, chant septième, vers. 179 et suivans.

(7) Voyez la note qui précède.

(8) C'est Agamemnon lui-même qui dit, au 113e. vers du chant second de l'Iliade, que Jupiter lui a fait cette promesse.

(9) Pacci, Heinsius et Formey se sont ici réciproquement induits en erreur. Ils ont parlé *de reproches* adressés à Apollon par Chrysès, et il n'y a rien qui ait pu donner lieu à ce mot, ni dans le texte de Maxime de Tyr, ni dans la narration du premier chant de l'Iliade, où il est question de l'injure faite au Grand-Prêtre, et de la vengeance du Dieu. Voyez l'*Iliade*, chant premier vers 37 et suivans.

(10) Le texte porte αἱ ὗλαι τῦ βίυ. J'ai dû paraphraser ici, pour rendre de mon mieux le sens de l'original.

(11) Le mot grec θεραπεία a un point-de-vue sous lequel il peut être rendu par le mot *intrigue*.

(12) C'est dans le sixième chant de l'*Iliade*, vers 46, le cri d'Adraste, un des chefs des Troyens, qui a été renversé de son char, et vers lequel Ménélas se précipite fumant de carnage.

(13) Voyez l'*Iliade*, chant seizième, vers. 433.

(14) Voyez l'*Iliade*, chant dix-huitième, vers 54.

(15) Le grec porte littéralement, *que demander donc à une chose aussi instable*, etc.

(16) Ménandre a raison. Lorsque l'on n'a d'autre moyen de subsistance, que le produit de sa profession, si l'on ne met pas en réserve pour la vieillesse, on la passe mal. Car un âge arrive où les infirmités

annullent la profession. Remarquons que selon son usage, Formey a voulu renfermer dans des vers françois, les deux vers latins, par lesquels il a trouvé la pensée de Ménandre rendue dans la version d'Heinsius. Mais autant la pensée du comique Grec est juste, autant celle dans laquelle Formey l'a travestie, est fausse :

« Dans les Arts le succès dépend le plus souvent,
» Du désir d'amasser moins d'honneur que d'argent ».

Je crois au contraire que les Artistes qui se sont le plus illustrés par leur art, sont ceux qui, sans songer à la fortune, n'ont connu que l'émulation de la gloire.

(17) Les copistes ont un peu brouillé le texte en cet endroit. Il est évident, par exemple, que Maxime de Tyr n'a point écrit ἄξαι μοχθηρίας. Markland a mis à la place, τεύξη μοχθηρίας. Reiske a proposé ἄρξαι μοχθηρίας. Cette dernière leçon m'a paru la plus heureuse, et je l'ai suivie. Pacci s'est contenté de la leçon vulgaire, et il a traduit, *funde sceleritus preces*. Heinsius a adopté la conjecture de Markland, et il a traduit *fraudes strue*. Au surplus, notre Auteur imite ici ce que dit Hésiode, dans le premier livre de son poème *des Œuvres* et *des Jours*, qui revient à peu près au conseil que donne Juvénal, avec sa verve ordinaire, au 73ᵉ. vers de sa première satyre :

Aude aliquid brevibus Gyaris et carcere dignum,
Si vis esse aliquid : probitas laudatur et alget.

Il est malheureux que, dans tous les siècles, le train de la société conduise à cette épouvantable doctrine.

(18) C'étoit chez les anciens une des pratiques caractéristiques du deuil et de la douleur. Ovide, dans ses *Métamorphoses*, liv. VIII, vers 528, dans le tableau qu'il fait de la douleur d'Œnée, Roi de Calydon, père de Méléagre, s'exprime ainsi :

Pulvere canitiem genitor vultusque seniles
Fœdat, humi fusus, spaciosumque increpat œvum.

Voyez également Sénèque le tragique, dans sa *Troade*, vers 84 et 101. Cet usage étoit répandu chez les peuples de l'Orient, comme chez les Grecs et chez les Romains.

(19) C'est ce que Chrysès rappele à Apollon, au commencement de l'Iliade, pour l'exciter à le venger de l'outrage qu'il vient de recevoir d'Agamemnon. Maxime de Tyr se sert ici du mot ἀνέδραμες, qui peut avoir déterminé le sens que les deux interprètes Latins ont donné plus haut à un de ses passages, analogue à celui-ci (sect. II, note 6.)

Il a donc pensé que c'étoit sur le ton du reproche que Chrysès rappeloit à Apollon les principaux détails de ses fonctions sacerdotales, pour mieux le pousser à la vengeance. Sur quoi je prends la liberté d'observer, d'abord, que dans les six vers de la première page de l'Iliade, qui renferment tout ce que Chrysès adresse à Apollon à ce sujet, on ne trouve ni le mot ἐπιδίζειν, ni aucun de ses synonymes prochains ou éloignés; et ensuite que c'eût été, de la part du prêtre, pécher contre les convenances, que de prendre *un ton pareil*, vis-à-vis du Dieu dont il imploroit les secours.

(20) Notre Auteur fait allusion ici à ce que dit Platon, dans les premières lignes de sa *République*. « J'allai hier, dit Socrate, » au Pyrée » avec Glaucon, fils d'Ariston, pour faire ma prière à la Déesse ». Markland pense que la Déesse dont il s'agit ici, est Minerve; et il reproche à St. Athanase de s'être trompé, lorsqu'il dit dans son *Oraison contre les Gentils*, que « Socrate vint au Pyrée avec Platon, offrir » ses hommages à Diane ». L'estimable traducteur de la *République* de Platon, pense avec Origène, comme St. Athanase, et il croit que c'est réellement de Diane qu'il est question dans ce passage. Son opinion paroit fondée. *Voy*. sa note, à la première page de sa traduction.

(21) Heinsius a traduit, *bona præclara et quæ libenter donare Dii solent*. Cette version, *donare solent*, ne m'a point paru correcte. Car, si dans la théologie des Platoniciens, toute vertu eût été un don de DIEU, comme dans le système évangélique, pourquoi Maxime de Tyr auroit-il dit aussi expressément qu'il le fait, que Socrate ne demanda point aux Dieux la vertu, mais qu'il en chercha la source en lui-même? Il ne faut pas non plus entendre ce passage de notre Auteur en ce sens, que dans les efforts que fait l'homme pour acquérir la vertu, DIEU n'y entre pour rien, et que seulement il les permet. *Diis annuentibus*, οὐκ ἀπονεύοντος ἐκείνου. Ce n'étoit pas là l'opinion de Platon. Il n'admettoit pas que la vertu vint de DIEU, comme par voie d'infusion. Il pensoit que l'homme devoit se diriger vers elle, par son intention, par sa volonté, faire des efforts pour l'atteindre; mais il pensoit aussi que DIEU secondoit l'homme dans ses efforts, lui aidoit à parvenir à son but, et que ce secours lui étoit, pour cet effet, absolument nécessaire. D'ailleurs, les manuscrits ne sont pas d'accord sur la véritable leçon du mot qui doit terminer cette phrase. Peut-être notre Auteur a-t-il écrit, ἃ θεὰ ἀπαιδεῖται, avec l'α privatif, *dona quæ à deo non dantur*, ce qui aura paru une hérésie à des copistes chrétiens, qui, en conséquence, auront fait disparoître l'α privatif. Pour revenir à la question, *si la vertu vient de Dieu*, Cicéron la fait nier par Cotta, dans son troisième livre de la *Nature des Dieux*, nᵒ. 36. Après lui avoir fait

dire que les hommes regardent unanimement les Dieux, comme les dispensateurs de tous les biens, de toutes les commodités de la vie, il ajoute : *Virtutem autem nemo unquam acceptam Deo retulit. Nimirum rectè. Propter virtutem enim jure laudamur, et in virtute rectè gloriamur: quod non contingeret, si id donum à Deo, non a nobis haberemus.* N'en déplaise à Cotta, on avoit reconnu avant lui que les Dieux étoient pour quelque chose dans la vertu des hommes. Pythagore et Platon avoient dit τὴν μὲν οὖν ἀρετὴν ἔχει διὰ τὴν θείαν μοῖραν. Les poëtes eux-mêmes avoient rendu hommage à ce principe, car Pindare, dans la neuvième de ses *Olympiques*, dit en propres termes :

> . . . . . . Αγαθοὶ δὲ
> Καὶ σοφοὶ κατὰ δαίμον' ἄνδρες
> Εγένοντο.

A la vérité, Horace étoit du même sentiment de Cotta; car, dans le dernier vers de sa 18ᵉ. Épitre, il s'exprime, au sujet de Jupiter, en ces termes : « Qu'il me conserve la vie, qu'il me donne des richesses; » quant à ma vertu, j'en fais mon affaire ».

Det vitam, det opes; æquum mí animum ipse parabo.

(22) Le texte porte littéralement, *la seule chose qui sache prier.*

Paris, le 8 floréal an IX. (28 avril 1801.)

DISSERTATION XII.

Qu'est-ce que la Science (1) ?

En quoi consiste ce qui constitue la différence entre l'homme et la brute ? En quoi consiste, d'un autre côté, ce qui constitue la différence entre les Dieux (2) et l'homme ? Quant à moi, je pense que c'est par la science que l'homme est au-dessus de la brute, et que c'est par les vices qu'il est au-dessous des Dieux. Car, sous le rapport de la vertu (3), les Dieux valent mieux que les hommes ; sous le rapport de la science, l'homme vaut mieux que la brute. Est-ce une raison de penser que la science soit autre chose que la sagesse ? Non, par Jupiter, pas plus que de penser que la vie soit autre chose que la vie. Elle est quelque chose de commun à tous les êtres, soit mortels, soit immortels ; mais si, envisagée sous ce point-de-vue de qualité, elle est une seule et même chose ; envisagée sous le rapport de son plus ou moins de durée, elle se divise en deux espèces. Car les Dieux ne meurent jamais, et l'homme n'a qu'une existence éphémère. De même que s'il étoit possible à certains yeux de demeurer toujours ouverts, d'avoir la vue dans une activité continuelle, et de recevoir perpétuellement l'impression de la lumière, sans avoir besoin que des paupières vinssent les envelopper, que le sommeil vînt leur donner du repos, et que la nuit leur apportât du relâche, l'action de la vue seroit commune sous ce rapport, et à ces yeux, et aux yeux ordinaires, en différant sous le rapport de la durée : de même, sans doute, la science, qui est quelque chose de commun aux Dieux et aux hommes, a néanmoins quelque rapport de différence eu égard aux uns et aux autres. Peut-être ailleurs traiterons-nous de la science en ce qui concerne les Dieux. Quant à présent, occupons-nous d'une question plus ordinaire et plus connue; et recherchons ce que c'est, pour l'homme, que *savoir*, que *connoître*, qu'*apprendre*; et toutes autres expressions de ce genre, par lesquelles on place l'âme dans un état de contemplation.

II. Ce que les sens rassemblent dans un cadre étroit de contemplation, (à quoi l'on donne le nom d'expérience), ce qu'ils soumettent aux yeux de l'âme, et sur quoi la raison applique son cachet, après l'avoir examiné, appellerons-nous cela *Science?* Comme lorsque je dis; les premiers hommes ne savoient point encore ce que c'étoit qu'un vaisseau. Ils désiroient communiquer ensemble. Le besoin les y portoit, mais la mer y mettoit obstacle. Ils virent un oiseau descendre des airs et nager. Ils virent quelque chose de pesant, d'ailleurs, flotter légèrement sur les ondes. Peut-être virent-ils quelque part un arbre porté par un fleuve dans la mer. Peut-être quelqu'un d'entre eux tomba-t-il dans l'eau sans le vouloir, et en remuant ses membres parvint-il à surnager et à se sauver; peut-être même s'exerça-t-il à la nage par amusement. Quoi qu'il en soit, l'expérience recueillit la première pensée de la navigation, et construisit d'abord une méchante barque des premiers, des plus légers matériaux, qui lui tombèrent sous la main. Cet aperçu ne tarda pas à être perfectionné par les combinaisons du raisonnement; et l'on eut bientôt une espèce de char creux que des rames firent mouvoir,

que des voiles et les vents poussèrent, qu'un gouvernail dirigea, et auquel on s'abandonna uniquement sur
la foi de la science acquise dans cet art-là. Voici comme
on raconte que la médecine a été jadis inventée. Les
parens d'un malade alloient le déposer dans un des
passages les plus fréquentés (4), les passans s'approchoient, faisoient des questions sur la maladie, et
selon qu'ils avoient été atteints du même mal, et qu'ils
avoient été guéris, ou en avalant quelque chose, ou
en se cautérisant, ou en faisant une amputation,
ou en se mettant à la diète, chacun de ceux qui
avoient été malades, indiquoit le remède qui lui
avoit rendu la santé. L'identité des maladies fixa
dans la mémoire l'identité des médicamens qui les
avoient guéries; et une courte habitude de l'ensemble de ce résultat fut la mère de la science. C'est ainsi
que les autres arts, celui du charron, celui de l'ar-
murier, celui du tisserand, celui du peintre, naquirent
de l'expérience.

III. A-la-bonne-heure, appelons *Science* l'habitude de l'âme appliquée aux ouvrages, aux opérations quelconques de l'homme. Mais cette science,
s'étend-elle jusqu'aux brutes? Sans doute, car le sens
interne (5) et l'expérience ne sont pas exclusivement
propres à l'homme. Les brutes reçoivent des sensations, apprennent certaines choses par l'expérience,
de manière qu'il est une sorte de sagesse qu'elles ont
soin d'acquérir. En été, les grües quittent l'Égypte (6)
dont elles ne peuvent supporter les chaleurs. Elles
étendent leurs ailes comme des voiles, et les vents
les portent tout-droit dans la Scythie. La structure
de ces animaux n'est point d'ailleurs régulière. Ils ont
le milieu du corps lourd; le col long; le côté de la

queue léger; la partie, où les ailes sont attachées,
grêle; les jambes écarquillées. Dans leur vol, ils sont
balottés, comme l'est un vaisseau par les vagues. Ins-
truite de cet inconvénient, la grüe ne s'envole point
qu'elle n'ait pris dans son bec une pierre, qui lui
sert comme de lest, au milieu des airs; soit qu'elle
ait imaginé cet expédient d'elle-même, soit qu'elle
le doive à l'expérience (7). Les biches de la Sicile tra-
versent, en été, la mer, à la nage, pour aller pâturer
dans la campagne de Reggio (8). Ce long trajet épuise
la force des biches, qui sont forcées de tenir la tête
toujours au-dessus de l'eau. Voici le moyen à l'aide
duquel elles s'épargnent cette fatigue. Elles nagent,
rangées sur une seule ligne, l'une à la queue de l'autre, comme une armée qui marche en colonne. Elles
nagent, ayant chacune leur tête appuyée sur le flanc
de celle qui la précède. Celle qui fait le chef-de-file,
lorsqu'elle est fatiguée, se détache pour se placer la
dernière; et c'est ainsi qu'alternativement elles passent de la tête à la queue. C'est ainsi que, dans son
expédition (9), Xénophon commandoit l'arrière-garde,
et Chirisophe l'avant-garde; de manière que les brutes
ont des notions de la tactique militaire.

IV. Que le sens interne donc, et que l'expérience
ne soient pas exclusivement propres à l'homme,
l'homme a du moins cet avantage, en ce qui concerne
la raison; et, sous ce point-de-vue, la science n'est
autre chose que la raison qui soumet, long-temps, et
sans distraction, les mêmes objets à ses opérations;
qui cherche dans les choses les rapprochemens divers,
qui sépare ce qu'elles ont de dissemblable, qui réunit
ce qu'elles ont d'identique, qui met ensemble celles
qui ont de l'affinité, qui distingue celles qui sont con-

fondues, qui divise celles qui sont hétérogènes, qui
met en ordre celles qui sont désordonnées, qui fait
concorder celles qui n'ont entr'elles aucune harmonie. Telles sont, sans doute, l'Arithmétique, la Géométrie, la Musique, et toutes les autres parties des
connoissances humaines, étrangères à toute action
mécanique, et qui, enfantées par la force de la raison,
n'ont eu d'autre berceau, d'autre moule, que l'intelligence humaine. Et cependant, ces sciences ne passent pas pour les plus anciennes aux yeux d'Homère,
cet homme recommandable par son antiquité, et qui
d'ailleurs mérite pleine confiance. Il admire uniquement, il regarde comme seuls Sages (10), « Les De-
» vins, les Médecins, les Charpentiers, ou les divins
» Chanteurs ». O quel parallèle ! Un devin, un médecin, un charpentier, un chanteur, dans le nombre
des Sages ! Apollon et Esculape sur la même ligne
d'honneur et de recommandation, qu'Épéus et que
Phémius (11) ! Mais Homère, dans ce passage, ne
dispense-t-il point l'éloge aux sciences dont il parle,
plutôt en considérant l'époque de leur origine, que
leur utilité réelle ? Quant à nous, nous ne prendrons
point cette route. Mais nous dirons : l'âme de l'homme
est de tous les êtres celui qui se meut avec le plus de
facilité, et le plus de vélocité. Elle est un mélange de
substance mortelle et de substance immortelle (12).
Sous le rapport de la première substance, elle tient
de la brute. Car elle se nourrit, elle croît, elle se
meut, elle a de l'instinct. Sous le rapport de la substance immortelle, elle tient de la Divinité. Car elle
est intelligente, raisonnable, susceptible d'apprendre, de savoir. Lorsque chez elle la substance mortelle s'accorde avec la substance immortelle, cet

accord s'appèle *prudence*, et il tient le milieu entre la *science* et l'*instinct*. En-tant que l'âme est dénuée de raison, elle agit par *instinct*. En-tant que la substance divine la dirige, son action est de l'*intelligence*. En-tant que ces deux mobiles sont combinés comme ils le sont dans la nature humaine, l'action de l'âme est de la *prudence*. L'*instinct* recueille l'*expérience*; la *prudence* recueille la *raison*; l'*intelligence* recueille l'*évidence immuable*; et j'appelle *science*, la combinaison harmonique de ces trois élémens. S'il faut une comparaison pour nous faire mieux entendre (13); quel'on considère l'*instinct* comme la partie mécanique dans l'art de la construction, l'*intelligence* comme la géométrie ou la partie ordonnatrice, la *prudence* comme la personne même des architectes. La partie qui tient le milieu entre la partie géométrique et la partie mécanique est une sorte de *science*, eu égard à cette dernière; mais eu égard à la partie géométrique, elle lui est inférieure sous le rapport de l'*évidence immuable*.

V. Or, les facultés de l'homme se partagent entre la *science*; la *prudence*, et l'*expérience*. Cette dernière, en s'exerçant sur le feu, sur le fer, et sur tous les autres objets physiques, les approprie à tous les besoins de la vie, à l'aide du parti que les arts en tirent. La *prudence* a l'empire des passions de l'âme, et les gouverne, à l'aide du raisonnement. Considérée dans son rapport avec l'*expérience*, elle tient lieu de *science*, mais elle est inférieure à la *science proprement dite*, en-tant que s'appliquant à une nature d'objet, qui n'a ni consistance, ni uniformité; elle prend, si l'on peut s'exprimer ainsi, la forme de sa manière d'être. Quant à l'*intelligence* (14), elle est la

partie la plus importante de l'âme. C'est elle qui a
le suprême droit à l'empire, ainsi que la loi dans la
Cité ; non pas la loi qui est écrite sur des tables, qui
est imprimée sur des colonnes, qui est votée par des
suffrages, qui est délibérée dans des comices, qui est
sanctionnée par le peuple ; non pas celle qui est consacrée dans les tribunaux ; non pas celle qui est l'ouvrage de Solon ou de Lycurgue ; mais la loi que
DIEU lui - même a promulguée ; loi, qui n'a jamais
été écrite ; qui ne doit son autorité à aucun vote ; qui
ne doit aucun compte de son empire. Cette loi est la
seule qui en mérite le nom. Celles d'ailleurs qui le
portent, ne sont que des opinions, fausses, erronées,
trompeuses. Ce furent ces lois qui condamnèrent
Aristide au bannissement, Périclès à une amende,
Socrate à la mort. Et néanmoins, aux yeux de cette
loi divine, Aristide étoit un homme juste, Périclès
un grand - homme, et Socrate un philosophe. Les
effets de ces loix sont des Gouvernemens démocratiques, des tribunaux, des comices, des fermentations
populaires, de la vénalité parmi les démagogues, des
révolutions de toute espèce, des calamités de tout
genre. Les résultats de l'autre loi sont, au contraire,
la liberté, la vertu, une vie exempte de maux, une
félicité immuable. Les premières loix assemblent les
tribunaux, équipent des galères, mettent des flottes
à la voile, ravagent les terres, portent la guerre sur
mer, détruisent Ægine, entourent Dékélie de murailles, entraînent la perte de Mélos (15), la prise
de Platée, la servitude de Skione (16), et le bouléver-
sement de Délos. L'autre loi, au contraire, fait devenir vertueux ; elle remplit l'âme d'instruction et
de connoissances ; elle fait régner le bon ordre dans

les familles, l'harmonie dans les Cités : elle entretient la paix sur mer et sur terre ; elle ne produit rien de sinistre, rien de funeste à l'espèce humaine, rien qui appartienne aux Barbares. On ne voit partout que les fruits de la paix, de la concorde, de la science, de la philosophie, et des arts libéraux.

VI. O Loi, plus ancienne que les autres Lois ! O Législateur, plus pacifique que les autres Législateurs ! Celui qui s'abandonne spontanément à vous, conserve sa liberté, reste à son aise, sans avoir aucun besoin, ni de ces lois éphémères, ni de leurs insensés ministres. S'il est des hommes capables de vous offenser, de commettre contre vous quelques attentats, ils sont punis ; non qu'ils soient traduits devant les tribunaux des Athéniens (17), non que les onze les conduisent en prison (18), non que le bourreau leur présente la ciguë, mais ils trouvent leur châtiment en eux-mêmes (19), dans leurs vices innés, dans leur méchanceté spontanée ; « Car les mal- » heurs qu'ils éprouvent, ils les doivent à leurs pro- » pres forfaits (20) ». Ce fut à la transgression de cette loi qu'Alcibiade dut ses malheurs, non point lorsque les Athéniens le rappelèrent de la Sicile, ni lorsqu'il fut dévoué aux Dieux infernaux par les Hérauts et les Eumolpides (21), ni lorsqu'il se sauva de l'Attique. Tout cela étoit peu de chose ; un jugement et une condamnation assez méprisables. Car Alcibiade fugitif joua un plus grand rôle que ceux de ses concitoyens qui restoient à Athènes ; il fut accueilli avec distinction par les Lacédémoniens : il fortifia Dékélie ; il devint l'ami de Tissapherne, et obtint le commandement d'une armée de Péloponnésiens. Mais le châtiment d'Alcibiade remontoit bien plus haut. Il étoit l'œuvre d'une bien plus ancienne loi, de juges bien plus anciens. Ce fut lorsqu'il abandonna le Lycée, lorsqu'il fut condamné par Socrate, lorsqu'il fut éconduit par la philosophie. C'est de là que date son bannissement. C'est là que remonte sa condamnation. O le cruel anathème! O les irrévocables imprécations! O l'erreur digne de commisération! Que les Athéniens ayent dans la suite sollicité le retour d'Alcibiade. Mais la Philosophie! mais la Science! mais la Vertu! Elles demeurent à jamais implacables et inaccessibles, vis-à-vis de ceux qu'elles ont une fois réprouvés. Telle est la science. Telle est l'ignorance.

VII. Quant à moi, je donne le nom de *science* aux lois de Minos, qui furent enseignées par Jupiter à ce Prince, pendant neuf ans, lois dans lesquelles Minos se rendit habile, et avec lesquelles il fit le bonheur des Crétois. J'appèle aussi science digne d'un Roi, la vertu de Cyrus, de laquelle, à la vérité, il donna des leçons, mais des leçons que Cambyse et Xerxès ne surent point mettre à profit. Cyrus gouverna les Perses, comme un berger gouverne son troupeau (22). Il veilla sur leur conservation, sur leur nourriture. Il fit la guerre aux Mèdes. Il s'empara de Babylone. Il ne permit à aucun loup barbare et ravisseur, de faire sur son bercail aucune incursion. Tandis que (23) Cambyse et Xerxès ne furent que des loups dévastateurs, au-lieu de bons bergers qu'ils auroient dû être. Ils exterminèrent leur troupeau de leurs propres mains (24). Ils se montrèrent tout-à-fait étrangers à la science dont Cyrus leur avoit donné l'exemple. J'appèle aussi les lois de Lycurgue une science harmonique et musicale (25).

NOTES.

(1) Tel est le sujet du Traité de Platon, intitulé, *le Théætète*. Socrate d'ailleurs n'y détermine, n'y statue rien. Il se contente de combattre les léfinitions de son interlocuteur.

(2) Des Dieux du second ordre, selon la théologie de Platon, cela s'en va sans dire.

(3) Le texte porte littéralement, *car* DIEU *est plus sage que l'homme, et l'homme est plus savant que la brute.*

(4) Servius, dans son Commentaire sur l'Énéide, chant 12, vers 395, s'exprime ainsi : *Apud veteres consuetudo erat ut desperati ante januas suas collocarentur, ut possent à transeuntibus forté curari, qui aliquandò simili laboraverant morbo.* Isidore n'a fait que copier ce passage dans le liv. X de ses *Origines.* Strabon, liv. III, p. 234, liv. XVI, p. 1082, et Hérodote, liv. I, n°. 197, attribuent la même origine à la médecine, chez les Lusitaniens, les Égyptiens et les Babyloniens.

(5) Il faut prendre cette expression dans une acception parfaitement synonyme de ce qu'on appèle *instinct.*

(6) Ceux qui désireront avoir des détails sur ce fait de l'*Histoire naturelle des Anciens*, ne peuvent mieux faire que de consulter le savant Bochard, dans sa *Hiérozologie*, part. II, liv. I. chap. 11.

(7) Bochard, dans l'ouvrage que nous venons de citer, parle de cette industrieuse précaution de la gruë, sur la foi de plusieurs Auteurs. Mais Aristote la regarde comme une fable. Pline, le Naturaliste, dit, au sujet de ces volatiles, quelque chose qui n'est pas moins merveilleux : *Excubias habent nocturnis temporibus, lapillum pede sustinentes, qui laxatus somno et decidens in diligentiam coarguit,* lib. X, §. 30.

(8) Élien, dans son *Histoire des Animaux*, liv. V, chap. 56, parle d'un semblable phénomène qui a lieu de la Cilicie à l'île de Cypre, et par le même motif, πόθῳ πόας.

(9) *Voy.* Xénophon, *Expédition de Cyrus*, liv. III, chap. 11, n°. 25 et 26.

(10) Dans le 17ᵉ. chant de l'Odyssée, Alcinoüs reproche à Eumée, d'avoir amené chez lui un de ces pauvres hères, qui obsèdent partout les gens aisés. Eumée répond à Alcinoüs : « Eh, envers qui l'hospita-
» lité doit-elle être plutôt exercée qu'envers ceux qui travaillent pour
» leurs semblables, qu'envers un Devin, ou un Médecin, ou un
» Charpentier, ou un divin Poëte »! Homère n'avoit garde, sans doute, d'omettre dans cette nomenclature de privilégiés, ceux qui professoient son Art, les poëtes.

(11) Ce passage est évidemment altéré dans le texte. Davies et Markland ont fait de leur mieux pour le restaurer. J'ai suivi la correction du dernier. *Voyez* les notes de ces deux critiques sur ce passage, dans leur édition.

(12) Selon que l'âme de l'homme étoit considérée par les Platoniciens, dans le corps, ou hors du corps, elle étoit un être composé, ou un être simple. Dans le corps humain, l'âme étoit amalgamée à deux parties, à deux élémens matériels, et par conséquent périssables, l'un, τὸ θυμικὸν, l'autre, τὸ ἐπιθυμητικὸν, avec lesquels elle étoit incorporée, et qui avoient chacun son siége distinct et séparé dans l'individu qu'elle animoit. Hors du corps, l'âme redevenoit ce qu'elle étoit avant d'y entrer, un être simple, immatériel, une émanation de l'essence divine, une substance ayant en soi le principe de sa vie et de son mouvement, et par conséquent indestructible et immortelle. *Voy*. Alcinoüs, *Introduction à la philosophie de Platon*, chap. 23.

(13) **Et ce n'est pas sans besoin.** Car, jusque-là, on n'a que de grands mots scientifiques, et point d'idées nettes. Tel étoit le défaut prédominant de la philosophie des Anciens, sur certaines matières. Ils se donnoient carrière dans les régions de la métaphysique, avec une confiance qui étonne, lorsqu'on ne rencontre que du phébus. Souvent ils avoient l'air de croire convaincre l'esprit de leurs auditeurs, lorsqu'il étoit douteux et très-douteux qu'ils s'entendissent eux-mêmes.

(14) Pourquoi l'*intelligence*? la marche de la pensée, la distribution des idées, ne semblent-elles pas appeler la *science*, au lieu de l'*intelligence*? à moins que Maxime de Tyr ne les prenne ici l'une pour l'autre.

(15) Selon Étienne de Bysance, Mélos étoit une des Cyclades ayant une ville de même nom. Suidas parle de l'une et de l'autre. Isocrate, dans son *Oraison panégyrique*, raconte comment ces insulaires furent réduits en servitude. On peut consulter Thucydide, liv. V, et Strabon, liv. X.

(16) C'étoit une ville de Thrace, dont Étienne de Byzance fait mention Σκιώνη πόλις Θράκης. Davies a corrigé le texte qui offre Σικυώνη, *Sicyone*, dans les éditions vulgaires.

(17) Maxime de Tyr fait allusion ici au jugement de Socrate.

(18) Voyez ci-dessus *Dissertation IX*, sect. II, ce que nous avons dit dans les notes touchant ces magistrats d'Athènes.

(19) Comme elle est belle cette pensée dans ces paroles de Juvénal:

> . . . . *Cui frigida mens est*
> *Criminibus, tacitâ sudant præcordia culpâ.*

Qu'il me soit permis de placer ici quelques vers d'une pièce que des
motifs de prudence m'ont empêché jusqu'à ce moment de publier, et
qui renferment la paraphrase de la même idée :

> Et vous, tyrans affreux, Décemvirs éphémères,
> Artisans effrénés des publiques misères,
> Vil ramas de brigands de la fange sortis,
> Monstres couverts d'horreurs et de crimes nourris,
> Sous le fer des Licteurs que votre sang ruisselle ;
> Ou, pour mieux accomplir la justice éternelle,
> De terreurs assaillis, et d'opprobre abreuvés,
> Qu'à souffrir mille morts vous soyez réservés :
> Peu m'importe ; il suffit : la vengeance céleste,
> Par des signes certains sur vous se manifeste ;
> Vous avez beau montrer un front calme et serein :
> *Votre cœur est pour vous votre taureau d'airain.*

(20) Ces mots sont empruntés du premier chant de l'*Odyssée*, septième vers. Homère s'exprime ainsi, en parlant des compagnons
d'Ulysse.

(21) C'est à Alcibiade que s'appliquent ces paroles de Suidas, sous
le mot Εὐμολπίδαι ; Ἐπηράσαντο δὲ αὐτῷ Εὐμολπίδαι καὶ κήρυκες. *Voy.* Corne-
lius Nepos, *Vie d'Alcibiade*, chap. 4 ; Plutarque, *Vie d'Alcibiade*,
et Meursius, dans ses *Éleusines*, chap. 2.

(22) Xénophon, dans sa *Cyropédie*, liv. 8, n° 18, attribue à Cyrus
d'avoir assimilé les fonctions d'un bon Roi à celles d'un bon berger.

(23) La transition m'a paru exiger ce mot, qui n'est pas dans le
texte.

(24) Formey a traduit : « Ils tondirent impitoyablement leur trou-
» peau », parce qu'il a lu dans le latin d'Heinsius, *gregem totondêre*.
J'avois senti que le mot *tondre* ne convenoit point en cet endroit, et
qu'il falloit y suppléer par l'équivalent, *détruire*, *exterminer*, lorsque
j'ai lu dans la note de Markland qu'Hésychius et Suidas donnent au
verbe grec κείρειν, l'acception que je lui donnois moi-même. Témoin
le vers 56 de l'*Ajax de Sophocle*, où ce verbe est employé dans ce
sens :

> Ἐνθ' εἰσπεσών ἔκειρε πολυκέρων φόνον
> Κύκλῳ ῥαχίζων.

(25) Markland pense, et je pense comme lui, que la fin de cette
Dissertation a été tronquée. « Il n'est pas vraisemblable », dit ce judicieux critique, « que notre Auteur ait mentionné les lois de Lycurgue,
» sans leur distribuer les mêmes éloges qu'il a décernés aux lois de
» Minos et à l'administration de Cyrus ». Il avoit, en effet, un si beau

champ. Mais le temps a probablement oblitéré les dernières lignes du manuscrit primordial ; et, à moins qu'on n'en retrouve un jour un qui n'ait point éprouvé d'atteinte , la vérité du texte ne sera jamais rétablie.

D'ailleurs, Maxime de Tyr donne aux lois de Lycurgue le nom de science musicale , ἐπιστήμην μουσικήν. Or, le mot *musique* a , dans le langage de Platon , des acceptions particulières. Tantôt les Platoniciens prennent ce mot pour *l'assemblage de toutes les connoissances qui ornent et embellissent l'esprit.* C'est en ce sens qu'il est pris au second livre de la *République.* D'autres fois , ils lui donnent une acception plus auguste , si l'on peut s'exprimer ainsi , ils lui font embrasser tout ce qu'embrasse la philosophie : c'est dans ce sens qu'il est pris dans le *Phédon ,* ὡς φιλοσοφίας μὲν ὔσης μεγίστης μουσικῆς, « comme si la philosophie » étoit, ou la musique transcendante, ou la musique par excellence ». En effet , la philosophie est aux mœurs, ce que l'art musical, ou la musique dans un sens restreint, est aux sons. Elle a pour objet de régler les actions , de les mettre en tel ordre , en telle concordance, en telle harmonie, avec les principes de la morale, que *le bon* et *le beau moral ,* qui sont les synonymes de *la vertu,* en résultent. C'est dans ce sens que les Songes de Socrate lui ordonnoient *de s'exercer à la musique.* Voyez le *Phédon ,* vers le commencement.

Paris, le 10 floréal an IX. (30 avril 1801.)

DISSERTATION XIII.

Quelles sont les plus fâcheuses maladies, celles du corps, ou celles de l'âme (1) ?

On chante dans une hymne antique, en guise de prière, « O Santé ! la plus ancienne des Déesses ! puissé-» je passer avec toi les jours qui me restent (2) » ! Je voudrois bien que l'auteur de cette hymne daignât me dire quelle est cette santé qu'il invoque, avec laquelle il puisse habiter. J'imagine que c'est quelque Divinité, digne qu'on lui adresse un semblable vœu. Car ce n'est, ni sans sujet, ni au hasard, que le poëte lui a consacré ces vers, et que l'on continue de les chanter. Or, si cette Divinité est telle que je l'imagine, la saine raison va nous répondre pour justifier le poëte. Il y a deux choses dans l'harmonique organisation de l'homme, l'âme et le corps. Si l'âme n'étoit point naturellement susceptible d'être malade, le vœu en question ne concerneroit que le corps, destiné à être tantôt malade, tantôt bien portant. Mais si la nature a combiné l'âme et le corps ensemble, de manière qu'étant l'un et l'autre dans le meilleur état, ils puissent néanmoins éprouver réciproquement le désordre que chacun d'eux peut éprouver par le dérèglement de son voisin ; ce qui arrive, lorsque l'un prend le dessus sur l'autre, comme le peuple sur le chef du Gouvernement, ou le chef du Gouvernement sur le peuple, dans une Cité, (car nous distinguons ces deux genres de prépondérance, et nous appelons l'une, prépondérance de l'âme sur le corps, et l'autre, prépondérance du corps sur l'âme, lesquels considérés l'un et l'autre, en eux-mêmes, ont également besoin de santé, égalité de condition qui n'a pas lieu lorsqu'on les envisage dans leurs rapports respectifs) entre les puissances conservatrices de l'harmonie et de la santé du corps et de l'âme, quelle sera celle à laquelle nous donnerons le nom de *la plus ancienne des Déesses* (3)? Afin donc que du contraste de la maladie du corps, et de la maladie de l'âme, puisse sortir la solution de notre question, savoir, quelle est celle des deux qui est le plus grand mal pour l'homme, nous la discuterons sous le point de vue que voici.

II. L'âme et le corps composent l'homme. L'un des deux commande, l'autre obéit. Il en est comme dans une Cité, où les uns ont l'autorité, et les autres doivent l'obéissance. Les uns et les autres font également partie de la Cité. Quelle est celle de ces deux parties dont la maladie nuit à la Cité ? Que le peuple d'Athènes soit malade de démagogie ; mais que Périclès, habile dans la science de gouverner, entreprenne de les guérir, il relevera les Athéniens de leur maladie (4). Qu'à Syracuse, Denis soit malade de tyrannie, quoique le peuple soit sain en ce qui le concerne lui-même, il manquera de moyens pour rendre la santé à Denis. Veut-on que le corps joue le rôle du peuple, et l'âme celui du chef du Gouvernement ? Qu'on voie, qu'on compare. Les gouvernés ont plus de masse que les gouvernans, le corps a plus de masse que l'âme. Le peuple n'a point de bon sens. Il en est de même du corps. Le peuple n'a aucune tenue, ni dans son opinion, ni dans son langage, ni dans ses affections (5). Le corps est encore à cet égard comme le peuple. Le peuple est une agrégation d'élémens nombreux et

de qualités diverses. Le corps est encore un assemblage, un mélange du même genre. Le peuple est vé-
hément dans ses transports, impétueux dans ses désirs,
sans retenue dans la volupté, désespéré dans la douleur, insupportable dans son exaspération. Telles sont
les passions du corps ; il est continuellement en proie
à des désirs, à des appétits, aux amorces de la volupté, à l'ardeur que les passions inspirent. D'un autre
côté, comparons la partie qui commande dans la Cité,
avec la partie qui commande dans l'homme. Dans la
Cité, le chef du Gouvernement a la suprême autorité,
les suprêmes honneurs, le suprême pouvoir. Dans
l'homme, la suprême autorité, les suprêmes honneurs,
le suprême pouvoir appartiennent à l'âme. Le chef
du Gouvernement est celui qui, par la nature de ses
fonctions, a le plus de sollicitude, le plus à penser. Il
en est de même de l'âme. Le chef du Gouvernement,
comme l'âme, est pleinement indépendant. Cela posé,
de laquelle de ces deux parties dans la Cité, comme
dans l'homme, dirons-nous que la maladie est la plus
nuisible ? Lorsque la partie la plus importante est
malade, n'est-ce pas ce qui peut le plus nuire au tout ?
Que le peuple soit malade, pendant que le chef du
Gouvernement est en pleine santé, la liberté de la
Cité n'en souffrira point. Que le chef du Gouvernement
soit malade, la Cité tombe dans la servitude. En un
mot, l'âme est plus importante que le corps. Or, le bien
de la partie la plus importante est le plus grand bien,
et ce qui est contraire au plus grand bien, est le plus
grand mal. La santé de l'âme est donc un plus grand
bien que la santé du corps ; et la maladie de l'âme un
plus grand mal que la maladie du corps. La santé du
corps est l'ouvrage de l'art, la santé de l'âme est l'ou-

vrage de la vertu. La maladie de l'âme est le vice (6). La maladie du corps est l'effet de quelque accident physique. Le vice est volontaire; les accidens physiques sont involontaires. Ce qui est involontaire, excite la commisération; ce qui est volontaire, provoque la haine. On vient au secours de ce qui excite la commisération; on s'arme du châtiment contre ce qui provoque la haine. Il vaut mieux être dans le premier cas, que dans le second (7).

III. Considérons la santé de l'âme et la santé du corps sous un autre point-de-vue. La santé de l'âme n'a besoin de rien ; la santé du corps a besoin de tout. La santé de l'âme produit le bonheur; la santé du corps mène à l'infortune. La santé de l'ame ne connoît point les vices; la santé du corps en fraye le chemin. La santé de l'âme n'est point périssable; la santé du corps ne dure qu'un jour. La santé de l'ame est ferme et solide; la santé du corps n'a nulle stabilité. La santé de l'âme est immortelle; la santé du corps a son terme. Considérons à présent les maladies. Les maladies du corps sont faciles à guérir avec les secours de l'art; les maladies de l'âme cèdent difficilement aux remèdes de la morale. Les maladies du corps, par la douleur qu'elles causent, rendent les malades plus dociles à la guérison ; les maladies de l'âme, par la satisfaction avec laquelle le malade s'y complaît, ne font que le disposer davantage à braver les lois. Les Dieux viennent au secours des premières. Les autres sont l'objet de leur haine. Les maladies du corps n'allument point le feu de la guerre ; les maladies de l'âme l'ont très-souvent allumé. Pendant qu'on est attaqué d'une maladie corporelle, on ne fait point le métier de Sycophante, on ne fouille point les tombeaux, on ne

brigande point, on ne commet nul autre grand attentat de cette nature (8). Dans les maladies du corps, le
malade seul souffre de son mal; dans les maladies de
l'âme, le prochain souffre aussi du mal du malade.

IV. Ce que nous venons de dire deviendra plus frappant dans un développement politique. A Athènes,
dans le tems que son Gouvernement avoit les formes
démocratiques, dans le tems qu'elle avoit une brillante
population, que son empire s'étendoit au loin, qu'elle
possédoit beaucoup de richesses, qu'elle abondoit en
habiles Généraux, et que Périclès la gouvernoit, la
peste survint. Née dans l'Ethiopie (9), elle avoit parcouru les états du grand Roi, elle avoit fini par se jeter
dans l'Attique, où elle s'enracina. Elle fit un grand
ravage à Athènes. A ce fléau vint se joindre la guerre
du Péloponnèse. Pendant que les campagnes étoient
dévastées par le fer ennemi, que la pestilence régnoit
dans la ville, que les citoyens y périssoient, que le
marasme attaquoit l'empire extérieur de la république,
et que le corps entier de la Cité paroissoit près de succomber, un seul homme, comme s'il eût été l'âme de
la Cité, ce célèbre Périclès, inaccessible à toute maladie, conservant sa pleine santé, soutint les forces ex-
pirantes de la République, les lui fit recouvrer par
degrés, lui rendit insensiblement sa vigueur, et fit
face à la peste et à la guerre (10). Remarquez un second
exemple. Lorsque la peste eut disparu, lorsque les
pertes de la population eurent été réparées, lorsque la
République eut repris son éclat au dehors, une maladie grave attaqua la partie qui avoit le gouvernement
de la Cité. Ce fut une maladie voisine de la démence.
Elle se répandit dans la multitude, et rendit nécessairement le peuple malade de la maladie de ses chefs.

En

En effet, le peuple d'Athènes ne partagea-t-il point
la frénésie de Cléon, la démence d'Hyperbolus, l'exaltation d'Alcibiade? Ne finit-il point par se dessécher,
par succomber, par périr avec ces insensés démagogues, qui entraînoient cette infortunée République, les uns d'un côté, les autres de l'autre? « Venez,
» belle Nymphe, et vous verrez des merveilles (11)».
Alcibiade lui montre la Sicile. Cléon lui montre Sphactérie (12). Un troisième lui montre telle ou telle expédition sur mer ou sur terre, comme qui montre des
fontaines ou des bains à quelqu'un qui a la fièvre. Malheureux, telles sont vos merveilles ! Des désastres,
des renversemens, le comble des calamités, l'exaspération de la maladie. Tels sont les résultats des maladies de l'âme, mises en parallèle avec les maladies
du corps. Que le corps soit malade, qu'on le mutile,
qu'on le déchire : attachez-lui une âme vigoureuse et
robuste ; il méprise la maladie, il brave toutes les souffrances. C'est ainsi que les brava Phérécyde de Scyros.
Tandis que les chairs de son corps étoient déchirées, son
âme conserva sa fermeté, son courage, dans l'attente
d'être délivrée de cette malheureuse enveloppe (13).

V. J'oserai même dire que c'est sans répugnance
qu'une grande âme voit la dissolution du corps. Qu'on
se figure un prisonnier qui voit crouler et tomber en
ruine les murs pourris de sa prison, dans l'impatience
où il est d'être dégagé de sa gêne, de recouvrer sa
liberté, et de passer des épaisses et profondes ténèbres,
où il a été plongé jusqu'alors, au grand air, et à la brillante contemplation de la lumière. Pensera-t-on qu'un
homme qui se seroit parfaitement exercé, et dont le
corps auroit acquis l'habitude des plus pénibles fatigues, trouvât mauvais de voir tomber ses vêtemens

en lambeaux ; et qu'au contraire, il ne se fît pas un
plaisir de les mettre à bas, et de présenter son corps
nud et libre à un air libre aussi, au milieu duquel il
n'éprouveroit aucun obstacle, aucune contrainte,
dans ses mouvemens (14)? Que croira-t-on donc que
soient, à l'égard de l'âme, cette peau, ces os, ces chairs,
qui la récèlent, sinon un vêtement éphémère, un
foible tissu de guénilles et de haillons ? Le fer les met
en pièces, le feu les consume, les plaies les dévorent.
Une grande âme qui a su se donner de l'énergie et
de la vigueur, méprise un pareil vêtement. Elle désire d'en être au plutôt dépouillée. C'est à l'homme
qui possède une âme de cette trempe, que l'on peut
appliquer, lorsqu'on voit son corps attaqué d'une maladie, ces paroles de l'Odyssée : « O le vigoureux ge-
» nou que montre ce vieillard, au travers de ces hail-
» lons (15) »! Une âme lâche, au contraire, est enterrée
dans le corps, ainsi qu'un paresseux reptile est enterré
dans son trou. Elle s'y complaît. Elle ne veut point
qu'on l'en fasse sortir. Elle n'en sort jamais d'elle-
même. Qu'on applique au corps le fer et le feu, elle
supporte le fer et le feu. Qu'il soit en proie à la douleur, elle la partage. Qu'il pousse des cris, elle en
pousse avec lui. « O mon pied, me séparerai-je de
» toi » ! s'écrie Philoctète (16). Homme! sépare-toi de
ton pied, et ne crie point. N'invective point contre tes
amis. Ne tourmente point l'île de Lemnos. « O mort,
» médecin de nos maux (17) » ! si tu n'entends par-
là que passer d'un mal à un autre, je n'admets point
le vœu que tu fais. Mais si tu penses que la mort est
vraiment notre médecin, qu'elle nous délivre de
cette malheureuse hospitalité, où nous sommes perpétuellement assaillis par les besoins et les maladies,

à-la-bonne-heure. Invoque la mort : appèle ton médecin.

VI. Mon sujet me conduit à un exemple encore plus sensible, dont je désire depuis long-tems avoir occasion de faire usage. Les Grecs avoient autrefois une armée nombreuse. Elle étoit composée d'autant de guerriers, « que le printemps produit de fleurs et de » feuilles (18) ». Tous étoient bien portans, en pleine santé, vigoureux, intacts. Ils campoient autour des murailles de leurs ennemis. Pendant le cours de dix années, il ne résulta rien, ni des prouesses d'Achille, ni des exploits d'Ajax, ni du carnage fait par Diomède, ni du sang versé par les flèches de Teucer, ni des ordres d'Agamemnon, ni des discours de Nestor, ni des prophéties de Calchas, ni des sages conseils d'Ulysse. Jupiter leur dit : « O magnanimes et illustres » nourrissons de la Grèce, vous vous tourmentez en » vain, vous livrez en vain des batailles. Vous lancez » en vain des flèches. En vain vous tenez des conseils. » Vous ne vous rendrez jamais maîtres de ces rem- » parts, avant que vous n'ayez pour auxiliaire un hom- » me dont l'âme est pleine de vigueur et d'énergie, mais » dont le corps malade répand une mauvaise odeur, » ne se traîne qu'en boîtant, et s'épuise chaque jour » par ses souffrances (19) ». Les Grecs entendirent le langage de Jupiter, et ils allèrent chercher à Lemnos le compagnon d'armes qui leur étoit designé (20).

VII. Veut-on à présent contempler les maladies de l'âme dans un corps sain ? L'âme est malade de la maladie de la volupté. Elle en est consumée. Elle en est dans le marasme. Quel avantage le malade en retiret-il ? Quel bien peut faire au corps une âme pareille ? Sardanapale est atteint de cette maladie. Voyez-vous

comme le mal attaque toutes les parties de son corps?
Le malheureux ! Il se laisse épuiser, exténuer; ses
yeux en deviennent creux et livides. Il ne peut plus
résister à l'excès de sa maladie. Il se précipite dans
les flammes. Alcibiade est malade aussi. Un feu ardent
et cruel le dévore. Il trouble sa raison au point de
le rendre fou. Cette aliénation le jète tantôt d'un côté,
tantôt d'un autre; du Lycée dans les comices d'Athènes,
des comices sur les flots, des flots en Sicile, de la Sicile
à Lacédémone, de Lacédémone chez les Perses, de
chez les Perses à Samos, de Samos à Athènes, d'A-
thènes il retourne sur l'Hellespont et ailleurs. Critias (21) aussi est attaqué d'une maladie funeste sous
plusieurs rapports, maladie incurable et qu'on ne sauroit supporter dans une Cité quelconque (22). Cependant Sardanapale, Alcibiade et Critias, avoient un
corps sain, et jouissoient d'une santé parfaite. Sardanapale avoit un tempérament robuste (23), Alcibiade étoit un très-beau garçon, et Critias étoit d'une
force extraordinaire. Mais malheur à la santé de Sardanapale, d'Alcibiade et de Critias. Que Critias soit
malade, et qu'Athènes respire de sa tyrannie. Qu'Alcibiade soit malade, et que les Athéniens n'entreprennent point leur expédition de Sicile. Que Sardanapale soit malade : il lui vaut mieux mourir par la
maladie que par la volupté. Périsse plutôt quiconque
reçoit les continuelles influences d'une méchanceté
incurable. Car, de même que les ulcères qui rampent,
font chaque jour des progrès dans les corps auxquels
ils s'attachent, en corrodant continuellement les parties saines, et résistent à tous les remèdes, jusqu'à ce
que les gens de l'art ayent porté le scalpel à l'endroit
même, dans le siége même de la maladie; de même,

chez ceux qui ont une âme virulente, putride, gan-
grenée, l'ulcère moral s'enracine toujours davantage,
et ronge par degrés les parties voisines. Il faut donc
leur amputer, leur arracher les parties du corps qui
en sont les puissances physiques, savoir, les mains
à celui qui vole, les yeux à celui qui croupit dans le
libertinage, le ventre à celui qui se vautre dans la cra-
pule. On auroit beau, d'ailleurs, employer contre la
maladie, des juges, des prisons, des bourreaux, elle
iroit son train, elle chemineroit, elle gagneroit sans
cesse. Car il n'y a point de remède contre les progrès
de la méchanceté, lorsqu'une fois imprégnée dans
l'âme, elle trouve pour se nourrir un aliment homo-
gène, avec une puissance sans bornes, et une impu-
deur qui n'a point de frein (24).

N O T E S.

(1) Reiske remarque que cette Dissertation est dirigée contre les
Cyrénaïques, qui prétendoient que les maladies de l'âme étoient
moins graves que les maladies du corps.

(2) C'est le début d'une Hymne ancienne en l'honneur de la Santé,
composée par Ariphron de Sicyone. Cette Hymne est en entier dans
les *Dipnosophistes d'Athénée*, liv. 15. Lucien cite le même fragment
de cette Hymne, dans son Traité, *pro lapso inter salut.* Tom I, p. 493.

(3) Cette phrase est vraiment d'une longueur à faire perdre haleine
à l'esprit, si je peux m'exprimer ainsi; mais les idées y sont enchâs-
sées de manière, qu'il m'a paru impossible de la couper sans altérer
le sens du texte.

(4) N'est-ce pas le cas d'appliquer ici au peuple François ce mot
d'Horace :

> . . . . *Mutato nomine, de te*
> *Fabula narratur.*

Que seroit-il, en effet, devenu, au milieu de son marasme démagogi-
que, sans le secours de son Périclès ?

(5) Le lecteur curieux de voir le portrait du Peuple, sous le rapport politique, dessiné en miniature de main de maître, le trouvera dans le livre *de la Sagesse* de Charron, chapitre intitulé, *du Peuple*.

(6) Il faut entendre ici ce mot dans un sens générique, et le prendre pour l'*humeur peccante* de l'âme, si l'on peut s'exprimer ainsi, qui provoque et détermine toutes les actions réprouvées par les règles de la morale.

(7) Le texte porte littéralement, « La chose au secours de laquelle » on vient est la meilleure, celle qu'on punit est la pire ».

(8) Le texte offre ici une lacune évidente. C'est celle d'une phrase où notre Auteur avoit placé l'antithèse de la phrase précédente. Cette remarque n'a point échappé à la sagacité de Markland. *Post hæc quoque*, dit-il, *claré deest integra ἔσσις, in quâ homo animæ morbo laborans describebatur συκοφαντῶι vel τιμωρητιχῶι, etc. prout in præcedenti et subsequenti commate factum, sensus facilé perspicitur. Verba non nisi ex manuscriptis expectanda. Sed defectus est manifestissimus.*

(9) On voit qu'anciennement, comme aujourd'hui, cette contrée de l'Afrique qui tient à l'Égypte, a été sujette à la peste.

(10) Voyez ci-dessus la note 4.

(11) C'est dans le 3ᵉ. chant de l'*Iliade*, vers 130, un mot d'Iris à Hélène, qu'elle invite à venir voir le coup-d'œil des deux camps des Troyens et des Grecs, pendant que les deux armées se reposent.

(12) Sphactérie étoit une île, dont Pausanias fait mention à la fin du quatrième livre de sa *Description de la Grèce*. Cet Auteur dit à cet endroit-là, que dans cette île étoit un monument en mémoire des succès que les Athéniens y avoient obtenus contre les Lacédémoniens. Suidas rapporte que les Athéniens, impatiens de la longueur d'un siége formé par leurs troupes dans l'île de Sphactérie, y envoyèrent Cléon. Il est donc probable que Maxime de Tyr a pris ici un nom pour un autre, et qu'au lieu de Sphactérie, où Cléon eut des succès, il a eu en vue Amphipolis, ville de Macédoine, sur les frontières de la Thrace, où Cléon périt en combattant contre Brasidas, Général de Lacédémone. *Voyez* Thucydide, au commencement du cinquième livre.

(13) Diogène-Laërce rapporte plusieurs versions sur le genre de mort de Phérécyde. Il raconte, sur la foi d'Hermippus, que la guerre ayant été déclarée entre les Éphésiens et les Magnésiens, notre philosophe prit parti pour les premiers. Il rencontra quelqu'un sur son chemin, et lui demanda d'où il étoit. Le passant lui répondit qu'il étoit d'Éphèse. « Eh bien », lui dit-il, « prends-moi par les jambes, traine- » moi jusque sur le territoire des Messéniens, et tu diras à tes conci- » toyens, de m'enterrer à l'endroit où tu m'auras laissé, après qu'ils

„ auront remporté la victoire sur leurs ennemis „. Ce qui eut lieu. D'autres prétendent qu'il mourut de la maladie pédiculaire, maladie affreuse, et qui produit d'horribles souffrances. C'est probablement au dernier de ces deux genres de mort que Maxime de Tyr fait allusion. Car le premier, n'en déplaise à Hermippus, me paroit un peu apocryphe. Ménage doit en avoir eu la même opinion, puisqu'il ne s'y est point arrêté dans ses savantes observations sur le Biographe Grec.

(14) La fin de cette phrase est très-difficile à rendre. Le grec porte littéralement, *nud à nud, ami à ami, libre à libre*. Les interprètes Latins ont traduit, *nudum nudo, amicum amico, liberum libero*. Le françois ne comportoit point cette tournure. Si je ne me trompe, il y a ici une faute de copiste, dont je ne vois pas qu'aucun annotateur se soit douté. Si, au lieu de φίλος φίλῳ, on lisoit ψίλος ψίλῳ, le sens en vaudroit mieux, d'autant que l'adjectif ψίλος a une acception de synonymie avec γυμνὸς qui le précède.

(15) Pacci a traduit, *quale femur;* Heinsius a traduit, *quantos genuum orbes*, ce qui est correct; et Formey, je ne sais pourquoi, a laissé-là *le fémur* et *le genou,* pour parler *des reins.* J'ai cru devoir rendre la lettre du grec, principalement parce que Camérarius a observé sur ce vers d'Homère, *sunt intelligendi illi tori qui circa genu in robustis corporibus apparent, bonæ constitutionis indices.* Au surplus, Davies remarque avec raison, qu'Homère n'a point mis ce vers dans la bouche d'Ulysse, comme Maxime de Tyr semble l'insinuer. C'est un des amans de Pénélope qui parle ainsi d'Ulysse lui-même, en le voyant se préparer à combattre Irus.

(16) Cette exclamation est empruntée du Philoctète d'Æschyle.

(17) Suivant Heinsius, cette apostrophe appartient, comme la précédente, au Philoctète d'Æschyle. Cette idée d'envisager la mort comme le suprême remède des maux de l'humanité, a fourni de très-beaux lieux communs aux poëtes de l'ancienne Grèce. Stobée nous en a conservé une précieuse collection, à la tête du 119e. de ses Discours.

(18) C'est une comparaison dont se sert Homère, au 468e. vers du second chant de l'*Iliade,* en parlant de l'armée des Grecs.

(19) N'en déplaise à Maxime de Tyr, l'exemple me paroit assez mal choisi. Ce n'étoit à rien qui fût propre et personnel à Philoctète, que le destin avoit attaché la prise de Troie. C'étoit, comme on le verra dans la note suivante, aux flèches d'Hercule, dont ce Prince Grec étoit possesseur. Comment concilier d'ailleurs ce que notre Auteur dit ici de la vigueur, de l'énergie de l'âme de Philoctète, avec le reproche qu'il lui a fait, dans la section précédente, de pousser des cris, *de maudire son pied, et d'appeler la mort à son secours.*

L 4

(20) Hercule, en reconnoissance de ce que Philoctète avoit construit le bûcher qui devoit consumer son corps, lui fit présent de ses flèches. Il étoit dans les Décrets du destin que la ville de Troye ne pourroit être prise, si les flèches d'Hercule n'étoient employées à combattre les Troyens. Hélénus fit connoître cet arrêt du destin; et alors ces mêmes Grecs qui avoient abandonné Philoctète dans l'ile de Lemnos, furent forcés de lui envoyer une ambassade, pour l'inviter à venir les joindre. Ulysse et Diomède furent chargés de la commission, et ils enlevèrent Philoctète, qui refusoit de les suivre. Le Scholiaste de Pindare nous apprend de quelle manière fut guérie cette morsure de couleuvre qui fit souffrir ce Prince pendant si long-temps. « Denis », dit-il, sans spécifier lequel, « raconte qu'Apollon, consulté sur » le compte de Philoctète, répondit qu'il devoit prendre un bain. Le » bain pris, il s'endormit. Machaon profita de ce moment pour cou- » per toutes les chairs que l'ulcère avoit rongées. Il bassina la plaie » avec du vin. Il y appliqua une plante, dont Chiron avoit fait con- » noître la propriété à Esculape; et le héros fut guéri ». Voy. le *Scholiaste de Pindare*, sur la première des Pythiques, au 109e. vers. Voy. aussi *Hyginus*, fable 102.

(21) Critias, c'est celui des trente Tyrans établis à Athènes, qui se rendit le plus odieux par son despotisme et ses cruautés.

(22) J'ai suivi la correction de Markland, qui lit tout court $\pi \acute{\alpha} \sigma \eta$ $\pi \acute{o} \lambda \epsilon \iota$, au lieu de $\tau \tilde{\eta}$ $\pi \acute{\alpha} \sigma \eta$ $\pi \acute{o} \lambda \epsilon \iota$. Il est évident que l'article a été mal à propos inséré par les copistes.

(23) Markland aime mieux lire $\grave{\alpha} \delta \rho \grave{o} \varsigma$, *validus*, que $\grave{\alpha} \beta \rho \grave{o} \varsigma$, *mollis*. Cette conjecture m'a paru judicieuse, et je l'ai adoptée.

(24) C'est à la lettre l'hydropisie dont parle Horace :

Crescit, indulgens sibi, dirus hydrops.

Paris, le 14 floréal an IX. (4 mai 1801.)

DISSERTATION XIV.

Qu'est-ce que l'Esprit familier de Socrate (1)?

VOUS vous étonnez que Socrate eût un Esprit familier qui l'aimoit, qui lui faisoit prévoir l'avenir, qui l'accompagnoit partout, qui étoit comme de moitié avec lui dans toutes ses pensées ; Socrate, cet homme si distingué par la propreté de son corps, par les bonnes qualités de son âme, par l'austérité de sa manière de vivre, par la sagacité de son intelligence, par le charme harmonieux de ses discours, par sa piété envers les Dieux, par son respect pour ses semblables (2). Eh ! pourquoi vous en étonnez-vous, tandis que d'un autre côté vous ne vous étonnez point qu'à Delphes, une femme du peuple, la première venue ; à Dodone, un Thesprotien ; dans le Temple de Jupiter Ammon, un Lybien ; à Claros (3), un Ionien ; à Xanthe (4) un Lycien ; à Ismenès, un Béotien (5) ; soient chaque jour dans le commerce le plus intime avec les Dieux, et qu'ils sachent parfaitement non-seulement ce qu'ils doivent eux-mêmes, ou faire, ou ne pas faire ; mais encore qu'ils rendent des oracles, soit en public, soit en particulier, sur la conduite que doivent tenir ceux pour l'interêt desquels ils sont consultés ? Est-ce parce que la Pythonisse, assise sur un trépied (6), remplie du souffle des Dieux, répond, avec cet appareil, aux questions qui lui sont faites ? Est-ce parce que dans l'Ionie l'interprète des Dieux puise de l'eau dans une fontaine, la boit, et prononce ensuite son oracle ? Est-ce parce qu'à Dodone, s'il faut en croire les

Thesprotiens, on doit avoir passé la nuit sur la dure, ne pas s'être lavé les pieds, rendre un culte religieux à un chêne, pour apprendre de lui à lire dans l'avenir ?

II. Dans l'antre de Trophonius (7), (car le demi-Dieu de ce nom avoit aussi son oracle, dans la Béotie, auprès de la ville de Lébadie) dans cet antre, celui qui avoit besoin de consulter le Dieu étoit revêtu d'une espèce de grande robe de pourpre, qui lui descendoit jusqu'aux pieds. Il prenoit des gâteaux dans ses deux mains : il étoit introduit, ventre à terre, au travers d'une fort étroite ouverture : après qu'il avoit vu certains objets, et qu'il avoit entendu certaines paroles, on le retiroit de l'antre ; et il étoit lui-même son propre oracle. Dans cette contrée de l'Italie, qu'on appeloit la Grande-Grèce, auprès d'un lac nommé Aorne (8), étoit un antre fatidique; et les prêtres de cet antre empruntoient de leurs fonctions le nom d'évocateurs-des-âmes, sous lequel ils étoient connus. Là, aussitôt que celui qui venoit consulter l'oracle étoit arrivé, il se mettoit en oraison, il égorgeoit des victimes, il faisoit des libations, et évoquoit l'âme quelconque d'un de ses parens ou de ses amis. Alors paroissoit dans l'obscurité un spectre, difficile à distinguer, mais ayant le don de la parole et celui de prédire l'avenir. Aussitôt qu'il avoit répondu à la question qui lui étoit adressée, il disparoissoit. Homère semble avoir connu cet antre, et y avoir conduit Ulysse (9), mais, par une licence poétique, il a transporté le lieu de la scène loin de la mer qui nous environne.

III. Si tout ce que nous venons de dire de ces divers oracles est vrai, comme cela l'est réellement,

(car certains d'entr'eux sont encore aujourd'hui ce qu'ils étoient autrefois ; et des autres , il nous en reste des monumens non-équivoques, qui attestent la réputation et la vogue dont ils (10) jouissoient); il est étonnant que personne n'ait songé à regarder ce qu'on en raconte, comme des absurdités et des inepties, qu'on n'ait point élevé le moindre doute à cet égard ; que fidèle, au contraire, à l'opinion reçue de son temps, chacun soit venu consulter les oracles ; qu'après avoir entendu leur réponse, on y ait ajouté foi ; qu'après y avoir ajouté foi, on ait exécuté ce qu'ils prescrivoient ; qu'après avoir exécuté ce qu'ils prescrivoient, on leur ait donné des témoignages de vénération : et que , s'il s'agit d'un homme doué du plus heureux naturel , dont la conduite ait été dirigée par la moralité la mieux ordonnée , par la philosophie la plus vraie , par une âme parfaitement organisée (11), et que les Dieux aient jugée digne d'être en commerce avec un Esprit familier , on regarde cela comme un prodige, et l'on refuse de croire que cet Esprit familier ait servi d'oracle à cet homme dans tout ce qui pouvoit l'intéresser personnellement ; tandis qu'on ne voit point qu'un Esprit familier du même genre (12) ait été l'oracle, ni des Athéniens délibérans sur les affaires générales de la Grèce , ni des Lacédémoniens impatiens de connoître le sort d'une expédition militaire ; ni des Athlètes allans combattre aux Jeux Olympiques, curieux de savoir qui remporteroit la victoire ; ni des Plaideurs en instance devant les tribunaux, empressés d'être instruits s'ils gagneroient leur procès ; ni des Spéculateurs avides de s'enrichir, et d'être informés d'avance du succès de leurs spéculations ; ni de tous ceux qui se livrent

à toutes sortes d'entreprises, sans nul motif raisonnable de confiance, et qui, chaque jour, viennent là-
dessus fatiguer les Dieux. Peut-être, aussi, l'Esprit
familier de Socrate, étoit-il capable de répondre à
tant de questions, s'il avoit le don de lire dans l'a-
venir. Car le plus habile médecin est, sans doute,
celui qui n'est pas moins propre à traiter les maladies
des autres, qu'à traiter les siennes. Il en est de même
des constructeurs de bâtimens, des faiseurs de boucliers, et de tous ceux qui exercent les autres arts ou
professions. Mais l'avantage de Socrate consistoit en
ce qu'associé par son intelligence aux pensées des
Dieux, et ayant placé, par une conséquence de ses
relations de son commerce avec eux, ce qui le regardoit personnellement dans la sphère du *Beau* moral, il ne montroit aux autres hommes aucun sentiment de jalousie, et leur prêtoit son secours, lorsqu'il
leur étoit nécessaire.

IV. Eh bien, dira-t-on, nous accordons que cela
soit ainsi, que Socrate, par sa vertu, par ses mœurs,
par le mérite supérieur de ses qualités, ait été jugé
digne d'être en commerce avec un Esprit familier.
Mais nous désirerions savoir quel étoit cet Esprit-là.
Vous le saurez : mais auparavant répondez-moi. Pensez-vous qu'il existe dans la Nature des êtres de ce
genre, comme il existe des Dieux, des hommes, et
des brutes; ou non? Car il seroit ridicule de demander ce que c'étoit que l'Esprit familier de Socrate, si
vous n'admettiez point l'existence des êtres de cette
nature. Ce seroit comme si un insulaire, qui n'auroit
jamais vu de cheval, et qui ignoreroit entièrement
ce que c'est que ce quadrupède, entendant dire que
le Roi de Macédoine avoit Bucéphale, qu'il le mon-

toit sans qu'il remuât, tandis qu'il ne se laissoit monter par nul autre (13), demandoit ce que c'étoit que
ce Bucéphale. Celui à qui une semblable question
seroit adressée, ne sauroit comment s'y prendre, pour
peindre l'image d'un cheval aux yeux de quelqu'un
qui n'en auroit jamais vu.

V. Eh quoi ! ceux qui ne savent que penser de
l'Esprit familier de Socrate, n'ont donc jamais entendu Homère dire les mêmes choses que, Socrate
disoit de lui - même ; dire d'Achille , que discou-
rant dans un Conseil de guerre, il s'emporta contre
Agamemnon , il tira son glaive pour le frapper , et
que son bras fut retenu par une puissance divine.
Or, par cette puissance divine, il entend Minerve.
« Elle accourut », dit-il, « au secours du fils de
» Pélée, lorsqu'elle le vit en colère; elle se mit der-
» rière lui, et le prit par sa blonde chevelure (14) ».
C'est également de Minerve qu'il parle, lorsqu'il dit
de Diomède : « J'ai fait disparoître le nuage qui t'of-
» fusquoit auparavant les yeux, afin que tu puisses
» facilement distinguer un homme d'un Dieu (15) ».
Ailleurs, lorsque Télémaque est sur le point de se
présenter chez un Roi beaucoup plus âgé que lui,
dont l'aspect va lui en imposer, et auquel il ne saura
quel discours tenir, son compagnon lui dit : « Télé-
» maque, votre esprit vous offrira une partie de ce
» que vous devrez dire, et un Dieu vous suggérera
» le reste (16) » ; et il ajoute la raison pourquoi Télémaque doit compter sur cette auguste assistance ;
« car je ne pense point que vous soyez venu au mon-
» de, ni que vous vous soyez conservé jusqu'à ce mo-
» ment, sans l'intervention des Dieux (17) ». Ailleurs il dit, en parlant d'Achille : « La Déesse Junon

» fit naître ce projet dans son esprit (18) » : ailleurs il dit, au sujet de Diomède : « Minerve donna de la » force et de l'intrépidité à Diomède, fils de Ty- » dée (19) » : et dans un autre endroit, il dit du même Héros : « Minerve donna de l'agilité à ses mem- » bres, à ses pieds, et à ses mains (20) ». Vous voyez combien de personnes ont été en contact immédiat avec les Dieux.

VI. Voulez-vous que nous laissions Socrate de côté, et que nous demandions à Homère, O le plus illustre des poëtes, que veut dire tout cela ? L'Esprit familier de Socrate étoit unique, ingénu, propre à un seul individu, il ne se communiquoit point à tout le monde (21). Tantôt il dissuadoit de passer un fleuve (22); tantôt il proposoit des délais, lorsqu'il s'agissoit de l'amour d'Alcibiade (23); tantôt il déconseilloit une défense que l'on vouloit entreprendre; tantôt il ne s'opposoit pas à une mort décidée (24). Chez Homère, au contraire, le Dieu n'y est point borné à un seul individu, à une seule conjoncture, il n'y est point unique, il n'y intervient point pour des bagatelles. Il est attaché à plusieurs personnages, il se montre en diverses circonstances, il y porte différens noms, il s'y présente sous des apparences très-variées, il y parle tantôt un langage, tantôt un autre. Admettrez-vous donc quelqu'un de ces Dieux, et croirez-vous que Minerve, que Junon, qu'Apollon, que la Discorde, et tous les autres Dieux d'Homère sont quelque chose? Ne pensez pas que je vous demande si vous croyez que cette Minerve ressemble à celle qui est la fille du ciseau de Phidias, et qui ne le cède point à celle qu'Homère décrit dans ses vers, et qu'il nous peint, comme une jeune personne d'une grande beauté, ayant les yeux bleus, d'une haute taille, ceinte de son Égide, coëffée d'un casque, tenant une lance, armée d'un bouclier : ni si vous croyez que Junon ressemble à celle qui sortit du ciseau de l'Argien Polyclète, ayant les cuisses blanches, les bras d'ivoire, de très-beaux yeux, des vêtemens magnifiques, une prestance de reine, et pour siége un trône d'or : ni si vous croyez qu'Apollon soit comme le représentent les peintres et les statuaires, un très-beau garçon, ne portant point de chlamyde, armé d'un arc, et les pieds séparés l'un de l'autre, comme s'il marchoit (25). Je ne fais point de questions de cette nature. Je ne vous présume pas assez peu de sagacité pour ne pas apercevoir la vérité, et pour ne pas réduire à sa mesure ce que l'énigme enveloppe. Mais je vous demande si vous pensez réellement que tous ces emblèmes, toute cette nomenclature de Dieux, ne signifient que l'intervention de la puissance des Dieux qui prêtent, nuit et jour, leur assistance à des hommes privilégiés. Car, si vous n'admettez aucune intervention de ce genre, c'est déclarer la guerre à Homère, c'est renverser les oracles, c'est n'avoir aucune foi aux présages, c'est rejeter le pronostic des songes, c'est abandonner Socrate à lui-même. Mais, si, sans regarder tout cela comme incroyable, comme impossible, vous n'en êtes pas plus éclairé sur ce qui concerne Socrate, je changerai de question, et je vous demanderai, si vous ne regardez pas Socrate comme digne d'avoir un Esprit familier, ou si vous regardez comme impossible ici ce qui vous paroît possible ailleurs. Mais, dès que vous avez admis cette possibilité, vous admettrez les droits de Socrate, et vous ne leur ôterez rien. Si donc la chose est possible, et que Socrate y ait des droits, il ne nous reste plus, une fois fixés sur ce qui concerne Socrate, qu'à rechercher, en général, en quoi consiste la nature de son Esprit familier.

VII. Je dirai ci-après tout ce que je pense là-dessus (26). Quant à présent, rentrons en nous-mêmes, et approfondissons ce point-ci, afin de mieux saisir ce qui fera la matière de la Dissertation suivante, savoir, que les Dieux ont distribué aux hommes le vice et la vertu, comme à des athlètes dans l'arène, l'un pour être le salaire des penchans pervers, et des âmes adonnées à la méchanceté, l'autre pour être la récompense des âmes honnêtes, des inclinations saines, lorsqu'elles se distinguent par les bonnes mœurs et la probité (27). C'est aux hommes de cette dernière classe que les Dieux veulent prêter leur assistance. C'est avec eux qu'ils veulent vivre dans une sorte de communauté, étendant sur eux leur main protectrice et leur vigilance. Ils conservent l'un par des présages, l'autre par des augures, celui-ci par des songes, celui-là par des vaticinations (28), cet autre par des sacrifices. Car il est impossible à l'âme humaine de tout soumettre au creuset de la raison, enveloppée, comme elle est, dans cette seconde vie (29), de nombreux, d'épais nuages, plongée dans l'abîme, dans le gouffre des maux d'ici-bas, par lesquels elle est incessamment tourmentée. Quel est le coureur assez leste et assez sûr de ses pieds, pour ne pas tomber, en courant, dans une excavation masquée, dans une fosse cachée, dans une tranchée, dans un précipice ? Quel est le pilote assez habile, assez confiant dans son art, pour faire une traversée sans éprouver ni tourmente, ni tempête, ni bourrasque, ni coup de vent ? Où est le médecin assez profond dans la médecine, pour se

rassurer

surer contre des maladies inapparentes et inatten-
dues, lorsqu'en naissant l'une de l'autre, comme elles
le font quelquefois, elles déconcertent toutes les combinaisons, tous les raisonnemens de l'art? Où est
l'homme assez vertueux, pour faire, sans nul faux
pas, sans nulle chûte, le trajet de la vie, sujète à
mille accidens, comme le corps, livrée à mille in-
certitudes, comme la navigation, encombrée d'obstacles, comme les chemins, sans avoir besoin, au milieu de tout cela, ni de médecin, ni de pilote, ni d'un
Dieu qui lui serve de guide? La vertu est sans doute
une fort belle chose, très-facile à acquérir (30), d'une
très-grande efficace. Mais elle se mélange avec un élément mauvais en soi, vague d'ailleurs, et dénué de
consistance; élément auquel les hommes donnent le
nom de *fortune*, chose également aveugle et fugitive (31), qui rivalise avec la vertu, qui entre en
concurrence avec elle, qui est son antagoniste, et qui
souvent même l'agite et la tourmente. De même que
dans les airs un nuage, qui se place au-dessous des
rayons du soleil, nous en dérobe la lumière, et que
tout invisible qu'est alors le soleil à nos yeux, il ne
laisse pas de conserver son éclat; de même la vertu,
lorsqu'elle est traversée par les coups de la fortune,
conserve bien d'ailleurs toute sa beauté, mais le nuage
ténébreux qui se répand autour d'elle l'obscurcit et la
masque. C'est alors qu'elle a besoin qu'un Dieu vienne
à son secours, combatte pour elle, et se constitue son
champion et son auxiliaire.

VIII. Or, DIEU, celui qui est proprement ainsi (32)
nommé, et qui est vraiment tel, ne change jamais de
place. Il gouverne les Cieux et tout ce qui en compose
l'ordonnance (33). Il existe une seconde espèce de

substances immortelles, auxquelles il a donné l'être, qu'on appèle Dieux du second ordre, et qui sont placés dans l'intervalle qui sépare la terre des cieux : substances, inférieures à DIEU, mais supérieures à l'homme ; ministres des volontés de DIEU, mais qui commandent aux volontés de l'homme ; placées très-proche de DIEU, mais veillant sur l'homme avec le plus grand soin. Car l'être mortel auroit été éloigné de la contemplation et du commerce des choses célestes, de tout l'intervalle qui le sépare de l'être immortel, si ces substances du second ordre, comme un intermédiaire harmonique, ne s'interposoient par des rapports qui les attachent à l'un et à l'autre, et ne servoient comme de point de contact des deux côtés, pour faire arriver la foiblesse humaine jusqu'au Beau divin. Il en est, je pense, comme des Barbares, qui sont séparés des Grecs, par le non-usage de la langue. Mais les interprètes, en apprenant la langue des uns et des autres, leur servent tour-à-tour à se faire entendre, et établissent entr'eux les plus familières communications. De même les Dieux du second ordre s'interposent entre DIEU et l'homme, et sont entendus de l'un et de l'autre. Tels sont les Dieux qui se présentent à l'homme, qui conversent avec lui, qui ne se séparent point de lui, au milieu des vicissitudes de sa carrière mortelle, et qui lui administrent des secours, selon qu'il est nécessaire qu'ils interviennent dans les affaires humaines. Au reste, ces Dieux sont en très-grand nombre. « Il est sur la terre un nombre » infini d'immortels ministres de Jupiter (34) ». Les uns servent à la guérison des malades, les autres à fixer l'incertitude de ceux qui sont en perplexité, ceux-ci font connoître les choses cachées, ceux-là aident les hommes dans leurs travaux, ou les accompagnent dans leurs voyages. Il en est pour les Cités, il en est pour les campagnes. Il en est pour la mer, il en est pour le continent. Ceux-ci sont logés, l'un dans un corps, l'autre dans un autre corps; celui-ci chez Socrate, celui-là chez Platon, celui-ci chez Pythagore, celui-là chez Zénon, et ce dernier chez Diogène. L'un est pusillanime, l'autre est philantrope, l'un est politique, l'autre est militaire. Telles sont les inclinations naturelles des hommes, telles sont celles de ces Dieux : « Semblables à des étrangers, tantôt sous un exté- » rieur, tantôt sous un autre, ils parcourent les Cités, » pour inspecter les bonnes et les mauvaises actions » des hommes (35) ». Mais quand on a une âme où habitent le vice et la méchanceté, aucun de ces Dieux n'y vient établir son domicile pour la diriger (36).

NOTES.

(1) J'ai traduit, comme Dacier, l'*Esprit familier*. Formey a mieux aimé traduire, *qu'est-ce que le Démon de Socrate*.

(2) Formey n'a pas rendu tous ces détails. Heinsius lui-même, dans sa version, a laissé de côté δεινὸς δὲ ϕρονῶν, que Pacci a rendu par *ad sapientiam aptissimi*.

(3) Étoit-ce une ville dans le voisinage de Colophon, ainsi que le prétend Servius, dans ses *Scholies* sur l'Énéide, chant 3, vers 360; ou bien n'étoit-ce que le port même de Colophon, comme le prétend Eustathe, dans ses *Scholies* sur l'ouvrage de Denis le Géographe? Quoi qu'il en soit, cet oracle de Claros devoit avoir de la réputation, puisque Tacite, au second livre de ses *Annales*, n°. 54, rapporte que Germanicus vint débarquer à Colophon, pour consulter l'oracle d'Apollon de Claros. *Appellitque Colophona, ut Clarii Apollinis oraculo uteretur.*

(4) Xanthe, qu'il ne faut pas confondre avec les deux fleuves de ce nom, étoit, selon Strabon, une des plus grandes villes de la Lycie, dans l'Asie mineure. Mais il paroît que ce n'étoit point dans cette ville

qu'étoient le temple et l'Oracle d'Apollon, que Maxime de Tyr a ici
en vue. Ce temple et cet Oracle étoient à Patara, ville voisine de
Xanthe. Il résulte d'ailleurs du témoignage de cet historien, que cet
Oracle de Patara avoit tant de réputation, qu'il alloit de pair avec
ceux que le même Dieu avoit à Délos et à Delphes. Voyez *Strabon*,
liv. XV, p. 981, édition de Wolf; et *Pomponius-Mela*, lib. I. *Lycia*.
Une chose, par exemple, bonne à remarquer en passant, c'est que
Strabon, en parlant de la Lycie, entre dans quelques détails sur la
forme de son Gouvernement; et qu'il paroît, d'après ce qu'il en dit,
que ce Gouvernement ressembloit beaucoup, pour ne pas dire trait
pour trait, à celui qui régit aujourd'hui les États-Unis d'Amérique.

(5) Ismènes étoit une petite ville de Béotie, ainsi appelée du fleuve
du même nom, qui la baignoit, et sur les bords duquel Apollon avoit
un Oracle, d'où on lui donna le surnom d'*Isménien*. *Voy*. Étienne
de Byzance, *verbo* Ismènes.

(6) On connoît l'histoire de ce trépied d'or que des pêcheurs de Milet
prirent d'un coup de filet, dont la capture leur avoit été achetée. Dé-
bat entre les pêcheurs, qui prétendoient n'avoir entendu vendre que
le poisson qui pourroit être pris, et l'acheteur du coup de filet, qui
soutenoit avoir entendu acheter ce qui seroit pris dans le filet, quoi
que ce pût être. Apollon est consulté. Il répond que le trépied doit
être offert à celui qui est le premier entre les Sages. On le présente
tour-à-tour à chacun des sept Sages de la Grèce, qui le refusent mo-
destement, et il retourne à Apollon, qui est reconnu l'emporter en
sagesse sur tous les hommes. Certains Auteurs ont prétendu que ce
qu'on disoit du trépied de la Pythonisse n'étoit qu'une fiction fondée
sur les trois parties du temps qu'embrassoit la science fatidique, le
présent, le passé et l'avenir. *Voyez* le *Scholiaste d'Aristophane*, sur
le 9e. vers de la comédie de *Plutus*.

(7) Pausanias, dans le chap. 39 de ses *Béotiques*, ne laisse rien à désirer sur ce qui concerne l'antre de Trophonius. On doit avoir d'autant
plus de foi à ce qu'il en dit, qu'il parle en témoin oculaire. « Ce n'est
» point », ce sont ses termes; « sur des ouï-dire, que je raconte. J'ai
» vu de mes propres yeux. J'ai moi-même consulté cet Oracle ».

(8) Ce nom, qui signifie étymologiquement *sans oiseaux*, lui vient
de ce que les oiseaux qui se présentoient pour le traverser, en volant,
y tomboient roides. Virgile, au 6e. livre de l'*Énéide*, vers 238, dit,
en parlant de ce lac :

Quam super haud ullæ poterant impune volantes
Tendere iter pennis, talis sese halitus atris
Faucibus effundens supera ad convexa ferebat.
Unde locum Graii dixerunt nomine Aornum.

Il est question de ce lac et de l'étymologie de son nom, dans le *Voyage en Italie*, assez récemment publié par le citoyen Meyer, page 415. Nous remarquerons en passant que l'Imprimeur a totalement défiguré le nom grec de ce lac, et qu'au mot grec ἄορνος, il a substitué le mot barbare, ἄοσνος.

(9) Strabon s'exprime ainsi dans son cinquième livre, page 374, « Ceux qui nous ont précédés, ont attribué à l'Aorne ce qu'Homère » dit de la Nécromancie. Ils ont prétendu qu'il y avoit là un Oracle où » l'on se servoit de l'évocation des morts, et qu'Ulysse y étoit venu ». *Voyez*, en ce qui concerne la Nécromancie, le *Dictionnaire encyclopédique*, sous ce mot.

(10) Quelques enthousiastes ont débité qu'à l'avénement du Messie, tous les Oracles du paganisme étoient devenus muets, et avoient été par conséquent abandonnés. Si cette étrange prétention avoit pu se soutenir contre les nombreuses autorités qui l'ont jusqu'ici combattue, elle seroit forcée de céder ici. Car je ne pense pas qu'on puisse s'exprimer plus disertement, plus formellement que ne le fait en cet endroit Maxime de Tyr, lorsqu'il nous apprend que, de son temps, c'est-à-dire, cent cinquante ans au moins après l'avénement du Messie, la réputation et la vogue de certains Oracles étoient encore en pleine vigueur. Consultez le Traité curieux de Vandale, sur les *Oracles*. Vous verrez dans sa première Dissertation, qu'encore sous le règne de Constantin, les Oracles étoient suivis et vénérés par les sectaires du paganisme, mais que l'entrée de cet Empereur dans le giron de l'Église, fut le signal de leur universelle proscription et du saccagement de tous les temples où ils étoient établis.

(11) Les interprètes Latins ont lu et traduit, τύχη διεξιωτάτη. Pacci a dit, *commodâque fortunâ;* Heinsius, *nec fortunœ destitutus auxilio.* Davies a judicieusement remarqué que la fortune de Socrate n'étoit pas telle que Maxime de Tyr eût dû lui donner l'épithète διεξιωτάτη. Il a pensé qu'il falloit lire ψυχή qui fait un meilleur sens, et je l'ai suivi.

(12) Le texte semble attribuer tous les détails qui suivent à l'Esprit familier de Socrate. J'ai cru néanmoins que le vrai sens de Maxime de Tyr, étoit celui que j'ai adopté, avec d'autant plus d'apparence de raison, qu'un peu plus bas, au commencement de la section VI, notre Auteur dit positivement de l'Esprit familier de Socrate, qu'*il étoit propre à un seul individu, et qu'il ne se communiquoit point à tout le monde.*

(13) Maxime de Tyr auroit dû dire que Bucéphale n'étoit jaloux de son dos à ce point, que lorsqu'il étoit couvert du caparaçon et de son harnois de bataille. *Super hoc equo*, dit Aulugelle, liv. V, chap 2,

dignum memoriá visum quòd, ubi ornatus erat, armatusque ad prœlium, haud unquam inscendi sese ab alio nisi à Rege passus sit.

(14) Ce passage est emprunté du premier chant de l'*Iliade*, au 197ᵉ vers. Agamemnon échauffe la colère d'Achille. Celui-ci, dans sa fureur, met en délibération dans sa tête, s'il dégainera, s'il exterminera tous les chefs de l'armée des Grecs, et Agamemnon avec eux. Junon et Minerve, témoins du haut de l'Olympe, de ce qui se passe dans la tête du héros, sentent la nécessité de venir à son secours. Minerve s'élance, et arrive assez tôt pour prendre Achille par les cheveux, et le retenir.

(15) Voyez l'*Iliade*, chant cinquième, vers 127.

(16) Homère a mis ces paroles dans la bouche de Mentor. Il les adresse à Télémaque, au moment où ce jeune Prince va paroître devant Nestor. Voyez l'*Odyssée*, chant troisième, vers 26.

(17) *Voyez* l'Odyssée, *ibidem*, vers 28.

(18) Il est question du conseil de guerre, convoqué par Achille, effrayé des maux que fit, pendant neuf jours, à l'armée des Grecs, Apollon vengeant les outrages faits à Chrysès, son Grand-Prêtre, par Agamemnon. Voyez l'*Iliade*, chant premier, vers 55.

(19) Voyez l'*Iliade*, chant cinquième, dès le premier vers.

(20) *Voyez* l'Iliade, *ibidem*, vers 122.

(21) Markland s'étonne, et avec raison, qu'on n'ait pas remarqué avant lui, qu'il y avoit ici une faute grave dans le texte, et que c'étoit à contre-sens de la pensée de notre Auteur, qu'on lisoit δημοτικὸν, au lieu de ὁ δημοτικὸν. Il est évident, en effet, que Maxime de Tyr ne peut point avoir donné à l'Esprit familier de Socrate, deux épithètes contradictoires, comme le sont ἰδιωτικὸς et δημοτικὸς.

(22) Maxime de Tyr fait allusion ici à ce que dit Platon, dans le *Phœdre*, page 343.

(23) Voyez le premier *Alcibiade*. Dès le début, Socrate dit à Alcibiade, que c'est par une considération toute divine, qu'il a été empêché pendant plusieurs années de revenir à lui, quoiqu'il eût été un des premiers à l'aimer ; et un peu plus avant, il ajoute, qu'*il vient à lui, à présent que le Dieu qui le gouverne, et qui l'en a long-tems détourné, lui en donne la permission.*

(24) Dans l'Apologie de Socrate, que Xénophon nous a laissée, l'historien lui fait dire, « Deux fois j'ai résolu d'entreprendre ma défense, deux fois mon Esprit familier s'y est opposé ». Dans l'ouvrage de Platon, qui a le même titre, Socrate dit, en parlant de son Esprit familier : « C'est une voix divine qui ne se fait entendre que lorsqu'elle » veut me détourner de ce que j'ai résolu, car jamais elle ne m'exhorte » à rien entreprendre ». Après qu'il eut entendu son arrêt de mort,

dans ce qu'il adressa de particulier à ceux de ses Juges qui avoient voté pour lui, il leur fit remarquer que son Esprit familier ne l'avoit empêché, ni de rien dire, ni de rien faire, de ce qu'il avoit fait ou dit, dans tout ce qui venoit de se passer jusques à sa condamnation, d'où il concluoit qu'il lui étoit beaucoup meilleur de mourir que de vivre.

(25) Tels sont, en effet, les traits caractéristiques de la belle statue d'Apollon, connue sous le nom d'*Apollon du Belvedère*, qui nous vient, dit-on, de l'antiquité.

(26) Maxime de Tyr désigne ici la dissertation suivante, qui roule sur le même sujet que celle-ci.

(27) Heinsius n'a eu aucun égard aux trois mots qui terminent cette phrase. Probablement il les a regardés comme une sorte de pléonasme. Pacci en a pensé autrement. Il a traduit, *alteram, coronam quæ optimæ naturæ mentique ob honestas rectasque rationes proposita est.*

(28) Ce mot sera facilement entendu par ceux qui connoissent la racine latine d'où il est emprunté. Je le prends ici dans un sens générique pour tout ce qui émanoit, soit des Oracles proprement dits, soit des hommes qui faisoient profession de prédire l'avenir, tels que Calchas, Amphiaraüs, et autres.

(29) Voilà bien le dogme célèbre de la préexistence des âmes, qui joue un si grand rôle dans la philosophie de Platon.

(30) Pacci n'a pas rendu εὐπορώτατον; il ne l'a peut-être pas lu dans son manuscrit.

(31) Témoins ces deux vers de Juvénal :

> *Si fortuna volet, fies de Rhætore consul;*
> *Si volet hæc eadem, fies de consule Rhætor.*

(32) C'est par cette sorte de périphrase que j'ai cru devoir rendre tout le sens des deux mots du texte Θεὸς αὐτός.

(33) Formey a traduit, *le Ciel et tout le reste de la Nature*. Ce n'est pas cela, dans le système des Platoniciens. Ce n'est pas cela non plus dans le latin d'Heinsius, qui a fidèlement rendu l'original, *cælum regit, omniaque in eo ordinat ac disponit. In eo* n'est pas *tout le reste de la Nature.*

(34) Ce passage est emprunté du poëme *des Œuvres et des jours* d'Hésiode, vers 252. Maxime de Tyr, à son ordinaire, faute d'avoir un exemplaire du poëte sous la main, a tronqué le passage. Hésiode a dit : « Il est sur la terre un nombre infini d'immortels, fils de Jupiter, » chargés de veiller sur les hommes ». Au reste, l'expression d'Hésiode est remarquable. A la lettre, elle signifie *trente mille* : et de là, peut-être, est venue l'opinion que les païens admettoient *trente mille* Dieux. *Voyez* ci-dessous la dernière note.

(35) C'est ainsi que s'exprime dans l'*Odyssée*, chant 17, vers 485 *et suivans*, un des amans de Pénélope, en reprochant à Antinoüs d'avoir frappé Ulysse. Maxime de Tyr n'a cité que deux vers. Pour compléter le sens, j'ai cru devoir y joindre le troisième qui les suivoit.

(36) Cette doctrine de Platon, concernant les Dieux du second ordre, parut si ingénieuse, si raisonnable, et en même temps si brillante, que les instituteurs du Christianisme la firent entrer dans leur plan. On voit, en effet, que St. Jean, l'Auteur de l'Apocalypse, s'est emparé de cette idée; et qu'il en a tiré grand parti dans les détails de ses merveilleuses Révélations. Il est même remarquable qu'il a enchéri sur Hésiode, qui, comme nous l'avons dit un peu plus haut, portoit le nombre de ces Dieux secondaires à trente mille, τρὶς μύριοι. St. Jean compte, parmi les douze tribus des enfans d'Israël, cent quarante-quatre mille de ceux qu'il appelle *Serviteurs* de DIEU ; savoir, douze mille de chaque tribu. Voyez l'*Apocalypse*, chap. 7. Ses *Anges*, ses *Archanges*, ses *Chérubins*, ses *Séraphins*, ses *Trónes*, ses *Dominations*, ses *Principautés*, ses *Vertus*, ses *Puissances*, n'ont pas une autre origine. C'est encore cette idée platonique relative à la nécessité des puissances intermédiaires entre DIEU et l'Homme qui a produit la Légende et le culte de ses coryphées; et afin qu'il ne manquât rien à l'identité de la copie et de l'original, les *Anges Gardiens* ont remplacé les *Esprits familiers*.

Paris, le 16 floréal an IX. (6 mai 1801.)

DISSERTATION XV.

Qu'est-ce que l'Esprit familier de Socrate (1) ?

Voyons; demandons à cet Esprit familier, (car il a de la philantropie, et il est accoutumé à répondre par l'intermédiaire du corps humain, comme le fait Isménias (2) par l'intermédiaire des flûtes) demandons-lui, ainsi qu'Ulysse chez Homère (3), « Êtes-» vous un Dieu ou un homme ? Si vous êtes quelqu'un » des Dieux qui habitent l'immense Olympe », nous n'avons pas besoin de vous en demander davantage. Nous savons à quoi nous en tenir. « Mais, si vous êtes » quelqu'un des mortels qui habitent sur la terre (4) », êtes-vous un être susceptible d'éprouver les mêmes impressions que nous, de parler la même langue que nous, de naître comme nous, et de ne vivre qu'autant que nous; ou bien, attaché à la terre pour y faire uniquement votre séjour, êtes-vous d'ailleurs, sous le rapport de l'essence, supérieur aux êtres qui la peuplent? Car la substance des Dieux subalternes n'est point composée de chair, (il faut répondre (5) pour eux, ils l'ordonnent ainsi) ni d'os (6), ni de sang, ni d'aucun autre de ces élémens capables d'être séparés, dissous, fondus, et par cela même de s'évanouir. En quoi consiste-t-elle donc? Commençons par considérer la nécessité de l'existence de ces Dieux du second ordre. Ce qui est passible est contraire à ce qui est impassible : ce qui est mortel est contraire à ce qui est immortel : ce qui est dénué de raison est contraire à ce qui est raisonnable : ce qui est insensible est contraire à ce qui a du sentiment : ce qui est sans âme est contraire à ce qui en a une. Tout ce qui a une âme réunit donc deux de ces qualités; ou ce qui est immortel est impassible; ou ce qui est passible est immortel; ou ce qui est mortel est passible; ou ce qui est sensible est dénué de raison ; ou ce qui a une âme est impassible : telle est la marche de la nature. Elle descend insensiblement, et par gradation, de ce qui est supérieur et plus recommandable à ce qui l'est moins. Retrancher quelqu'un de ces intermédiaires, ce seroit saper la nature dans ses fondemens. De même, dans la série harmonique des sons, c'est des consonnances intermédiaires que dépend celle des deux extrémités du diapason (7); en descendant des sons les plus aigus aux sons les plus graves; c'est en appuyant ce passage sur les sons intermédiaires, qu'on le rend mélodieux pour l'oreille et les instrumens.

II. Pensez donc qu'il en est de l'ordre de la nature, comme de celui de la plus parfaite harmonie; et placez DIEU dans la classe de la substance impassible et immortelle, les Dieux subalternes dans la classe de la substance immortelle et passible, l'homme dans la classe de la substance passible et mortelle, la brute dans la classe de la substance dénuée de raison et sensible, la plante dans la classe de la substance qui a une âme, et qui est impassible. Pour le moment, nous laisserons à l'écart tout le reste; et nous ne nous occuperons que des Dieux du second ordre, que nous disons tenir le milieu entre DIEU et l'homme. Voyons, s'il est un moyen de les retrancher de l'échelle des êtres, sans détruire les extrémités. DIEU est-il immortel d'un côté, et passible de l'autre ? Nullement. Mais il est immortel et impassible à la fois (8). Et l'homme est-il mortel d'un côté, et impassible de l'autre? Nullement. Il est bien mortel, mais il n'est pas impassible. Que deviendra donc la substance qui est en même temps immortelle et passible? Car il doit nécessairement exister une substance qui tienne de DIEU et de l'homme, supérieure à l'homme, inférieure à DIEU, s'il doit exister une analogie entre ces deux extrèmes. Deux choses, en effet, étant distinctes et séparées par leur nature, elles ne pourront jamais se rapprocher l'une de l'autre, à moins qu'un intermédiaire commun ne vienne les mettre réciproquement en contact.

III. C'est comme si je disois : il existe une substance que nous appelons *feu*, et qui est à la fois chaude et sèche. Le froid est le contraire du chaud. L'humide est le contraire du sec. Il est donc impossible de changer du *feu* en *eau*, ou de l'eau en *feu*. Il ne seroit pas plus aisé de changer le froid en chaud, ni l'humide en sec (9). Telle est la contrariété que la Nature a établie elle-même entre ces choses. Mais elle leur a donné l'*air*, comme pour servir entr'elles de conciliateur. Il emprunte du feu la chaleur, de l'eau l'humidité; par-là s'opère le rapprochement et la communication : par-là s'effectue la transition, le passage, du feu à l'air par la chaleur, et de l'air à l'eau par l'humidité. D'un autre côté, l'air est chaud et humide, et la terre est froide et sèche. Or la sécheresse est le contraire de l'humidité, comme la froideur est le contraire de la chaleur (10). L'air ne se changeroit donc jamais en terre, si la nature n'eût placé, entre l'un et l'autre, l'eau qui leur sert comme d'arbitre, qui les concilie, qui les unit, en recevant, de la part de l'air, l'humidité, de la part de la terre, la froideur. Voici le succinct abrégé de tous les rapports du même genre. Chacune de ces choses étant composée de deux élémens contraires, on prend toujours de l'un une de ses parties, et l'on l'ajoute ensuite à l'autre : l'on sépare l'un de l'autre à moitié, et l'on rapproche l'un de l'autre dans la même proportion. C'est ainsi que les choses contraires entr'elles, et inalliables, se rapprochent néanmoins, se combinent ensemble, comme le feu avec l'air sous le rapport de la chaleur, comme l'air avec l'eau sous le rapport de l'humidité, comme l'eau avec la terre sous le rapport de la froideur, comme la terre avec le feu sous le rapport de la sécheresse. De même ici DIEU est en contact avec les Dieux du second ordre, sous le rapport de l'immortalité; les Dieux du second ordre sont en contact avec l'homme, parce qu'ils sont passibles, comme lui. L'homme est en contact avec la brute, parce que la brute est sensible comme l'homme; la brute est en contact avec la plante, parce que la plante a une âme, comme la brute (11).

IV. Portons nos regards, si l'on veut, sur l'économie du corps humain, nous verrons là encore que la nature n'a rien de brusque dans sa marche; et qu'elle a besoin du secours de quelques intermédiaires, pour opérer ses combinaisons et ses résultats. Le cheveu et l'ongle, par exemple, sont plus tendres que l'os, plus ténus que les nerfs, plus secs que le sang, plus rudes que les chairs. En un mot, en toutes choses, où il existe de l'ordre et de l'harmonie, il faut des intermédiaires. Il en faut dans la musique vocale, dans les humeurs du corps humain, dans les couleurs (12), dans le rhythme poétique, dans les décorations, dans les passions, dans les discours. A-la-bonne-heure. Cela étant donc ainsi réglé, si DIEU est impassible et immortel, et que l'homme soit mortel et passible, il faut de toute nécessité qu'entre DIEU et l'homme, existe une substance ou impassible et mortelle, ou immortelle et passible. Or la première de ces deux choses est impossible. Car il ne pourroit jamais se faire que ce qui est impassible coexistât avec ce qui est mortel. Il faut donc qu'il existe des Dieux subalternes, substances à la fois passibles et immortelles, en contact avec DIEU, du côté de l'immortalité, en contact avec l'homme, du côté de la passibilité.

V. Voici le moment de dire comment les Dieux du second ordre sont passibles et immortels à la fois. Commençons par l'immortalité. Tout ce qui périt, est ou dissous, ou fondu, ou coupé, ou rompu, ou transformé : ou dissous, comme le limon par l'eau; ou rompu, comme les champs par la charrue; ou fondu, comme la cire par le soleil; ou coupé, comme une plante par un fer tranchant; ou transformé, comme l'eau en air et l'air en feu. Or, il faut que la substance des Dieux du second ordre, si elle doit être immortelle, ne puisse être ni dissoute, ni fondue, ni coupée, ni rompue, ni transformée. Car si elle éprouvoit quelqu'un de ces accidens, adieu son immortalité : or, comment les éprouveroit-elle, si la substance d'un Dieu de ce genre n'est autre chose qu'une âme dépouillée de corps? Car, si le corps, périssable de sa nature, ne périt point tant qu'elle reste avec lui, il s'en faut beaucoup qu'elle soit susceptible de périr elle-même. Pendant que leur union dure, c'est le corps qui est soutenu, et c'est l'âme qui soutient. Car, si l'âme soutenoit autre chose, et qu'elle ne se soutînt pas elle-même, que seroit la chose qui la soutiendroit, et comment concevoir que l'âme eût une âme? Pendant que l'un est conservé par l'autre, tant qu'il en est soutenu, il faut, de toute nécessité, que cette action de soutenir cesse, lorsqu'elle est arrivée à une chose qui en soutient une autre, et qui se soutient elle-même. Sinon, où s'arrêteroit le raisonnement dans une progression qui iroit à l'infini? C'est tout comme si l'on conçoit un vaisseau lancé au milieu des flots, de manière qu'il soit néanmoins attaché à quelque roche, à l'aide de plusieurs cordages, dont l'un tient à l'autre, jusqu'à la roche, point fixe et solide, où se termine leur connexion.

VI. C'est ainsi que l'âme soutient le corps, le fait surnager au milieu de la tourmente, des flots irrités qui l'agitent, et qui le balottent. C'est elle qui le maintient là comme dans un port, et qui le conserve. Mais lorsque les nerfs sont fatigués, ainsi que le souffle vital, et les autres choses qui lui servoient comme de cordages, à l'aide desquels il avoit jusqu'alors été soutenu par l'âme, il périt, il descend dans les abymes; tandis que l'âme se sauve comme à la nage, parce qu'elle se soutient et se conserve elle-même. Dès-lors l'âme prend le nom de Dieu du second ordre, substance habitante de l'éther, où elle est transplantée en quittant la terre, comme si elle se transplantoit de chez les Barbares chez les Grecs (15), d'une Cité livrée à l'anarchie, à la tyrannie, à la sédition, dans une autre Cité, où régneroient la paix, l'ordre et un gouvernement sage. Il me paroît qu'il en est à peu près comme de cet emblème d'Homère, lorsqu'il dit que Vulcain a fabriqué un bouclier d'or, sur lequel il a représenté deux Cités, dans l'une desquelles ce ne sont que « noces, que fes-« tins (14) », que danses, que chants, que fêtes; et dans l'autre on ne voit que guerres, que querelles, que ravages, que combats, que tableaux de douleur, de gémissemens, et de désespoir. Tel est le contraste entre la terre et l'éther (15). Celui-ci est un lieu de paix, qui ne retentit que des cantiques des Dieux du second ordre, et du bruit de leurs danses. La terre, au contraire, est un chaos plein de tumulte, de fracas, et de dissensions. Lorsque l'âme a été transplantée de celle-ci dans l'autre, qu'elle a été délivrée du corps, qu'elle l'a abandonné à la terre, pour le dévorer, à l'époque qui lui a été assignée, et conformément à la loi qui l'avoit réglé, elle prend sa place parmi les Dieux du second ordre, après avoir quitté celle qu'elle avoit dans un corps humain (16); elle contemple, dans toute la pureté de ses yeux, le spectacle qui lui est approprié, sans être offusquée par nulle enveloppe corporelle, sans être éblouie par les couleurs (17), sans être distraite par la variété des formes, sans qu'aucun épais nuage vienne intercepter ses regards; elle contemple le *beau* proprement dit, de ses propres yeux, et nage dans la joie de cette contemplation. La vie d'où elle sort lui fait pitié à elle-même. Elle s'applaudit du bonheur de la vie où elle entre. Elle éprouve le sentiment de la commisération pour les âmes de même nature qu'elle (18), qui sont encore plongées dans le tourbillon sur la terre; et ce sentiment de philantropie lui fait désirer de se réunir à elles, et de leur servir comme de guide et de sauvegarde. D'ailleurs, DIEU lui-même lui ordonne de se rendre sur la terre, de s'y incorporer en quelque sorte avec les hommes, quelles que soient leurs inclinations, leur condition, leurs opinions, et leur profession ; d'y être l'auxiliaire des gens de bien ; d'y venger les opprimés ; d'y punir les méchans (19).

VII. Ce n'est pas que chacun des Dieux du second ordre soit propre à tout. Chacun d'eux a, ici-bas, des attributions distinctes, des fonctions particulières. Et voilà, sans doute, cette passibilité, sous le rapport de laquelle ces Dieux sont inférieurs au DIEU suprême. Ils ne veulent point changer les inclinations et les habitudes qu'ils eurent pendant qu'ils étoient sur la terre (20). Esculape professe encore la médecine. Hercule est encore la terreur des monstres et des brigands. Bacchus célèbre encore ses bacchanales. Amphilochus prédit encore l'avenir. Castor et Pollux continuent de naviguer ; Minos de rendre la justice ; Achille de combattre. Dans le Pont-Euxin, à l'embouchure du Danube, est une île où Achille habite (21). Là, Achille a un temple ; là, Achille a des autels. On ne va à cette île que pour y offrir des sacrifices. Quand les sacrifices sont achevés, on entre dans le temple (22). Des matelots y ont vu plusieurs fois un homme qui ressembloit à un Dieu, qui avoit la chevelure blonde, qui avoit une allure militaire, qui étoit couvert de ses armes, lesquelles armes étoient d'or. D'autres ne l'ont vu en aucune manière, mais ils l'ont entendu, chantant des hymnes guerrières. D'autres l'ont vu et entendu en même temps. S'il arrive à quelqu'un de s'endormir volontairement dans l'île, Achille l'éveille, il le conduit dans sa tente, et il lui donne une fête. Patrocle verse le vin, Achille joue de sa lyre. On dit même que Thétis y assiste, ainsi que beaucoup d'autres Dieux de cet ordre. Les Troyens prétendent également qu'on voit Hector habituellement à l'entour de

Troye,

Troye, se promener militairement dans la campagne, revêtu de brillantes armes. Quant à moi, je n'ai vu ni Achille, ni Hector, mais j'ai vu Castor et Pollux, au-dessus d'un vaisseau, astres brillans, qui le dirigeoient au milieu de la tempête (22). J'ai vu aussi Esculape, mais non pas en songe. J'ai vu aussi Hercule, et j'étois éveillé (23).

NOTES.

(1) Plutarque, dans une de ses Morales, a traité la même question. Apulée l'a traitée également. Ces deux Auteurs sont plus ou moins entrés dans le fond de leur sujet. Au lieu que la Dissertation qu'on va lire, ne dit pas un mot de l'Esprit familier de Socrate. Elle ne roule que sur la nature et les fonctions de ce que les Platoniciens appeloient *Dieux du second ordre*.

(2) Le célèbre Scholiaste d'Homère, Eustathe, nous apprend, dans ce qu'il a dit sur le neuvième vers de la partie du chant second de l'*Iliade*, intitulée : Κατάλογος νεῶν, qu'Isménias s'étoit fait une grande réputation dans l'antiquité, par son talent à jouer de la flûte, et qu'il étoit originaire de Thisbé, ville voisine de la mer, limitrophe du pays des Thespiens, et adossée au mont Hélicon. Voyez ce *Scholiaste*, pag. 268, édit. de 1542; et pag. 203 de l'édition postérieure. Voy. aussi *Diogène-Laërce*, liv. IV. 22, liv. VII. 125.

(3) C'est le début du Discours adressé par Ulysse à la fille d'Alci-noüs, à Nausicaa, au moment où il vient de se sauver à la nage, et de prendre terre sur le rivage des Phéaciens. Voyez l'*Odyssée*, chant 6, vers 149.

(4) C'est encore Ulysse qui tient ce langage à Nausicaa, *ibid.* vers 153.

(5) Le grec porte comme le latin d'Heinsius, *jubent enim pro se ut respondeam*. Formey a traduit, « Je prends ici la parole pour lui, et » je le fais répondre ». Qu'est devenu *jubent*, plus essentiel ici que Formey ne paroît l'avoir pensé? Pourquoi n'être pas littéral, quand on n'a que du latin si aisé à traduire?

(6) Heinsius a traduit *ossibusque*, et Formey, trompé par l'homo-phonie des mots, a écrit d'*eau*, au lieu d'*os*, ce qui est un peu dif-férent.

(7) Formey a traduit, « La différence qui se trouve entre le son le

194   MAXIME DE TYR.

» plus aigu et le plus grave, reposant sur *ces mots* qui occupent le
» milieu », et cela, parce que Heinsius a traduit, *differentia mediis
innitatur vocibus.* Voilà ce que c'est que de ne pas se douter que le mot
vox, vocis, a, en latin, une diversité d'acception que n'a point le
terme *mot* en françois. Car, qu'est-ce que *des mots qui occupent le milieu entre le son le plus aigu et le plus grave?* N'est-il pas plus clair que
le jour, que c'est de *sons* et non pas de *mots* qu'il s'agit dans ce passage?

(8) *Minimè,* dit Heinsius, *verùm immortale quid, et quod à passione
sit remotum.* Pourquoi donc Formey a-t-il pris ici le style académique,
et a-t-il traduit; « Il n'est pas moins exempt de toute passion, qu'il
» est à l'abri de tous les coups de la mort » ? Le didactique (et en
cet endroit, le texte a ce caractère) ne comporte pas cette élégance
d'élocution : *Non erat his locus.*

(9) Formey ne s'est point aperçu qu'il laissoit de côté cette phrase
entière, qui d'ailleurs n'a point été omise par Heinsius.

(10) Encore ici une grave inadvertance de Formey. Il a laissé cette
phrase au bout de sa plume.

(11) Pour peu qu'on soit versé dans le platonisme, on sait que les
Platoniciens regardoient les plantes comme ayant non-seulement de
la vie, mais comme ayant une âme: Maxime de Tyr s'en explique ici
très-disertement; car le mot ἔμψυχον, qu'il a employé plusieurs fois,
signifie proprement, *qui a une âme.* Heinsius l'a toujours entendu et
traduit dans ce sens-là ; et néanmoins Formey, ne faisant pas attention, qu'en tout ce qui est didactique, un traducteur doit suivre rigoureusement son texte, et rendre *verbum verbo,* a traduit ici, « La vie
» (est commune), à la bête et à la plante », ce qui n'est pas selon la
doctrine des Platoniciens.

(12) Markland propose de lire ici ὀσμαῖς, *odeurs,* à la place de σώμασιν,
corps. Je pense bien, comme lui, qu'il y a corruption dans le texte, mais
je préfère lire χρώματα, *couleurs,* d'autant que plus bas, sect. VI, au
lieu de σωμάτων, qui se trouve dans les éditions vulgaires, l'ancien manuscrit de la Bibliothèque nationale, porte χρωμάτων ; et que Markland
remarque dans sa note, en cet endroit, que, soit Maxime de Tyr,
soit Platon, soit les autres Auteurs Grecs, sont en possession d'employer dans la même phrase, les mots χρώματα, et σχήματα, qui sont
en effet dans la phrase de la section VI ci-dessous.

(13) Heinsius a eu tort de traduire ici, *ut si quis è Barbaris ad Græcos.*
Il n'y a rien dans le texte qui motive cette transition *si quis.* C'est à
l'âme uniquement qu'appartient la phrase entière, et Pacci l'a rendue
dans ce sens-là.

(14) Iliade, chant 18, vers 491.

(15) Le grec porte littéralement, l'*Éther,* et non pas *le Ciel.* C'est

en effet, dans la région de l'Éther, intermédiaire entre le Ciel et la région de l'air, que les Platoniciens avoient établi le domicile des Dieux du second ordre. Formey a donc tort de mettre ici *le Ciel* à la place de l'*Éther*. Le langage des Platoniciens tient à leur théologie. Il ne faut donc pas les faire parler à contre-sens de leurs dogmes.

(16) « D'homme », dit Formey, « elle devient démon ». Ce n'est pas encore là le langage des Platoniciens. L'âme n'étoit pas plus l'homme que le corps ne l'étoit. L'homme étoit le composé de l'un et de l'autre.

(17) *Voyez* ci-dessus la première note de la section IV.

(18) « Avec lesquelles », dit Formey, « elle a de l'affinité ». J'en demande pardon à ce traducteur. Mais entre les âmes individuellement considérées, il y a quelque chose de plus que de l'affinité.

(19) *Hac lege*, dit Heinsius, *ut bonis auxilium ferant, qui injuriâ afficiuntur ab eâ vindicent, qui inferunt puniant.* C'est, en effet, le texte. Mais Formey n'a pas voulu traduire ces lignes, peut-être parce qu'il a regardé comme un sacrilége, à lui protestant, de faire empiéter les Démons, pour me servir de son expression, sur l'apanage de DIEU, et de consacrer la doctrine de la grâce admise par l'Église Romaine, en faisant remonter son origine à la doctrine de Platon. C'est ainsi que dans ces temps de ténèbres, où les manuscrits des ouvrages de l'Antiquité n'étoient qu'entre les mains des moines ; ceux-ci se permettoient, en les copiant, lorsque, d'ailleurs, ils en savoient assez pour les entendre, d'y retrancher ou d'y ajouter, selon leur caprice.

(20) Les Anciens pensoient que les âmes, séparées du corps, conservoient les mêmes goûts, les mêmes affections qu'elles avoient pendant qu'elles lui étoient unies. Platon s'en explique très-disertement dans le *Gorgias ;* et Virgile, au sixième livre de l'*Énéide*, fait voir à Énée, dans les Enfers, le cocher de Priam,

Etiam currus, etiam arma, tenentem;

et d'autres morts faisant encore aux Enfers ce qu'ils faisoient de leur vivant,

Quæ gratia currûm
Armorumque fuit vivis, quæ cura nitentes
Pascere equos, eadem sequitur tellure repostos.

(21) Arrien, dans son petit ouvrage intitulé, *le Périple du Pont-Euxin*, ne laisse rien à désirer touchant l'île en question. Il entre dans les plus grands détails sur le temple qu'Achille avoit dans cette île, sur le genre de sacrifice qu'on lui offroit, sur l'Oracle qui étoit attaché à ce temple, et sur les oiseaux de mer qui en étoient comme

les Sacristains. A la vérité, il ne dit rien de la particularité rapportée plus bas par Maxime de Tyr, au sujet de ceux qui s'endormoient dans cette ile. Ce qui est bon à remarquer, c'est qu'Arrien déclare que tout ce qu'il en raconte, il le tient de personnes qui ont abordé dans cette île, ou qui lui en ont parlé par ouï-dire. Il ajoute que tout cela lui paroît très-digne de foi; car le moyen qu'Achille, à qui Homère a donné tant d'éloges, de qui l'on raconte tant d'exploits, et qui fit à l'amitié le sacrifice de sa vie, ne soit pas au rang des Héros, ou des demi-Dieux! C'est ainsi que les hommes faits par leurs lumières pour combattre l'ignorance et la superstition, contribuoient à en épaissir les ténèbres.

(22) Dans le texte grec, sur lequel Heinsius a traduit, il a lu νήσῳ au lieu de νηός, que Davies y a substitué, sur la foi de l'ancien manuscrit de la Bibliothèque nationale. Il eût, en effet, été bizarre d'être obligé de faire les sacrifices à bord, avant de mettre le pied dans l'ile.

(23) Sénèque, dans ses *Questions naturelles*, liv. I, chap. 1, dit, qu'au milieu d'une tempête, on voit Castor et Pollux, se placer en forme d'étoiles au-dessus des mâts, et que les marins croient que c'est par le secours de ces Dieux qu'ils échappent au danger. Arrien, dans son *Périple du Pont-Euxin*, que nous venons de citer, dit en effet, que Castor et Pollux se montrent réellement aux navigateurs ἐναργεῖς φαινόμεναι. Pline, au livre second de son *Histoire naturelle*, §. 37, dit en propres termes, *vidi nocturnis militum vigiliis, inhærere pilis pro vallo effigie eâ*. Il parle, comme on voit, en témoin oculaire, *vidi*, et ne sachant comment rendre raison de ces phénomènes, il s'en tire, en disant, *omnia incertâ ratione et in naturæ majestate abdita*. Bien plus réservé en cela que le vulgaire des Docteurs, qui s'ingèrent d'expliquer ce qu'ils ne sauroient *comprendre*. Cette sage réflexion de Pline l'ancien en rappèle une non moins sage de Montaigne, l'Auteur des « *Essais* : « Les miracles », dit-il, « sont, selon l'ignorance, en quoi » nous sommes de la Nature, non selon l'être de la Nature ». Liv. I, chap. 22.

(24) Voilà Maxime de Tyr, qui dit également avoir vu Castor et Pollux, en forme d'étoiles; avoir vu Esculape et Hercule. Les philosophes et les Platoniciens de profession n'étoient donc pas plus exempts que les autres de la maladie des visions.

Paris, le 18 floréal an IX. (8 mai 1801.)

DISSERTATION XVI.

Si nos connoissances sont des réminiscences (1).

Un Crétois, nommé Épiménide, vint à Athènes. Dans une conversation, il y débita une chose assez difficile à croire, savoir : Qu'il étoit demeuré longues années plongé dans un profond sommeil (2), dans l'autre de Jupiter Dictéen ; et, qu'en songe, il avoit été en relation avec les Dieux, avec les enfans des Dieux, avec la Vérité, avec la Justice. Dans ce discours, Epiménide ne faisoit, à mon avis, que dire, sous le voile d'une fiction, que la vie de l'homme, sur la terre, n'étoit pour son âme qu'un songe long et de plusieurs années. Il eût été bien plus digne de foi, s'il eût ajouté à ce qu'il disoit, ce que dit Homère en parlant des songes. Car il dit quelque part que les songes fugitifs ont deux portes, l'une d'ivoire, et l'autre de corne ; que ceux qui passent par la porte de corne sont vrais, et méritent confiance ; que les autres sont suspects, trompeurs, et n'apportent rien de bon à l'âme lorsque l'on est éveillé. Tel étoit le but du discours d'Épiménide, soit que ce fût une fable qu'il racontoit, soit qu'il parlât vrai. En effet, elle n'est ici bas qu'un rêve, cette vie, où l'âme, comme enfoncée dans le corps, par l'abondance et l'intensité des besoins physiques, reçoit à peine, même en songe, des notions de la vérité des choses. D'ailleurs, les songes des âmes vulgaires leur arrivent par les portes d'ivoire. Mais, s'il est des âmes pures, tempérantes, sur lesquelles l'abondance et l'intensité des

N 3

besoins physiques n'exercent qu'une médiocre influence, il est dans l'ordre que les songes leur arrivent par d'autres portes, et qu'ils se présentent à elles sous des apparences claires, distinctes, et très-voisines de la vérité. Tel étoit le songe d'Epiménide.

II. D'ailleurs, Pythagore de Samos fut le premier des Grecs (3) qui osa dire que son corps mourroit, mais que son âme s'envoleroit, sans être sujète, ni à la mort, ni à la vieillesse. Car elle existoit avant de venir sur la terre. Les hommes adoptèrent cette doctrine. Ils crurent, ainsi qu'il le leur disoit, qu'il avoit auparavant existé sur la terre dans un autre corps, et qu'il avoit été autrefois Euphorbe le Troyen. Il entra un jour dans un temple de Minerve (4). Les offrandes qui avoient été consacrées à la Déesse, dans ce temple, n'étoient ni nombreuses, ni variées. On y voyoit un bouclier dont la forme annonçoit qu'il avoit appartenu à un Phrygien, mais dont la vétusté avoit oblitéré les empreintes. A l'aspect de ce bouclier, Pythagore dit : « Je le reconnois, il me fut en- » levé par celui qui me donna la mort, autrefois, » sous les murs d'Ilion, dans une bataille ». Les citoyens du lieu, étonnés de ce discours, détachèrent le bouclier de sa place, et ils y lurent cette inscription : « Ménélas consacre à Minerve cette dépouille » d'Euphorbe (5) ». Veut-on que je raconte une autre merveille de ce genre. A Proconnèse (6) étoit un homme dont le corps s'étendoit à terre, conservant quelque respiration, mais si foible, qu'on l'eût pris pour un cadavre ; tandis que son âme, prenant son essor, s'élançoit dans les régions de l'Éther, à l'instar d'un oiseau, s'y promenoit en contemplant tout ce qui étoit au-dessous d'elle, la terre, la mer, les fleuves, les cités, les mœurs des peuples, leurs passions, leurs caractères divers. De là elle rentroit dans le corps, elle le ressuscitoit; et, s'en servant comme d'un instrument organique, elle racontoit tout ce qu'elle avoit vu et entendu, de côté et d'autre.

III. Que veulent donc dire Epiménide, Pythagore, et Aristéas avec de semblables énigmes? Désignent-ils autre chose que cet état de repos où est l'âme de l'homme de bien, lorsque supérieure à toutes les affections, à toutes les passions du corps, lorsque affranchie de toutes les tribulations dont il est l'objet, elle dirige sur elle-même l'action de l'entendement, et qu'écartant les illusions et les prestiges, elle contemple de nouveau (7) la vérité dans sa source? Voilà l'emblème d'un beau songe, d'un songe où les objets se montrent sous des apparences réelles et manifestes. Voilà l'emblème d'une âme qui prend l'essor, qui s'envole dans les régions intermédiaires, non pas au-dessus des sommités des montagnes, dans une atmosphère ténébreuse et agitée, mais encore au-dessus, dans cette région de l'Éther, séjour invariable de la sérénité et du calme, où tout invite à la contemplation de la vérité. Mais quel est le mode de ce genre d'essor, de cette sorte d'exaltation de l'âme, et quel nom lui donnerons-nous, qui puisse lui convenir? Dirons-nous qu'elle est l'action d'apprendre, ou, selon la doctrine de Platon, l'appellerons-nous l'action de se ressouvenir? Ou bien, donnerons-nous ces deux dénominations, l'action d'apprendre et l'action de se ressouvenir à une seule et même chose? Or, il en est ici comme de certaines maladies que l'œil éprouve (8). Il conserve toujours la faculté de la vision, mais une humeur nébuleuse, s'étant accidentellement répandue

autour de son organe, et l'ayant enveloppé, intercepte toute communication entre elle et les objets visibles. Que l'art vienne au secours de l'œil, et le gué-
risse, il ne lui rend pas la vision, il écarte l'obstacle
qui empêchoit son exercice, et il rouvre le champ à
son expansion. Regardez de même l'âme comme un
organe visuel, dont la fonction est de contempler,
de scruter, et de connoître la nature des choses. Les
divers accidens, auxquels les corps sont sujets, produisent une épaisse obscurité qui se répand autour
d'elle, qui intercepte toute action de sa part, en lui
ôtant sa perspicacité, en éteignant la lumière qui lui
est propre; et lorsque la raison vient à elle, comme
un médecin, elle ne lui apporte point la science,
qu'elle ne possède point elle-même; mais elle excite,
elle réveille une faculté que l'âme possède, et qui
étoit offusquée, entravée, et engourdie chez elle.

IV. De la même manière donc que les sage-femmes
prètent leurs bons offices aux femmes enceintes, qu'elles
leur administrent les secours de l'art, qu'elles aident
à l'enfantement, lorsque le moment en est arrivé, et
qu'elles font cesser les douleurs; de la même manière
la raison remplit auprès de l'âme, dans un état tout
pareil à celui d'une femme enceinte, les fonctions
que nous venons de décrire (9). Mais la plupart des
âmes ne produisent que des avortons, soit à cause
de l'impéritie avec laquelle sont exercées, à leur
égard, les fonctions dont nous venons de parler, soit
à cause de la violence des douleurs qui accompagnent
pour elles ce genre d'enfantement, soit à cause de
l'insuffisance des efforts que fait ce qui doit éclore,
pour se faire jour. Elles sont d'ailleurs rares, et en
petit nombre, les âmes qui arrivent à terme, et dont

la progéniture bien conformée, bien conditionnée, ne dégénère point de son extraction. Cette sorte de grossesse, de la part de l'âme, s'appelle *intelligence* : les douleurs qui l'accompagnent s'appèlent *sensation* : l'enfantement s'appèle *réminiscence*. Or, c'est la Nature qui met toutes les âmes dans le premier état, c'est l'habitude qui leur aide à en supporter les douleurs, c'est la raison qui leur sert comme de sage-femme. De même donc qu'il est impossible que rien vienne au monde sans germe, ou qu'il y vienne d'une nature différente de son germe, car un homme vient d'un homme, un bœuf vient d'un bœuf, un olivier vient d'un olivier, un cep de vigne vient d'un cep de vigne; de même, si l'âme a quelque perception, quelque notion de vérité, il faut nécessairement que ces germes de vérité soient comme implantés en elle. Or, s'ils y sont implantés, c'est de tous les temps. Or, s'ils y sont implantés de tous les temps, ils sont immortels. Lorsque les germes implantés dans l'âme fleurissent et parviennent à leur maturité, voilà sans doute ce qui constitue la science. Et ce que les hommes appèlent *ignorance*, qu'est-ce autre chose que la *stérilisation* de ces germes (10)?

V. Si donc l'âme étoit, comme le corps, une substance mortelle, périssable, sujète à la dissolution, à la pourriture, je n'aurois rien de recommandable à dire d'elle. Car je n'ai rien de pareil à dire du corps. Il n'a qu'une existence éphémère. Il est exposé à périr par une infinité d'accidens. On ne peut compter sur rien en ce qui le concerne. Il n'offre qu'incertitude et désordre. Si telle étoit la nature de l'âme, elle ne sauroit rien, elle ne se ressouviendroit de rien, elle n'apprendroit rien. Si l'âme étoit corporelle, la cire amol-

lie par le soleil retiendroit plus facilement l'empreinte
d'un cachet qui lui seroit appliqué, que l'âme ne retiendroit ce qu'elle apprendroit. Tous les corps s'écou-
lent et disparoissent avec la rapidité des torrens. On
diroit du flux et du reflux de l'Euripe. Ils vont en
croissant, en grossissant, depuis l'enfance jusqu'à la
puberté. Ils baisssent et décroissent depuis la puberté
jusqu'à la vieillesse (11). Mais, ni Pythagore, ni Platon, ne disent, dans leurs oracles, que l'âme soit rien
de semblable. Ni Homère non plus, leur prédécesseur,
qui fait dialoguer aux Enfers les âmes entr'elles, et
qui leur conserve encore le don de prédire l'avenir.
C'est ainsi que s'exprime quelque part, dans ses poèmes,
un chanteur: «Je ne dois qu'à moi-même ce que je sais:
» quant à la voix, ce sont les Dieux qui me l'ont don-
» née (12)»; et il dit vrai. L'âme est, en effet, une chose,
qui apprend d'elle-mème, et qui doit aux Dieux cette
faculté, qui lui est naturelle. Certes, les autres animaux
s'enseignent bien, à eux-mêmes, les choses qui leur
sont propres; et personne ne dira qu'il y ait des maîtres
pour enseigner au lion à avoir de la force, au cerf à
prendre la fuite, au cheval à galoper. Les oiseaux s'enseignent aussi, à eux-mêmes, à construire leurs nids
à la cime des arbres; les araignées s'enseignent aussi,
à tendre en l'air avec un fil qui leur est propre, la toile
où doit se prendre leur proie. Les reptiles n'ont pas
besoin de leçons pour faire les trous, ni les poissons
pour faire les creux, où ils se retirent. Les animaux,
chacun selon son espèce, apprennent d'eux-mèmes
tout ce qu'ils ont à faire pour se conserver. Et l'homme, le plus intelligent de tous les êtres, ne sauroit,
qu'autant qu'il acquerroit du savoir! Il n'en acquerra
donc jamais; car pour en acquérir, il faudroit, de toute

nécessité, de deux choses l'une, ou trouver du savoir, ou apprendre; choses également impossibles, lorsqu'il n'existe point de savoir inné. En effet, celui qui trouveroit du savoir, comment s'en serviroit-il, puisqu'il en ignoreroit l'usage? Que chez Homère, un homme, qui n'a nulle idée de navigation, en rencontre un autre chargé d'un timon de vaisseau, il dira «Quel énorme » van vous portez sur vos larges épaules (15)». De qui apprendroit-il? Ce ne sauroit être de celui qui n'a point de savoir. Et s'il apprenoit de quelqu'un qui eût quelque savoir, je demanderois à celui qui lui auroit servi de maître, d'où il a appris lui-mème? Or, ce dernier doit, ou avoir trouvé le savoir, ou avoir appris. S'il a trouvé le savoir, je demanderai : Comment s'en servira-t-il, n'en connoissant pas l'usage? S'il a appris d'un autre, je répéterai ma question vis-à-vis de cet autre-là (14). Et où nous arrèterons-nous dans cette série de maîtres auxquels nous remonterons de l'un à l'autre en les interrogeant? A force de remonter, nous arriverons à quelqu'un qui n'aura rien appris, mais qui aura trouvé le savoir, et auquel nous tiendrons le même langage.

VI. Ce que nous venons de dire nous met sur la voie de l'objet de notre recherche. Car cette faculté de l'âme qui trouve le savoir, étant implantée dans son essence, enlacée dans sa nature, innée avec elle, qu'est-elle autre chose que les notions de la vérité mises dans un mouvement, dans une activité, dans un ordre, auquel on donne le nom de *science*? Veut-on s'aider ici d'une analogie empruntée de soldats qui vaguent hors du camp, et qui se débandent? Ou plutôt, à l'exemple d'Homère, supposons que la nuit règne, que l'armée est dans une pleine tranquillité, que tout le monde

y est couché chacun dans sa tente, et plongé dans le
sommeil le plus profond, « sauf Agamemnon, fils
» d'Atride, le suprême chef de l'armée, qui ne dort
» point (15) ». Il veille, au contraire, il médite ses
plans; il combine ses dispositions. « Il met la cavalerie
» et les chars à l'avant-garde; il place ensuite l'infan-
» terie, et les phalanges les plus braves, pour soutenir
» le choc du combat; les mauvais soldats, il leur fait
» occuper le centre (16) ». Qu'on suppose qu'il en soit
ainsi de l'âme. Qu'une nuit épaisse, qu'un profond
sommeil, laissent dans l'inertie ses facultés intellectuelles; tandis que la raison, qui est pour elle comme
un Général, comme un chef d'armée, quel que soit le
nom qu'on se plaise à lui donner, est en activité, tandis qu'elle réveille chacune de ces facultés, et qu'elle
leur assigne à chacune sa place et ses fonctions. Que
ce sommeil reçoive le nom d'oubli; que ce réveil
reçoive celui de réminiscence; et qu'on donne le
nom de mémoire au maintien et à la conservation
de l'ouvrage de la raison. D'ailleurs la réminiscence
s'opère d'une manière insensible. L'âme découvre les
choses l'une par l'autre; et elle passe, comme si on la
conduisoit par la main, de ce qui est à ce qui doit être.
Telle est, sans doute, la marche de la réminiscence, en
ce qui concerne les choses humaines.

VII. Chez les Phéaciens, Démodocus chante, dans
un festin, sur « une querelle entre Ulysse et Achille
» fils de Pélée (17) ». Ulysse est présent, il entend Démodocus, il se reconnoît dans ce qu'il entend, et il
pleure. N'est-il pas probable que le récit de cet évènement servit à transporter l'âme d'Ulysse dans les
lieux mêmes où il s'étoit passé; et que, tandis que
son corps ne bougeoit point de chez les Phéaciens, et

qu'il buvoit avec eux, son âme, prenant son essor
sur les aîles de la mémoire, par une si foible cause,
se retrouva sous les murs d'Ilion; qu'elle y passa en
revue chacune des choses dont jadis elle y fut témoin; et qu'elle s'y promena au milieu de la plupart
des objets qui l'avoient autrefois touchée? Ne voit-
on pas des individus se rappeler, à l'aspect d'une
lyre (18), les beaux momens passés auprès de la personne qui se servoit de cet instrument? La réminiscence
est une chose agile et rapide. De même que ceux d'entre les corps qui se meuvent facilement, ont besoin
d'une main qui leur donne l'impulsion; et qu'après
l'avoir reçue, ils conservent long-temps le mouvement
qui en provient; de même, quelque léger que soit le
branle que l'on donne à l'entendement par l'impulsion de la mémoire, qui est chez lui le résultat de la
sensation, il parcourt successivement plusieurs choses, par la réminiscence. Car je pense que chacune des
choses qui existent, ou qui ont existé, et avec lesquelles l'âme a eu quelques relations, se lient, s'enchaî-
nent avec elle, de manière que l'idée de l'une traîne à
sa suite l'idée de l'autre, ou sous le rapport du temps,
comme dans la succession du jour et de la nuit, de la
jeunesse et de la vieillesse, de l'hiver et du printemps;
ou sous le rapport des affections. C'est ainsi que la
beauté produit l'amour, l'injure la colère, la prospérité la volupté, et l'infortune la douleur; ou sous le
rapport des lieux, comme lorsqu'Homère parle de
ceux qui habitoient « et Pharès, et Sparte, et Messé
» fameuse par ses pigeons (19) »; ou sous le rapport
politique, comme lorsque le même poëte dit, « et Pé-
» nélée, et Léitus, et Arkésilas, et Prothoénor, et
» Klonion , commandoient les peuples de la Béo-

» tie (20) » ; ou sous le rapport de la bravoure et du courage, comme lorsqu'il s'écrie : « ô Jupiter ! fais » tomber le sort, ou sur Ajax, ou sur le fils de Tydée, » ou même sur le Roi de l'opulente Mycènes (21) ».

VIII. De la même manière donc que si les sens étoient placés dans le vestibule de l'âme, aussitôt qu'ils ont commencé à recevoir quelque impression, et qu'ils l'ont transmise à l'entendement, celui-ci, en la recevant, promène ses yeux, passe en revue les autres objets qui ont avec celui dont l'impression le frappe, quelque relation, quelque affinité, ou sous un rapport de temps, ou sous un rapport de manière d'être, ou sous un rapport politique, ou sous un rapport de localité, ou sous un rapport d'autorité, ou sous un rapport de talens. Car, de même que celui qui donne un coup à l'extrémité inférieure d'une lance longue et déliée, fait passer l'impression de ce coup dans toute la longueur de la lance, jusqu'au fer tranchant qui la termine ; et que celui qui ébranle le bout de plusieurs cordages tendus dans une grande longueur, transmet l'ébranlement, d'un bout à l'autre, de manière que toute la longueur s'en ressent ; de même l'entendement n'a besoin que d'une légère vibration pour s'étendre à tout ce qui constitue les rapports d'une même chose. Or, l'homme bien né, celui qui a reçu de la Nature les qualités nécessaires pour marcher avec gloire dans la carrière de la vertu, a en lui-même les moyens d'exciter dans son entendement cette première vibration, de le mettre en mouvement, de le faire promener d'objets en objets, de lui en faire embrasser plusieurs à la fois, et de faire répéter à la mémoire ce qui a fait la matière, ou ce qui a été le résultat, de ses contemplations. Mais celui qui a moins de dispositions naturelles a besoin de Socrate, non pour qu'il lui apprenne quoi que ce soit, mais pour l'interroger, pour lui faire des questions auxquelles il répondra de lui-même selon la vérité. Qui donc répondra ce qu'il n'a jamais su? A moins qu'on ne dise que celui qui marche avec celui qui le conduit par la main, ne marche pas lui-même. Quelle est donc la différence entre celui qui conduit par la main, et celui qui interroge, entre celui qui marche de lui-même, et celui qui répond? Celui qui interroge aide celui qui est interrogé, à développer son entendement; et celui qui donne la main pour marcher, aide à ne pas tomber. Mais, ni celui qui est conduit par la main n'apprend à marcher, ni celui qui est interrogé n'apprend à répondre. Néanmoins l'un marche, parce qu'il peut marcher, l'autre répond, parce qu'il peut répondre. Mais ils prennent l'un et l'autre un auxiliaire, pour éviter les faux pas (22).

IX. Le corps tient de la Nature de savoir marcher, l'âme tient aussi de la Nature de savoir exercer ses facultés rationnelles. Or, si l'âme est immortelle, comme elle l'est, en effet, il faut nécessairement qu'elle possède, de toute éternité, la faculté d'avoir des perceptions, et d'acquérir la science des choses. Parcourant, comme elle le fait, à mon avis, une double carrière; placée, dans l'une, au milieu d'une lumière pure et brillante, sans avoir nul genre de fâcheux accident à craindre; placée, dans l'autre, au milieu des ténèbres, des agitations, et de toute sorte de vicissitudes, tout n'est pour elle, dans cette dernière, qu'incertitude, qu'obscurité. Elle y est dans un état de désordre pareil à celui que produit l'ivresse dans la tête des gens ivres. Car leur âme est portée, par l'excès du boire, à un degré d'incandescence très-voisin de la folie. Quelquefois elle revient à elle-même; et, non moins éloignée d'errer complètement, que de raisonner en perfection, elle tient le milieu entre l'ignorance et la raison. Mais, après que l'âme a passé de cette carrière-ci dans l'autre, comme si elle eût quitté la ténébreuse contrée des Cimmériens, pour la resplendissante région de l'Éther, dégagée de toute entrave corporelle, libre de désirs, exempte de maladies, supérieure à tous les accidens, alors elle contemple la vérité elle-même, elle en fait l'objet de ses méditations, elle vit avec les Dieux, et avec les enfans des Dieux, au-dessous de la sphère céleste, introduite, enrôlée, dans l'armée des Dieux, qui ont Jupiter pour Général et pour chef. Là, alors, elle exerce vraiment sa mémoire. Ici, maintenant, elle n'a que des réminiscences. Là, elle marche dans une sécurité parfaite. Ici, elle est sujète à broncher et à cheoir. Mais une âme vigoureusement et sainement constituée, à qui le sort a donné en partage un bon Esprit familier, se met, ici-bas même, au-dessus du tourbillon des choses humaines. Supérieure à toutes les distractions qui résultent de son union avec le corps, elle sait retrouver la mémoire des merveilles qu'elle a contemplées, des belles choses qu'elle a entendues. De là vient aussi que les poëtes, dans leurs fictions, font de Mnémosyne (25) la mère des Muses. Ils donnent aux diverses sciences des noms de Muses. Ils forment un chœur de ces Déesses. Ils disent qu'elles sont nées de Jupiter et de Mnémosyne, qu'elles en ont reçu leurs attributs. Rendons un culte religieux aux Muses. Rendons un culte religieux à Mnémosyne.

NOTES.

N O T E S.

(1) Platon professe cette doctrine, et il la développe dans son Traité intitulé : *le Menon*, ou *de la Vertu*. Tertullien, dans son Traité de l'*Ame*, chap. 24, et Arnobe, dans son livre second, ont combattu la doctrine de Platon sur ce point. Dans le premier livre de ses *Tusculanes*, n°. 24, Cicéron a, là-dessus, un passage que les érudits ne seront peut-être pas fâchés de retrouver ici : « L'âme a d'abord la mé-
» moire, dépôt infini de chose sans nombre. Platon la regarde
» comme une réminiscence des choses d'une vie antérieure. Dans
» celui de ses Traités intitulé, *le Menon*, Socrate adresse à un homme
» vulgaire, quelques questions géométriques sur les dimensions du
» carré. Cet homme répond à ces questions comme un enfant, et
» néanmoins ces questions sont si faciles, que celui qui répond, est
» insensiblement amené aux mêmes résultats, que s'il savoit la géo-
» métrie. D'où Socrate conclut, qu'apprendre n'est autre chose
» que se ressouvenir. Socrate s'exprime bien plus disertement là-des-
» sus, dans le discours qu'il tint à ses amis, le jour même qu'il quitta
» la vie. Il y enseigne que, quelque étranger qu'on paroisse à une
» partie quelconque des connoissances humaines, si l'on est bien in-
» terrogé, l'on démontre, par ses réponses, qu'on n'apprend pas
» dans le moment, mais qu'on retrouve par la réminiscence ». D'où
Socrate concluoit que notre âme avoit existé, avant d'entrer dans le
corps, et que, par conséquent, elle étoit immortelle. Voyez *le Phédon* et *le Menon*.

(2) Plusieurs écrivains de l'antiquité ont parlé de ce long sommeil d'Épiménide. Ils ne sont pas d'accord sur le nombre d'années que ce sommeil a duré. Le Scholiaste du *Timon* de Lucien le porte jusqu'à soixante. On peut consulter, là-dessus, ce que le savant Meursius a écrit sur Apollonius-Dyscole, chap. 1, et les annotations de Ménage sur Diogène-Laërce, liv. I, n°. 109. Ni Hésychius de Milet, ni Suidas, ne parlent de ce sommeil. Mais ils disent que l'âme d'Epimé-nide sortoit de son corps, et y rentroit, à son gré. Ils ajoutent que, long-temps après sa mort, sa peau fut trouvée couverte de caractères alphabétiques.

(3) C'est, en effet, ce que disent Porphyre, dans la *Vie de Pytha-gore*, §. 19; et St. Jerôme, contre Rufin. liv. III, p. 557, édition de Victor. Mais d'autres font honneur de cette primauté à Phérécyde, d'autres à Thalès. Il est bien difficile, ici, de résister à la tentation de

remettre sous les yeux du lecteur, ami des Anciens, les beaux vers des Métamorphoses, où Ovide a renfermé, avec son élégance ordinaire, la doctrine de Pythagore.

> *O genus attonitum gelidœ formidine mortis !*
> *Quid styga, quid tenebras, quid nomina vana timetis,*
> *Materiem vatum, falsique pericula mundi ?*
> *Corpora sive rogus flammá, seu tabe vetustas*
> *Abstulerit, mala posse pati non ulla putetis.*
> *Morte carent animœ, semperque priore relictá*
> *Sede, novis domibus vivunt, habitantque receptœ.*
> *Ipse ego (nam memini) trojani tempore belli*
> *Panthoïdes Euphorbus eram, cui pectore quondam*
> *Hœsit in adverso gravis hasta minoris Atridœ.*
> *Cognovi clypeum, lœvœ gestamina nostrœ,*
> *Nuper abanteis templo Junonis in Argis.*

(4) Tandis que Maxime de Tyr place le bouclier d'Euphorbe dans un temple de Minerve, on vient de voir qu'Ovide l'a placé dans un temple de Junon, à Argos. C'est également là que l'ont placé Porphyre, Vie de Pythagore, §. 27 ; Jamblique, §. 63 ; Pausanias, dans ses *Corinthiaques*, liv. II, chap. 17 ; et Tertullien, dans son Traité de l'*Ame*, chap. 28. Chez Diogène-Laërce, il est placé dans un temple d'Apollon. Mais cette controverse est décidée par l'inscription que notre Auteur va dire, tout-à-l'heure, avoir été lue sur le bouclier.

(5) Formey a rendu cette inscription par ces mots : « Ménélas à la » Déesse Minerve, pour Euphorbe ». Que veut dire l'inscription dans ce sens-là? On ne l'entend point. Le latin d'Heinsius est néanmoins très-intelligible, *Palladi Minervœ ab Euphorbo Menelaus*. Formey ne s'est point douté de l'ellipse cachée sous ce style lapidaire.

(6) Il est question ici de cet Aristéas, dont Hésychius de Milet, (dans le petit Traité qu'il nous a laissé *des hommes qui se sont fait un nom par leur savoir*, et dont nous devons la première édition au savant Meursius), ne dit autre chose que ce peu de mots : « On raconte que l'â-» me d'Aristéas de Proconnèse sortoit de son corps, et y rentroit, quand » il vouloit ». Meursius cite, dans ses notes, Énée Gaza, qui dit d'A-ristéas, « Qu'après être mort à Proconnèse, il se montra en personne » aux habitans de Cyzicène, et que, deux cents quarante ans après son » trépas, il se fit voir en Italie, aux habitans de Métaponte, et qu'il » leur ordonna de lui faire des sacrifices ». Il cite encore Apollonius, qui, dans ses *Histoires merveilleuses*, raconte que, « le même jour et » à la même heure, où Aristéas étoit mort à Proconnèse, on l'avoit vu » en Sicile, donner des leçons de Grammaire ». Pour le surplus, nous renvoyons à la note de Meursius, curieuse à lire. Notre Auteur fait mention de ce même personnage, dans sa 38ᵉ. Dissertation ci-dessous.

(7) *De nouveau*, par allusion à l'existence antérieure de l'âme, avant qu'elle animât un corps mortel.

(8) Markland pense que, dans ce passage, Maxime de Tyr fait allusion à ce que Platon dit *de l'œil* et *de la vision*, vers la fin du sixième livre de sa *République*. La sagacité ordinaire de ce judicieux critique m'a paru ici en défaut. Dans le passage en question du sixième livre de la *République*, Platon a pour but d'établir que, quoique l'œil ait la faculté de voir, et que les objets physiques soient colorés, et par conséquent susceptibles d'être vus, cela ne suffit pas pour effectuer la vision, à moins qu'une troisième chose, savoir, la lumière, ne vienne s'interposer entre les deux autres, et leur servir d'intermédiaire. Or, il est clair qu'ici, dans ce passage, Maxime de Tyr porte sa pensée sur un point-de-vue différent.

(9) C'est exactement dans ce sens-là, que Socrate disoit qu'il n'étoit que la sage-femme des esprits. «Voilà pourquoi», dit Plutarque, au commencement de son Traité *des Questions Platoniques*, «voilà » pourquoi Socrate n'enseignoit rien, ains, mettant seulement en » avant aux jeunes hommes, des commencemens, des difficultés, » des doutes, comme des tranchées qui précèdent l'enfantement, exci- » toit, esveilloit, poussoit les intelligences nées avec eux; c'est ce » qu'il appeloit l'art d'aider à enfanter, comme font les sage-femmes, » lequel n'apportoit pas de dehors l'entendement et le jugement, à » ceux qui conféroient avec lui, comme d'autres faisoient accroire, » mais leur montroit celui qu'ils avoient dedans eux-mêmes, propre » à eux, mais qu'ils nourrissoient confus et imparfait». Plutarque n'a fait que reproduire ici ce que dit Platon, dans son *Théœtète*. Voyez Diogène-Laërce, liv. III, n°. 49.

(10) Ceux qui seroient tentés de me faire ici un reproche de néologisme, au sujet du substantif *stérilisation*, qu'on ne trouve pas, en effet, dans le Dictionnaire de l'Académie, peuvent lire, s'ils l'aiment mieux, «Qu'est-ce autre chose que l'action de rendre ces germes » stériles » ?

(11) Heinsius avoit cru devoir corriger ici le texte, et substituer les deux mots ὑπονοσοῦν, καὶ ὑποφθειρόμενον, aux deux expressions ὑποστῶν, καὶ ὑποφερόμενον. Mais les deux annotateurs Anglois, Davies et Markland, ont démontré, par l'autorité de Suidas et de Pollux, que les deux derniers participes formoient, dans ce passage, un bien meilleur sens que la correction gratuitement imaginée par l'Helléniste Batave.

(12) Notre philosophe cite ce même vers dans sa 38e. Dissertation, sect. I. Justin-Martyr l'a cité également avec une légère variante, dans son Traité *De Monarchiâ Dei*, cap. 5. Au reste, dans le 22e. chant de l'*Odyssée*, vers 347, où se trouvent ces paroles, c'est dans

la bouche de Phémius, et non dans celle de Démodocus, que le poëte les a mises ; méprise de mémoire dans laquelle Maxime de Tyr tombe assez souvent.

(13) Voyez l'*Odyssée*, onzième chant, vers 127.

(14) J'ai suivi Markland qui a lu πάλιν ἤδη ἐκεῖνον δεῖ ἔρεσθαι. L'ἡδὺ du texte, m'a paru suspect, comme à lui.

(15) Iliade, dixième chant, vers 3.

(16) Iliade, quatrième chant, vers 297.

(17) Odyssée, huitième chant, vers 75.

(18) Voyez ci-dessus, *Dissert.* VIII, sect. X, p. 95.

(19) Iliade, deuxième chant, vers 582.

(20) Iliade, deuxième chant, vers 494.

(21) Iliade, septième chant, vers 179.

(22) De la manière dont Heinsius a traduit, *uterque autem utrumque confirmat, et juvat*, il paroît avoir établi une réciprocité d'assistance, *entre celui qui marche et celui qui répond*. Ce sens produit une disparate qui n'est point échappée à Formey, car il a corrigé Heinsius, en traduisant, *de part et d'autre, il faut des secours et des directions*.

(23) » Il faut », dit Plutarque, dans la première de ses Morales, qui traite *de l'Éducation des Enfans*, « Il faut exercer et accoutumer » la mémoire des enfans, parce qu'elle est, en quelque façon, le » trésor de la science. Aussi les poëtes ont-ils feint que Mnémosyne, » c'est-à-dire, la Mémoire, étoit la mère des Muses, donnant à en-» tendre par-là, que rien ne sert autant que la mémoire à instruire, » et à conserver ce qu'on a appris ». Il nous reste un fragment d'un poëme de Solon, le Législateur d'Athènes, qui commence ainsi : « Illustres filles de Jupiter Olympien et de Mnémosyne, habitantes » de Piérie, Muses, prêtez l'oreille à mes vœux ». Æschyle, dans sa tragédie de *Prométhée*, vers 460, appèle la Mémoire, *mère des Muses*, μνήμην μουσομήτορα.

Paris, le 23 floréal an IX. (13 mai 1801.)

DISSERTATION XVII.

Qu'est-ce que D I E U, selon Platon?

A -T-ON des doutes sur l'existence *des Dieux du second ordre* (1)? Eh bien! qu'on mette aux prises la raison avec la raison : j'approuve ce combat; et je ne pense pas qu'il y ait rien de répréhensible, de téméraire, de déplacé, sous aucun rapport, de la part de celui qui est en balance sur cette question, de rechercher seul, ou avec autrui; si ces Dieux existent, et, dans ce cas, qui et quels ils sont. Car le mot est bien manifeste, mais l'essence est invisible, et la puissance susceptible de controverse. Mais que vais-je faire ici, de parler de DIEU (2)? Où trouver des expressions assez lumineuses, des périodes assez brillantes, des raisonnemens assez clairs, et un style assez harmonieux, pour me démontrer à moi - même, et aux autres, l'objet actuel de mon examen? Car, lorsque Platon, le plus éloquent des hommes, sans même excepter Homère, ne satisfait pas tout le monde dans ce qu'il dit sur la nature de DIEU, et que l'on demande des développemens ultérieurs; un homme, d'un sens même médiocre, se décidera difficilement à entreprendre de les donner. Ce seroit (de la part de ce dernier) imiter celui qui, ayant à désaltérer quelqu'un pressé par la soif, au-lieu de puiser une boisson nécessaire dans un fleuve qu'il auroit sous la main, et dont l'eau, pure et limpide, seroit aussi agréable à l'œil, que salutaire et bonne à boire, iroit la chercher dans le trou bourbeux d'une source dont l'eau n'auroit aucune de ces qualités : ce seroit (de la part de ses auditeurs) ressembler au hibou qui ne peut, le jour, soutenir la splendeur du soleil, et qui, la nuit, court après le feu et la lumière. Celui donc à qui les discours de Platon ne suffisent pas, à qui tant de clarté ne paroît pas encore exempte d'obscurité et de ténèbres, celui-là, sans doute, seroit incapable de voir le soleil à son lever, la lune dans son plein, Hespérus lorsqu'il se couche, et Lucifer lorsqu'il sort de l'horizon.

II. Un moment ; il me vient une idée très-propre à rendre sensible ce que j'ai à dire. Je prends pour analogie le travail des mines. Ceux qui fouillent la terre, et qui arrachent l'or de ses entrailles, ne sont pas capables de connoître la nature de ce métal. C'est l'affaire des artistes qui l'éprouvent en le soumettant au feu. Je compare donc la première lecture des ouvrages de Platon à de la mine d'or brut. A cette première opération il faut joindre celle d'un autre art, celle de la raison, faisant ici la fonction du feu, laquelle analyse, purifie le *minerai* soumis à l'épreuve ; et, après l'avoir dépouillé de tout ce qu'il renferme d'hétérogène, le rend propre à être mis en œuvre. Si donc la mine *de la vérité* se montre à nos yeux, si elle nous promet une exploitation riche et abondante, et que nous ayons besoin d'ailleurs d'un art subsidiaire, qui nous serve de creuset et de pierre-de-touche ; allons ; appelons cet art à notre secours, et qu'il nous aide, dans l'objet présent de nos recherches, à découvrir ce que c'est que DIEU, selon Platon.

III. Si donc cet art prenoit la parole, et nous demandoit : « Doutez-vous de l'existence de DIEU, pour

» n'avoir jamais pensé, même une seule fois, qu'il y
» en eût dans la Nature (3); ou bien, avez-vous là-des-
» sus le sentiment de Platon; ou bien, d'après vos
» propres idées, professez-vous, sur cette matière, une
» opinion qui soit contraire à celle de ce philosophe »?
Si ensuite, après avoir déclaré que nous reconnois-
sons que DIEU existe, nous étions pressés de répondre
à cette autre question, « En quoi nous pensons que
» consiste l'essence de DIEU », que répondrions-nous,
je vous prie; en quoi dirions-nous que consiste l'essence de DIEU? Dirions-nous avec Homère, « qu'il
» est voûté des épaules, qu'il a la peau noire, les che-
» veux crépus (4) »? Cette réponse seroit ridicule,
quand même, afin de le peindre plus en beau, nous
lui donnerions « des sourcils d'azur, une chevelure
» dorée, et le pouvoir d'ébranler les cieux d'un clin-
» d'œil (5) ». Mais toutes ces descriptions ne sont que
de fantastiques emblèmes, calqués sur ce qui paroît de
plus magnifique à nos yeux, à l'aide desquels l'imagination des philosophes a cru pouvoir suppléer à une
définition dont l'idée échappe, à la foiblesse, à l'imperfection de nos sens, et au peu d'étendue de nos connoissances.

IV. Réunissons actuellement tous les arts: formons-
en une assemblée, et ordonnons-leur de donner chacun leur suffrage sur l'essence de DIEU. Eh bien!
ne pensez-vous pas que celui du peintre ne sera pas
celui du sculpteur, que celui du poëte différera de
celui du philosophe, qu'il n'y aura pas plus d'una-
nimité entre le Scythe, le Persan, le Grec, l'Hyper-
boréen (6)? L'un dira blanc, l'autre dira noir. Pas
deux suffrages identiques : chacun fera bande à part.
La même variété ne s'étend-elle pas au *bien*, au *mal*,

au *beau*, au *honteux?* N'en est-il pas ainsi des lois et de la justice? N'est-ce pas la même discordance, le même chaos? Bien loin qu'un peuple soit unanime sur ce point, avec un autre peuple, une Cité pense, au contraire, autrement qu'une autre Cité, une famille autrement qu'une autre famille, un homme autrement qu'un autre homme. Bien plus, le même individu n'est pas toujours d'accord avec lui-même; car « les pen- » sées des habitans de la terre sont, chaque jour, ce que » le père des Dieux et des hommes veut qu'elles » soient ».

V. Mais, au milieu de ces systèmes qui se combat- tent, au milieu de ces dissentimens, de cette cacopho- nie, c'est une opinion et un sentiment commun chez toutes les nations de la terre, qu'il existe un DIEU suprême, père et roi de l'univers entier; et qu'il est un grand nombre d'autres Dieux, ses ministres et ses en- fans (7). Il n'est qu'une voix là-dessus, entre le Grec et le Barbare, entre les peuples maritimes et les na- tions méditerranées, entre l'homme vulgaire et le philosophe; et si nous allons sur les bords de l'Océan, nous trouverons là-même des Dieux, dont, tour-à- tour, les uns s'élèvent au-dessus, les autres descendent au-dessous de l'horizon (8). Peut-on donc penser que Platon ait d'autres sentimens, qu'il enseigne une doc- trine différente? Peut-on penser qu'il ne soit pas d'ac- cord et à l'unisson avec la plus belle des consonnances, et la plus vraie des sensations de la Nature? Que vois-je? L'œil me dit que c'est le soleil? Qu'entends-je? L'o- reille m'annonce que c'est le tonnerre. *Que sont ce brillant spectacle, ces beaux phénomènes, ces périodes célestes, ces révolutions, ces vicissitudes de tempéra- ture, ces procréations d'animaux, ces productions de fruits de tout genre? L'âme me dit que toutes ces choses sont les œuvres de DIEU* (9). Ces choses, en effet, attestent l'existence d'un *art* et d'un *artisan*, puisqu'elles en sont l'ouvrage. A-t-il paru, dans le cours des siècles, deux ou trois individus, sans idée de DIEU, sans élévation, sans sentiment, perpétuellement dupes des illusions de leurs yeux et des erreurs de leurs oreilles, eunuques quant à l'âme (10), dénués de raison, vrais monstres (11) dans leur espèce, comme un lion sans courage, un bœuf sans cornes, un oiseau sans ailes? Eh bien! de pareils êtres ne laissent pas de rendre hommage à l'existence de la Divinité. Bon-gré, malgré, on la reconnoît, et l'aveu en échappe, quand même on la dépouilleroit de sa bonté avec Leucippe, quand on l'exposeroit à toutes les impres-sions des corps avec Démocrite (12), quand on déna-tureroit son essence avec Straton (13), quand on la croiroit susceptible de volupté avec Épicure, quand on nieroit son existence avec Diagoras, et quand on seroit hors d'état de spécifier son essence avec Protagoras (14).

VI. Laissons tous ces hommes, incapables de saisir la vérité dans son intégrité, dans sa perfection, parce qu'ils ne prennent, pour aller à elle, que le chemin du mensonge et de l'erreur. Mais que ferons-nous, que dirons-nous, nous-mêmes, qui n'en voyons les ves-tiges qu'obliquement, et qui apercevons à peine son ombre? Ulysse, ayant pris terre à un rivage inconnu, monta sur une hauteur, et promena ses regards sur la contrée, pour découvrir si « les peuples qui l'habitoient » étoient féroces, sauvages, sans lois; ou bien s'ils » avoient l'amour de l'hospitalité et la connoissance » des Dieux (15) ». Et nous, nous n'oserions élever notre raison, dans quelque *belvedère* au-dessus de

l'âme, pour nous livrer à la recherche de la Divinité,
de la région qu'elle habite, de ce qui fait son essence !
Nous nous contenterions de l'aimer sans la connoître !
Que n'y a-t-il un oracle de Jupiter, ou d'Apollon,
dont les réponses ne fussent ni obliques ni ambiguës !
Je lui parlerois clairement de DIEU, et non du vase
de Crésus (16), le plus insensé des Princes (17), le
plus malheureux des cuisiniers; non des dimensions
de la mer, et du nombre des grains de sable. Je dédai-
gnerois même de lui faire de sérieuses questions telles
que celles-ci : « Les Mèdes me menacent d'une inva-
» sion; quel parti prendre pour ma défense ? Si les
» Dieux ne viennent à mon secours, j'ai la ressource
» de mes vaisseaux. J'ai le projet de me rendre maître
» de la Sicile, comment réussir ? Si les Dieux ne sont
» contre moi, la Sicile est accessible par bien des
» côtés (18) ». Qu'Apollon me dise donc, à Delphes,
la vérité ouvertement sur le compte de Jupiter; ou
bien, que Jupiter me la dise lui-même, ou, à son
défaut, que je l'apprenne de quelque Athénien de
l'Académie (19), divinement inspiré. Voici sa réponse :

VII. L'âme de l'homme est intelligente. Elle exerce
cette faculté par le moyen de deux organes, l'un
simple appelé l'*entendement*, l'autre complexe, composé de diverses parties destinées à diverses fonctions, qu'on appelle les *sens*. Différens par leur essence, ces deux organes sont de moitié dans toutes
leurs opérations; et le rapport qui existe entr'eux
existe aussi entre les choses dont ils sont les instrumens. Car ce qui est *intelligible* (20) diffère de ce qui
est *sensible*, autant que l'*entendement* diffère des *sens*.
L'un, *le sensible*, est plus aisé à connoître par le con-

tact immédiat où l'on est sans cesse avec lui. L'autre, *l'intelligible*, avec lequel un semblable rapport n'existe pas, n'en est que plus facile à saisir par sa nature même. Car les animaux, les plantes, les pierres, les sons, les saveurs, les odeurs, les formes, les couleurs, objets dont nous sommes habituellement environnés, et dont les sensations se confondent dans tous les momens de notre existence, font impression sur l'âme, et lui persuadent de penser qu'il n'y a rien au-delà. Les choses intelligibles, au contraire, étrangères à un tel contact, à de pareilles impressions, sont destinées à se contempler elles-mêmes par le moyen de l'entendement. Mais ce dernier, implanté dans l'âme, est tourmenté, agité, troublé par les *sens*, qui ne lui laissent pas un instant de relâche; de manière qu'il ne voit point les objets qui lui sont appropriés; et dans ce désordre, il se persuade qu'il doit être de l'avis des *sens*, et dire comme eux, que, hors ce qu'on voit, ce qu'on entend, ce qu'on flaire, ce qu'on goûte, et, ce qu'on touche, il n'y a plus rien. De même qu'il est difficile, dans un festin splendide, au milieu de la bonne chère, de la délicatesse des vins, des sons harmonieux de la flûte, du haut-bois, de la lyre, accompagnés de chants agréables, de parfums exquis, de voir un des convives ayant assez d'empire sur lui-même, pour mettre un frein à ses appétits, et les renfermer dans les bornes d'une sobriété décente; de même au milieu de ce tumulte, de cette polyphonie (21) des *sens*, il est difficile de trouver un entendement calme et posé (22), et capable de se livrer aux contemplations de son ressort. D'un autre côté, les *sens* étant de différente nature, composés d'élémens divers, et dans une versatilité continuelle, ils entraî-

nent l'âme, et la bouleversent avec eux dans ce tourbillon , de manière que lorsqu'elle veut porter ses
regards sur les objets de l'*entendement*, stables et im-
mobiles de leur nature, elle n'en peut rien faire, à
cause de l'agitation et du trouble où elle se trouve
plongée. C'est, à peu près, ce qui arrive à ceux qui
sortent d'un vaisseau, et qui mettent pied à terre. Pendant que leur corps se ressent de l'impression du roulis
et de la tourmente, ils ont de la peine à se tenir debout et en équilibre.

VIII. Dans laquelle donc de ces deux classes (des
choses sensibles, ou des choses intelligibles), cher-
cherons-nous l'essence de DIEU ? Ne sera-ce pas
dans celle qui présente de la stabilité, de l'immobilité,
qui n'est susceptible ni de versatilité, ni de changement ? Y auroit-il dans la nature quelque chose de
stable, si la stabilité n'étoit point un attribut de DIEU ?
Si cependant, afin d'aller plus avant, jusqu'à ce que
nous soyons parvenus à notre but, nous avons, en
quelque façon, besoin qu'on nous donne la main,
prenons la raison pour guide. Elle nous dira qu'il
faut diviser en deux branches les êtres les plus aisés
à connoître, et procéder ainsi de division en division,
jusqu'à ce que nous arrivions à l'objet final de nos
recherches. Et d'abord, parmi les êtres, les uns sont
animés, et les autres inanimés. Les êtres inanimés
sont les pierres, les rochers, les bois et autres choses
de cette nature. Les êtres animés sont les plantes,
et les animaux proprement dits (25). Or, ce qui est
animé vaut mieux que ce qui ne l'est pas. Parmi les
êtres animés, les uns végètent, les autres ont du sentiment. Or, ce qui a du sentiment est supérieur à ce
qui ne fait que végéter. Parmi les êtres sensibles, les

uns ont de la raison, les autres n'en ont pas. Or, l'être raisonnable l'emporte sur celui qui n'a point cette qualité. Dans l'âme raisonnable elle-même, qui peut être considérée comme une amalgame de nutrition, de sentiment, de mouvement, de passion et d'intelligence (24), le même rapport qui existe entre un être animé et un être inanimé, doit exister chez elle entre la partie proprement intelligente, et sa substance totale. Or, il est constant que cette partie intelligente de l'âme est supérieure à l'âme entière, considérée dans son amalgame avec toutes les choses dont nous venons de parler. Dans lequel de ces derniers emblèmes placerons-nous l'essence de DIEU? Sera-ce dans celui de l'amalgame? A Dieu ne plaise. Il ne nous reste qu'à prendre notre essor sur les ailes de la raison (25), et à faire consister l'essence de DIEU dans l'intelligence suprême. Mais nous voyons encore ici deux espèces d'intelligence. L'une destinée à exercer son activité, et néanmoins ne l'exerçant pas; l'autre également destinée à exercer son activité, et l'exerçant réellement. Cette dernière même ne seroit pas encore complètement parfaite, si on n'ajoutoit à sa faculté d'être en activité réelle, celle d'y être sans aucune interruption, celle d'étendre son activité sur tout l'univers, celle d'avoir dans son activité une marche constante et invariable. De manière que l'intelligence la plus parfaite est celle qui est dans une activité sans relâche, et qui embrasse toutes choses en même temps (26).

IX. Pour nous faire mieux entendre, employons une analogie. Comparons l'intelligence divine à la vue, et l'entendement humain à la parole. L'action de l'œil est infiniment subtile et rapide. Il reçoit tout d'un coup le faisceau d'impressions des objets qui s'offrent à lui. Au lieu que la parole ne va que très-lentement, et comme pas à pas. Encore une comparaison plus juste. Il en est de l'intelligence divine comme de la lumière du soleil, qui se répand à la fois sur tous les lieux de la terre (27). Au lieu que l'entendement humain, dans sa marche lente et progressive, ne parcourt et ne découvre les objets que l'un après l'autre. Cet Athénien de l'Académie (28), à qui nous devons ces révélations, nous apprend encore que cet Être est le père et le créateur de l'univers. A la vérité, il ne dit pas son nom; c'est qu'il ne l'a pas su. Il ne dépeint point sa couleur, c'est qu'il ne l'a jamais vu. Il ne parle pas de sa taille, parce qu'il n'en a jamais pris la mesure. Les yeux et les autres organes nous donnent la perception de toutes les substances; au lieu que la substance divine est invisible à l'œil, ineffable à la voix, impalpable aux membres du corps, insensible à l'oreille. Il n'y a que cette partie de notre âme, la plus belle, la plus pure, la plus intelligente (29), la plus subtile et la plus ancienne, qui puisse voir et comprendre l'essence divine, à cause de son homogénéité, de sa *syngénésie* (30), et saisir dans son ensemble l'idée de cet immense tout. De même donc que, lorsqu'on veut voir le soleil, on ne consulte pas ses oreilles ; que, lorsqu'on veut apprécier de la musique, on ne s'adresse point à ses yeux ; mais qu'on laisse la vue juger des couleurs, et l'oreille de l'harmonie; de même, l'entendement contemple les choses intelligibles, et entend les choses intelligibles.

X. Voilà, sans doute, le mot de l'énigme de ce poëte de Syracuse (31), l'*Esprit voit* et l'*Esprit entend.* Mais comment l'*Esprit* voit-il? comment l'*Esprit* entend-il? Par la force, par la rectitude de l'âme, qui contemple

cette lumière pure, sans éblouissement, sans ténèbres, sans tourbillonner vers la terre, c'est-à-dire,
qu'il bouche les oreilles, et qu'il dirige ensuite la vue
et les autres sens du corps vers lui-même; et, s'élevant
au-dessus de toutes les passions, de toutes les affections de chagrin, de douleur, de plaisir, de gloire,
d'honneur, d'infamie, il se laisse aller et s'abandonne
à la saine raison et à un ardent amour pour la vérité;
à la saine raison, qui lui montre où il faut aller; à
l'amour de la vérité, qui lui aide à supporter les fatigues de ses recherches, et qui les allège par des agrémens. Or, à mesure que l'on s'avance dans cette carrière, et que l'on s'éloigne des choses d'ici-bas, celles
qui se présentent deviennent successivement plus
claires, plus resplendissantes, et offrent les notions
préliminaires de l'essence de DIEU : pendant qu'on
arrive, on apprend définitivement ce qu'elle est; et
lorsqu'on est arrivé, on la contemple. Car le but d'un
pareil voyage n'est pas de voir les cieux, et les corps
qui y sont renfermés, quoique ce magnifique spectacle
soit le propre ouvrage de DIEU, et que, dans son harmonique structure, il présente le tableau du *beau su-
préme.* Il faut aller encore au-delà : il faut s'élever au-
dessus des cieux, et pousser jusqu'à cette sublime région, séjour du calme et de la vérité, « inaccessible »,
selon l'expression d'un poëte, « aux orages et aux
» tempètes, et où brillent sans cesse, au contraire, un
» jour sans nuage et une lumière éclatante (32) ». Là,
dans sa contemplation, l'âme n'est agitée par aucune
de ces perturbations corporelles, qui se jouent ici bas
de sa foiblesse, et qui l'empêchent, au milieu du tumulte, du tourbillon, où elles la tiennent continuellement plongée, de déployer sa faculté intelligible. En

effet, est-il possible de connoître la nature de DIEU, tandis qu'on roule dans le chaos des passions, et des illusions absurdes qu'elles produisent; non, pas plus que de distinguer, au milieu des vociférations et de la polyphonie d'une assemblée populaire, la voix de l'Archonte et de l'organe de la loi. « Comment entendre » celui qui parle au milieu d'un énorme tumulte (33) »? L'âme, en effet, enveloppée dans ce tourbillon, est comme balottée par une tourmente impossible à maîtriser. Ce sont des flots agités, d'où elle ne peut se sauver à la nage, jusqu'à ce que la philosophie lui jète ses cordons (34), comme la Nymphe Leucothoë jeta son ruban de tète à Ulysse (35).

XI. Comment donc échapper à cette tourmente? Comment voir et connoître DIEU? Tu le verras, tu le connoîtras, lorsque tu seras appelé à lui. Tu ne tarderas pas à l'ètre. Mais attends que tu le sois. La vieillesse et la mort viendront bientôt t'ouvrir un chemin que le méchant redoute, à l'aspect duquel il frémit, et dans lequel l'homme de bien, l'ami de DIEU, s'élance avec autant de plaisir que de confiance. Mais, si, dès ce moment, tu désires de connoître son essence intime, qui satisfera ta curiosité? Sans doute DIEU est le BEAU, et le BEAU par excellence (36). Mais il n'est point le Beau des corps (37), il est le Beau d'où celui des corps émane. Il n'est point le Beau des prairies, c'est de lui que les prairies tirent leur beauté. Il n'est point le Beau des fleuves, le Beau des mers, le Beau des cieux, le Beau des puissances qui sont dans les cieux. Mais tous ces Beaux viennent de lui, comme d'une source éternelle et pure. Autant chacun des Ètres s'approche de son essence, autant il est Beau, incorruptible et permanent. Autant, au

contraire

contraire, il s'en éloigne, autant il est hideux, corrup-
tible, et périssable (38). Si tout ce qui précède suffit,
à-la-bonne-heure. Tu connois DIEU. Dans le cas contraire, l'énigme te restera à deviner. Car il ne me vient
pas dans l'esprit de le peindre avec de la taille, de la
couleur, de la figure, ni aucune autre qualité de la
matière (39). Mais, de même que si le corps plein de
charmes d'une jeune beauté étoit dérobé à la vue par
beaucoup de linge et de vêtemens, un amant écarte-
roit tout ce qui le couvre pour le contempler à nu ;
de même, que ta raison écarte tout ce qui enveloppe
l'essence de DIEU ; qu'elle fasse cesser l'inertie des
yeux de l'âme, et alors tu contempleras DIEU, à
découvert, comme tu le désires.

XII. Mais, si, malgré tes efforts, tu ne peux t'élever
à la contemplation du créateur et de l'architecte de
l'univers (40), contente-toi maintenant de contempler ses ouvrages, et d'adorer les diverses Divinités
supérieures, dont le poëte de Béotie (41) n'a pas su
le nombre. Car il y a plus de trente mille de ces Dieux,
ou enfans de DIEU. Ils sont innombrables. Tels sont
les astres des cieux. Telles sont encore les Divinités de
l'Éther (42). Mais je veux finir par donner de tout ce
que je viens de dire le tableau le plus sensible et le plus
frappant (43). Concevons un empire très-vaste et très-
peuplé (44), souverainement gouverné par le génie
d'un Prince, aussi excellent que vénérable, à qui tous
ses sujets obéissent volontairement ; que les limites de
cet empire ne soient ni le fleuve Halys (45), ni l'Hellespont, ni les Palus-Méotides, ni les rivages de l'O-
céan, mais le ciel et la terre (46) : le ciel, comme un
rempart circulaire et indestructible, renfermant tout
dans son enceinte ; et la terre, comme une forteresse

ou une prison remplie de coupables : que ce grand
Prince, par son pouvoir suprème, repande, avec la
plus exacte équité, sur ses sujets, le bonheur dont il
est lui-mème la source; qu'il ait pour ministres de
sa puissance plusieurs Dieux, les uns visibles et les
autres invisibles; les uns qui soient attachés à son palais, chargés de distribuer ses ordres, qui lui soient
unis par une sorte de consanguinité, qui vivent et
mangent avec lui; les autres, subordonnés à ceux-ci,
et ayant eux-mèmes des subalternes. Voilà l'ordre et
les rangs de cet empire de DIEU, qui s'étend depuis
les cieux jusqu'à la terre (47).

<hr>

NOTES.

(1) J'aime mieux cette expression que celle de *Démons*, qu'ont
employée quelques traducteurs de Platon; j'évite par-là, l'équivoque
qui peut résulter de l'acception vulgaire de ce dernier mot.

(2) Maxime de Tyr met, comme on voit, une grande différence
entre la question relative à l'existence et à l'essence des Dieux du
second ordre, et la question relative à l'existence et à l'essence du
Dieu suprème, père et créateur de tous les autres Dieux.

(3) Heinsius a correctement traduit, *an quòd divinam omninò in
rebus naturam esse ipsi non putemus.* Formey n'a pas fait assez d'attention à la particule négative, et il a substitué le spinosisme à l'a-
théisme. « Si c'est parce que nous plaçons la nature divine dans tous
» les êtres ».

(4) Sur la foi d'Heinsius, j'imprimai, il y a deux ans, que ces paroles étaient empruntées du 19e. chant de l'*Iliade*. Elles sont du 19e.
chant de l'*Odyssée*, vers 246.

(5) Voyez plus bas.

(6) Empédocle, dans ses *Poèmes*, a parlé de DIEU bien différem-
ment d'Homère : témoin le sens de quelques-uns de ses vers, que le
savant Toland nous a conservés. « Il n'a point un corps orné d'une
» tête humaine, deux bras ne sortent point de ses épaules; point de
» pieds, point de genoux, point de parties naturelles. Il consiste
» seulement en une intelligence auguste, infinie, et qui remplit
» l'univers entier de ses rapides pensées ».

(7) *Voyez* ci-dessus la 8e. Dissert.

(8) Tel est le sens de deux vers de l'*Odyssée*, chant. 18. C'étoit, sans doute, sur le fondement de cette versatilité naturelle de l'esprit humain, vivant la plupart du temps, comme le corps, au jour la journée, que portoit le mot d'un Ancien, « Que jamais le même » homme n'avoit passé le même ruisseau ». *Voyez* Duport, *Gnomol. Homer.* p. 452.

(9) Voilà bien l'opinion de Platon et des Platoniciens. Mais Maxime de Tyr a tort de dire positivement, comme il le fait ici, que ce soit l'opinion de toute la terre. Quant à l'opinion sur l'unité de DIEU, Eusèbe, dans son *Panégyrique de Constantin*, dit que toutes les nations, que tous les peuples de la terre, quelle que soit, d'ailleurs, la diversité de leurs mœurs, de leurs langages, de leurs lois, s'accordent, en général, comme en particulier, à admettre ce point fondamental de théologie naturelle. Mais Eusèbe n'est pas plus exact en cela que Maxime de Tyr. Car la pluralité qu'on pourroit peut-être passer à Eusèbe, n'est pas l'universalité.

(10) Il s'agit ici du soleil, de la lune et des étoiles, que quelques sectes du paganisme mettoient au nombre des Dieux. *Voy.* Lactance, *Div. institut.* II. 13, Eusèbe, *Démonst. évangél.* IV. 8. Davies, sur les *Académiques de Cicéron*, II. 36, rapporte deux passages, l'un de Justin, Martyr, pris de son Dialogue avec Tryphon; l'autre des Stromates de Clément d'Alexandrie, d'où il résulte que DIEU étoit si éloigné de reprocher aux Gentils, d'adorer le soleil, la lune et les étoiles, comme des Dieux, que, selon les anciennes traditions, DIEU n'avoit fait le soleil, la lune et les étoiles, que pour donner aux payens quelque chose à adorer, et les empêcher de demeurer plongés dans un athéisme complet.

(11) Ce long passage en italique n'existe point dans les éditions vulgaires. Davies l'a rétabli sur la foi des deux manuscrits, celui de la Bibliothèque nationale, et le manuscrit anglois, qu'il appèle *Harleianum.*

(12) Je n'ai pu, ni su rendre autrement l'énergie de l'*ἀνεπιμιξία τῆς ψυχῆς*, de l'original.

(13) C'est-à-dire, incapables de rien produire sous le rapport intellectuel. Formey a traduit, « Race stupide, stérile et infructueuse ».

(14) *Voyez* Sextus Empiricus, *Adversus Mathematicos*, lib. IX. 19. Un des principes de Démocrite étoit, « qu'il n'y avoit rien d'éternel, » parce qu'il n'y avoit rien qui restât perpétuellement dans le même » état ». Or, il s'ensuivroit de ce principe, ou que DIEU n'existoit pas, ou qu'il étoit soumis à toutes les impressions et à toutes les vicissitudes des corps. *Voy.* Cicéron, *de la Nature des Dieux*, liv. I. 12.

(15) « Ce physicien », dit Cicéron, en parlant de Straton, dans son premier livre *de la Nature des Dieux*, « Ce physicien fait consister » toute l'activité de DIEU dans celle de la Nature, dénuée de toute » sensibilité ». Or, rien ne dénature plus l'essence divine, que cette opinion. *Voyez* Lactance, *De irâ Dei*, cap. X, §. 1 et 34.

(16) *Voyez* Cicéron, *de la Nature des Dieux*, liv. I. 12. 19. 33. 40. Platon, dans son *Théætète*, p. 122. G. Sextus Empiricus, *contre les Mathématiciens*, lib. IX, §. 51. 53. 56. Minucius Félix, cap. 8.

(17) Hérodote rapporte, liv. I. 47, que Crésus, voulant mettre à l'épreuve les Oracles les plus célèbres de son temps, résolut de les faire consulter tous, le même jour, sur une même question. Il chargea ceux qui devoient remplir ces commissions, de demander ce que faisoit Crésus en Lydie, dans ce moment-là. Chacun des Oracles répondit à tort et à travers. Mais celui de Delphes devina que Crésus, dans ce moment, faisoit bouillir, dans une marmite d'airain, de la chair de tortue avec de la chair d'agneau. Hérodote nous a conservé la réponse de l'Oracle, telle qu'elle fut rendue. Voyez *Origène*, contre Celse, liv. II, p. 63. Tertullien, dans son *Apologétique*, cap. 22. Eusèbe, *Préparation évangélique*, V. 21.

(18) Le grec ajoute, *du plus malheureux des Cuisiniers*, καὶ μαγείρων δυστυχεστάτω, par allusion à ce que fit Crésus, le jour même que les Oracles les plus célèbres furent consultés sur ce qu'il faisoit, en ce moment-là. *Voyez* la note précédente.

(19) Tel étoit, à-peu-près, le protocole pour consulter les Oracles.

(20) Platon, qui est ici désigné, tenoit, comme l'on sait, son école dans une belle maison d'Athènes, qui prit le nom d'*Académie*, du nom du propriétaire, nommé *Académus*.

(21) Par ces deux mots, l'*intelligible* et le *sensible*, il faut entendre les choses qui sont l'objet de l'*entendement* et des *sens*, les choses sur lesquelles ils s'exercent.

(22) Le mot grec *polyphonie*, que j'ai dû conserver à cause de l'énergie qu'il a ici, exprime le concours simultanée de plusieurs voix.

(23) Le texte porte littéralement, *sobre*.

(24) Tandis que les Platoniciens regardoient non-seulement les êtres vivans, mais encore les plantes, comme des *êtres animés*, c'est-à-dire, ayant une âme, les Cartésiens prétendoient que tous les animaux, excepté l'homme, n'étoient que de purs automates.

(25) Les interprètes et les critiques, sans en excepter Markland, ont, à mon avis, mal entendu et mal corrigé ce passage ; et cela, parce qu'ils n'ont pas fait entrer dans l'essence de l'âme, le cinquième des élémens dont parle ici Maxime de Tyr. Comment n'ont-ils pas aperçu que, dès qu'il s'agissoit d'une *âme raisonnable*, *l'intelligence*

devoit en faire partie; et que, puisqu'ils vouloient placer entre deux parenthèses ce qui appartient à cette amalgame, dont parle notre Auteur, il falloit y joindre l'adjectif *τοτικὸς*? Car, certes, Maxime de Tyr n'a pas voulu dire qu'*une âme raisonnable fût une amalgame de nutrition, de sentiment, de mouvement et de passion*, seulement. Son intention est, d'ailleurs, ici, évidente. Pour arriver à l'intelligence pure, et sans mélange de matière, il devoit, dans l'âme humaine, séparer la partie du tout. Pacci est le seul qui ne s'y soit pas trompé, ce qui prouve, en passant, le mérite de son manuscrit: *Verum in animâ rationali, quandoquidem collectum esse apparet, ac quodammodo contineri quod nutrit, quod concupiscit, quodque intelligit,* etc.

(26) Pour traduire à la lettre, j'aurais dû ajouter, *comme pour nous élancer vers une citadelle.* Heinsius a supposé gratuitement ici, une altération du texte, que Davies n'a pas admise, et cette supposition lui a fait manquer le sens.

(27) Alcinoüs dit, dans le chap. 10 de son *Introduction à la philosophie de Platon,* que « l'intelligence (virtuelle ou) en puissance, est » inférieure à celle qui, toujours en activité, saisit et embrasse tout » à la fois ».

(28) Plusieurs philosophes de l'antiquité, entr'autres Anaxagoras, pensoient que la terre étoit plate comme une table.

(29) Platon.

(30) Il ne faut pas conclure de ce superlatif que Maxime de Tyr ait entendu que l'intelligence fût distribuée, en différente mesure, entre les parties de l'âme; il se seroit écarté de la doctrine des Platoniciens. Il a seulement voulu désigner celle de ces parties, qui est seule et essentiellement intelligente.

(31) Ce mot *syngénésie* ne sera pas entendu de ceux qui n'ont aucune teinture de la langue grecque. Il faut donc leur dire que cette expression signifie *identité d'origine, consanguinité.* On sentira, sans peine, pourquoi j'ai conservé le terme propre de l'original.

(32) Épicharme, disciple de Pythagore, qui joignit la culture de la poésie à l'austérité philosophique. *Voy.* Montaigne, liv. I, ch. 25.

(33) Ces paroles sont empruntées du 4e. chant de l'*Odyssée,* v. 566, et du 6e. chant, vers 43. Les anciens naturalistes pensoient qu'il y avoit plusieurs cieux. Le ciel le plus élevé, qui est ici désigné par Homère, Aristote l'appeloit τὸν ἄνω τόπον, le lieu supérieur, et *dans ses météores,* il recherche la cause du phénomène exprimé dans les vers d'Homère, c'est-à-dire, *pourquoi il ne se forme point de nuages dans le lieu supérieur.*

(34) C'est le sens du 81e. vers du 19e. chant de l'*Iliade.*

(35) C'est-à-dire, ses principes, ses raisonnemens.

(36) *Voyez* le 5ᵉ. chant de l'*Odyssée*, vers 346 et 373.

(37) Markland dit en cet endroit, *non video unde pendeat infinitivus* εἶναι; et en conséquence, il propose une nouvelle leçon. Avec un peu plus de réflexion, ce savant Helléniste auroit vu qu'il y avoit ici une ellipse pareille à celle qui existe dans le ὅτι μείζων ἐστὶν ὁ Θεός, de la prem. Épit. de St. Jean, chap. III, 20, et qu'il falloit sous-entendre, ou δῆλον, ou tout autre mot analogue. *Voyez* les *Ellypses grecques* de Lambert Bos, sous le mot Δῆλον.

(38) C'est-là ce que disent les Platoniciens, que Dieu n'est ni le beau, ni le bon, par communication, par participation, κατὰ μετουσίαν, mais intrinsèquement et par essence. C'est dans ce sens que Speusippe disoit que Dieu *est la cause de la nature du bien.*

(39) Nous ne laisserons pas échapper l'occasion, au sujet de cette impossibilité de donner une idée précise de l'essence intime de l'Être suprême, de citer ici le célèbre quatrain de Crouzas, quoiqu'il soit dans la mémoire de tout le monde.

> Loin de rien affirmer sur cet Être suprême,
> Gardons en l'adorant un silence profond ;
> Sa nature est immense, et l'esprit s'y confond :
> Pour savoir ce qu'il est, il faut être lui-même.

(40) *Voyez* Alcinoüs, chap. X, pag. 72 et 73.

(41) Heinsius remarque que ces idées sont empruntées du Traité intitulé, *du Monde*, qu'on attribue à Aristote, et qui, selon lui, appartient à Platon. Ce judicieux critique fonde son opinion sur des observations qui paroissent décisives.

(42) Seroit-ce du langage des Platoniciens, et de celui de Maxime de Tyr en cet endroit, que les Franc-Maçons auroient emprunté leur mot de *grand Architecte de l'univers ?*

(43) Maxime de Tyr fait allusion à ce passage du poëme d'Hésiode, intitulé, *les Œuvres et les Jours*, 252ᵉ. vers, où le poëte dit, « Il est » sur la terre trente mille immortels, fils de Jupiter ». Pacci a cité Pindare ; il s'est trompé.

(44) Les païens peuploient le monde invisible de Divinités secondaires. Les Anges, les Archanges, les Chérubins, les Séraphins, les Trônes, les Vertus, les Dominations, les Puissances de l'Apocalypse des Chrétiens, ne seroient-ils qu'une copie de cette partie de la théologie païenne ? *Voyez* ci-dessus, *Dissert.* XIV, note 36.

(45) Grand fleuve de l'Asie mineure, ayant sa source dans le Mont-Taurus, et son embouchure dans le Pont-Euxin, sur les confins du Pont et de la Paphlagonie.

(46) Le texte ajoute, *l'un par en-haut, et l'autre par en-bas.*

(47) Sans s'en douter, Maxime de Tyr est tombé ici dans la faute qu'il reproche plus haut, aux poëtes et aux philosophes, d'emprunter les tableaux des objets terrestres, pour nous donner l'idée de DIEU. Avoit-il oublié, en écrivant ces dernières lignes de sa Dissertation, qu'il avoit dit, quelques lignes auparavant, qu'il « ne lui venoit » pas dans l'esprit de peindre DIEU sous aucune image empruntée de » l'ordre des choses sensibles ». A cette occasion, j'ai dit, il y a deux ans, dans la dernière note de cette Dissertation, imprimée à la suite de ma traduction d'Alcinoüs, que Maxime de Tyr avoit été l'Instituteur de Marc-Antonin. C'est une erreur historique, dans laquelle je donnai, sur la foi de Daniel Heinsius, erreur que je crois avoir démontrée dans la Préface de mon *Maxime de Tyr*.

Paris, le 14 prairial an IX. (3 juin 1801.)

DISSERTATION XVIII.

Faut-il rendre l'Injustice pour l'Injustice (1).

» L'HOMME est-il plus en sûreté derrière le rempart » de la justice, que derrière celui de l'oblique fripon- » nerie (2)? A vrai dire, je suis indécis sur cette » question (3)». A-la-bonne-heure, Pindare, qu'à vos yeux, il y ait sujet d'incertitude et d'indécision entre la justice et la friponnerie, et que vous mettiez l'or en balance avec un vil plomb. Vous n'étiez qu'un poëte; bon à composer, ou des couplets pour des danseurs, ou des hymnes triomphales pour des ty- rans (4). Vous n'étiez occupé que du choix des mots, de la mesure, du rhythme des vers, de la pompe et de la justesse des images. Mais celui qui n'attache pas plus d'intérêt à la danse, au chant, au plaisir de la poésie, que les enfans n'en attachent à leurs jeux; celui qui désire de donner de l'accord et de la mesure à son âme, de mettre de l'ordre et de la convenance dans ses actions et dans tous les détails de sa vie, celui- là n'aura certainement pas l'idée de mettre en ques- tion: «Si le rempart de la justice est plus ou moins » sûr». Mais il dira, en parodiant vos vers, «Oui, le » rempart de la justice est le plus sûr; et l'homme ne » doit jamais se placer derrière celui de l'oblique fri- » ponnerie». En effet, cette dernière ne peut pas plus escalader le rempart de la justice, que les Aloïdes (5) n'escaladèrent les cieux. En vain ils entas- sèrent le Mont Ossa sur le Mont Olympe, et le Mont Olympe sur le Mont Pélion. Ils demeurèrent toujours aussi loin des cieux, que la friponnerie l'est de la justice. Or, la justice appartient à l'homme de bien, et la friponnerie au méchant. La justice est pure dans ses élémens; la friponnerie n'est qu'un faux alliage. La force est l'apanage de la justice; la foiblesse est l'attribut de la friponnerie. La première est utile, et la seconde est nuisible.

II. Celui donc qui aime la justice et qui est investi de ce rempart de Pindare, lorsqu'il aura injustement éprouvé quelque mal, cherchera-t-il à prendre sa revanche? Voyons, qu'ai-je dit? Prenons garde qu'il ne se puisse pas que le même individu fasse et reçoive une injustice en même temps (6). Car, s'il en est de faire et de recevoir une injustice, comme de donner et de recevoir des coups, comme de faire et de recevoir une blessure (7), rien n'empêche que le même individu ne fasse et ne reçoive une injustice en même temps. Mais si, d'un côté, en ce qui concerne les coups et les blessures, il existe une sorte d'identité physique qui rend le même individu susceptible, en même temps, d'action et de passion; et que, d'un autre côté, il en soit, plutôt, de faire et de recevoir une injustice, comme il en est de voir et d'être vu; (car, tout ce qui a le don de la vue, voit, mais ce qui est vu, ne voit pas toujours) nous aurons plus de raison de dire qu'il en est de faire et de recevoir une injustice, comme de convaincre et d'être convaincu (8). Celui qui connoît la vérité convainc, celui qui l'ignore est convaincu. Or, de même que ce ne seroit point à celui qui connoît la vérité à être convaincu, ni à celui qui l'ignore à convaincre; de même, faire une injustice et la recevoir, ne sauroient appartenir à la même personne.

III. Puis donc que faire et recevoir une injustice n'appartient point à la même personne, et que l'homme de bien n'est pas une même personne avec le méchant, auquel des deux attribuerons - nous l'une et l'autre de ces deux choses ? Dirons-nous que le méchant commet l'injustice, et que l'homme de bien la souffre ? ou bien, dirons-nous que le méchant commet, à la vérité, l'injustice, mais qu'il n'est pas clair auquel des deux, du méchant ou de l'homme de bien, il appartient de la souffrir ? Partons de ce point-de-vue. Commettre une injustice envers quelqu'un, c'est lui ôter ce qui constitue son *bien* (9). Or, ce qui constitue le *bien* de quelqu'un, qu'est-ce autre chose que la vertu ? Mais la vertu ne sauroit être enlevée. Celui donc qui possède la vertu ne pourra souffrir d'injustice, ou bien, commettre une injustice envers quelqu'un, n'est pas lui enlever ce qui constitue son *bien*. Car le *bien* ne peut être ni enlevé, ni arraché, ni ravi, ni volé. A-la-bonne-heure : l'homme de bien ne peut donc recevoir d'injustice de la part du méchant, puisque celui-ci ne peut lui rien enlever. Reste donc, ou que personne ne puisse éprouver d'injustice, ou que le méchant seul puisse l'éprouver de la part de son semblable. Mais le méchant n'a rien de ce qui constitue le *bien;* et l'injustice consiste à enlever ce qui constitue le *bien*. Celui qui n'a rien qu'on puisse lui enlever, ne peut, sous ce rapport, éprouver aucune injustice.

IV. Si ce n'est peut-être que l'injustice consiste moins en ce que quelque chose soit réellement enlevé à celui qui l'éprouve, qu'elle ne consiste dans l'intention de celui qui la commet; et qu'à ce compte le méchant puisse éprouver une injustice de la part du mé-

chant, quoiqu'il n'ait rien *de bien* qu'on puisse lui
enlever; et que, de son côté, l'homme de bien puisse
éprouver une injustice de la part du méchant, quoique ce qui constitue le *bien* ne puisse lui être enlevé.
J'approuve cette opinion, de faire consister l'injustice
plutôt dans l'intention de celui qui la commet, que
dans ce qu'éprouve réellement celui envers qui elle est
commise. Car la loi punit non-seulement celui qui a
commis l'adultère, mais encore celui qui l'a médité;
non-seulement le voleur qui a pénétré dans une maison (10), mais encore celui qui a fait ses préparatifs
pour s'y introduire (11); non-seulement celui qui a
trahi sa patrie, mais encore celui qui a conspiré contre
elle. Nous voilà donc au point où nous voulions arriver, savoir, que l'homme de bien ne peut, ni commettre, ni éprouver d'injustice. Il n'en peut commettre, parce qu'il n'en a pas la volonté; il n'en peut
éprouver, parce que sa vertu est au-dessus de toutes
les atteintes. Tandis, au contraire, que le méchant
commet l'injustice, sans être susceptible de l'éprouver. Il la commet, par l'effet de sa méchanceté : il
ne peut l'éprouver, parce que ce qui constitue *le bien*
est hors de lui. En effet, si ce qui constitue le *bien*
n'est autre chose que la vertu, le méchant, ne possé-
dant point la vertu, n'a rien en quoi il puisse éprouver d'injustice. Et quand même, outre la vertu, on
regarderoit comme *bien* les commodités du corps
et les avantages extérieurs de la fortune, (il vaut
mieux ne pas les posséder, que les avoir, lorsque la
vertu ne les accompagne pas) le méchant n'en seroit
pas moins insusceptible d'éprouver l'injustice, quoiqu'on lui ôtât quelqu'une de ces choses dont il fait
un mauvais usage. Le méchant peut donc commettre

l'injustice sans être capable de l'éprouver, puisque nous la faisons consister dans l'intention de la commettre.

V. Je dirai donc maintenant du méchant, qu'il a l'intention de commettre l'injustice, et qu'il n'en a pas le pouvoir. Or, lorsque l'intention lui en vient, c'est, ou envers son semblable qu'il veut la commettre, ou envers l'homme de bien. Que fera donc ce dernier? Rendra-t-il au méchant injustice pour injustice? Mais le méchant n'a point la chose dans laquelle seule il pourroit l'éprouver. Car il est méchant, en ce qu'il ne possède pas cette chose. L'homme de bien ne rendra donc point au méchant injustice pour injustice, quant à l'acte effectif, car le méchant n'a pas la chose dans laquelle il pourroit éprouver l'injustice; il ne la lui rendra pas, non plus, quant à l'intention, car l'homme de bien n'a pas plus l'intention de commettre l'injustice, qu'un musicien n'a l'intention de jouer faux. En général, si c'est une méchanceté de commettre l'injustice, c'en est une aussi de la rendre. Car on n'est pas plus méchant en ce que l'on est le premier à commettre l'injustice (12). La rendre, c'est être méchant avec une égale mesure de méchanceté (15). En effet, si c'est une méchanceté de commettre une injustice, ce n'est pas une moindre méchanceté de la rendre, quoique ce ne soit que représailles. Car, de même qu'un bienfait envers un bienfaiteur n'en est pas moins un bienfait, quoiqu'il ne soit qu'un acte de reconnoissance; de même, une méchanceté, en retour d'une méchanceté, n'en est pas moins une méchanceté, quoique l'une ait provoqué l'autre.

VI. Quel sera donc le terme du mal? Car, si celui qui éprouve une injustice, use de représailles, le mal va se trouver dans un état de vicissitude, d'alternative, de réciprocité sans fin ; et l'injustice succédera perpétuellement à l'injustice. En vertu du droit que l'on donne à celui qui est attaqué, de se venger de son agresseur, on fait retomber contre lui-même le droit d'une seconde agression. Le droit devient, en effet, égal des deux côtés. O Jupiter ! que faisons-nous, de poser la justice pour base de l'injustice ! Jusqu'où ira le mal, et où s'arrêtera-t-il ? Ne voyons-nous pas que nous ouvrons une source intarissable de mauvaises actions, et que nous érigeons, par toute la terre, la méchanceté en loi ! Telle fut, sans doute, dans l'antiquité, la première origine du malheur des hommes. Les Grecs et les Barbares se désolèrent alternativement par des incursions, des guerres, des dévastations, des brigandages. Les premières agressions furent le prétexte de celles qui les suivirent. Des Phéniciens vinrent, dans la Grèce, enlever la fille d'un Roi d'Argos (14). Des Grecs allèrent, dans la Colchide, enlever la fille d'un Roi Barbare (15). Des Phrygiens, dans le Péloponnèse, enlevèrent une femme de Lacédémone (16). Voilà l'origine et la succession des maux. Voilà le prétexte des guerres. Voilà les agressions qui engendrent les agressions (17). La Grèce trouva, en effet, sa ruine dans l'opinion qu'elle adopta sur la matière que nous traitons, et qui se répandit chez ses voisins. Elle la trouva dans son irascibilité sans frein, dans ses implacables ressentimens, dans sa passion pour la vengeance, dans son ignorance de la justice.

VII. Oh, si ceux qui éprouvèrent ces divers outrages, avoient su que le plus rude châtiment du méchant est dans sa méchanceté même (18) ; que ce châtiment est pire que les calamités de la guerre, que le renversement des murailles, que le ravage des campagnes, que le détrônement des tyrans! La Grèce n'eût pas été en proie à tant de désastres. Les Athéniens assiégent Potidée. Citoyens de Lacédémone, laissez-les faire. Ils s'en repentiront un jour. N'imitez point cet attentat. N'en partagez point le blâme. Mais, si vous saisissez avec empressement ce prétexte, et que vous alliez vous ranger en bataille, à Platée, prenez garde; vous allez perdre l'île de Mélos, dans votre voisinage; vous allez vous faire dépouiller de l'île d'Égine; vous allez ruiner la Cité de Skione, votre alliée. Pour prendre une ville, vous allez en bouleverser plusieurs. De même que ceux qui font le commerce maritime payent de gros intérêts des capitaux qu'ils empruntent; de même, ceux qui s'abandonnent à leurs désirs de vengeance en recueillent bien des malheurs. Actuellement, je m'adresse aux Athéniens. Vous vous êtes emparés de l'île de Sphactérie. Eh bien, rendez à Lacédémone ses citoyens. Soyez prudens, soyez modestes, pendant que la fortune vous rit. Sinon, vous retiendrez des Spartiates, mais il vous en coûtera des vaisseaux. Sparte! Lysandre, ton amiral, a des succès dans l'Hellespont, et ces succès donnent de l'accroissement à ta puissance. Mais laisse Thèbes tranquille. Sinon, tu pleureras sur la journée de Leuctres, et sur la bataille de Mantinée.

VIII. O puissance invisible de la justice! ô vicissitude de ses châtimens! De là vient que Socrate fut sans ressentiment contre Aristophane, sans animosité contre Anytus, sans rancune contre Mélitus. Il se contenta de dire, à haute voix, « Anytus et Mélitus » peuvent me faire mourir, mais ils ne peuvent me » nuire (19) ». Car il est impossible que l'homme de bien reçoive aucun mal du méchant. Tel est le langage de la justice; langage qui, s'il étoit dans la bouche de tout le monde, feroit disparoître ces évènemens tragiques, ces scènes déplorables, cette multitude, cette variété de maux et de calamités, qui désolent l'espèce humaine. Car, de même que parmi les maladies du corps, celles qui gagnent de proche en proche sont les plus dangereuses, et ont besoin de secours efficaces, pour empêcher le mal d'attaquer les parties saines; de même, lorsque des semences d'injustice ont été jetées dans une famille, dans une Cité, il faut se hâter d'arrêter le mal, si l'on veut l'empêcher de faire de nouveaux progrès (20). Une conduite opposée causa la perte de Pélopidas, l'anéantissement des Héraclides, l'extinction de la race de Cadmus, la destruction des Perses, la ruine des Macédoniens et des Grecs. O maladie incurable dont les hommes sont atteints, depuis des milliers de siècles!

IX. Quant à moi, je ne balance point à dire que, si, entre deux injustices, l'une est plus grave que l'autre, celui qui use de représailles montre plus de méchanceté. Car celui qui commet l'injustice, par le vice de son éducation, a son châtiment dans le blâme qu'il recueille. Mais celui qui se venge, encourt le même reproche de méchanceté, et il y ajoute, en outre, le blâme que l'agresseur avoit recueilli. De même que celui qui se prend corps à corps avec un charbonnier doit nécessairement se couvrir de la cendre noire dont ce dernier est couvert (21); de même, celui qui se met aux prises avec le méchant doit se rouler avec lui dans le même bourbier, et se salir de la même fange. Qu'un athlète s'attaque à un autre athlète: à-la-bonne-heure. Le combat est égal entr'eux. La même ambition les anime. Je vois deux hommes de même complexion, de même métier, aspirer également à l'honneur de vaincre. Mais, lorsqu'un homme de bien entre en lice avec un méchant, ce sont deux champions qui ne sortent pas du même gymnase, qui n'ont pas eu les mêmes maîtres, qui n'ont pas appris les mêmes exercices, qui n'ont pas été dressés au même genre d'escrime, qui ne courent ni après la même couronne, ni après la même gloire. Ce combat m'afflige, les armes n'y sont point égales : Le méchant doit nécessairement triompher. Les spectateurs et les juges sont des méchans qui lui ressemblent. Au lieu que l'homme de bien, sans talens, sans moyens propres à une pareille lutte, n'ayant ni déloyauté, ni perfidie, ni scélératesse, ni rien de tout ce qui produit l'avantage du méchant, et lui assure le succès, ne peut que se montrer ridicule dans un combat où il n'apporte, ni aptitude naturelle, ni ressources acquises, ni expérience.

X. Mais, c'est pour cela même, dira-t-on, que l'homme de bien est insulté, dénoncé par des Sycophantes, calomnié, poursuivi, dépouillé de ses biens, jeté en prison, condamné à l'exil, à l'infamie, à la mort ! Quoi donc ! si des enfans se faisoient un code particulier (22), composoient entr'eux un Tribunal, et y traduisoient un homme pour le juger selon leurs lois ; si, ensuite, en supposant qu'il leur plût de commettre une injustice, ils condamnoient cet homme à être regardé comme infâme dans leur petite République, et qu'ils confisquassent à leur profit les dés, les osselets et autres joujoux appartenans au condamné, que devroit faire un tel homme ? Ne devroit-il pas rire du Tribunal, des suffrages des juges, et du jugement ?

jugement? Socrate en usa ainsi, à Athènes. Il traita ses juges, comme un groupe d'enfans, jugeant et condamnant à la mort un homme mortel (23). C'est ainsi que l'homme de bien, l'homme juste, saura braver, d'un ris moqueur, les méchans se ruant sur lui avec impétuosité; et qui, croyant l'accabler, ne pourront l'atteindre. S'ils le déclarent infâme, il s'écriera avec Achille : « Je pense que Jupiter m'a rendu plus de » justice (24). S'ils lui enlèvent ses biens, il les leur abandonnera, comme des osselets et des joujoux. S'ils le condamnent à la mort, il la recevra, comme de la part de la fièvre, ou de la gravelle, sans nulle animosité contre ses assassins (25).

NOTES.

(1) « Ce discours », dit Saint-Rhénan, dans sa préface, à la tête du Maxime de Tyr qu'il a imprimé, « Ce discours est tellement reli- » gieux, tellement pieux, tellement chrétien, que si l'on en inculquoit » fréquemment les principes dans les têtes vulgaires, il seroit facile » de mettre enfin un terme à cette fureur insensée de guerroyer, qui » met les Chrétiens aux prises les uns avec les autres ». Au reste, la matière de cette Dissertation est empruntée du Traité de Platon, intitulé, le *Criton*, où Socrate démontre qu'il ne faut, ni commettre, ni rendre l'injustice, ni faire le mal, ni rendre le mal pour le mal. Hiéroclès, dans son commentaire sur les vers dorés de Pythagore, professe la même doctrine. Marc-Antonin, dans le premier livre de *ses Réflexions morales*, n°. 7, nous apprend, que « Rusticus lui a fait » voir qu'il falloit qu'il fût toujours prêt à pardonner à ceux qui l'au- » roient offensé ». La philosophie ne le cède donc point, sur cet article de morale, aux préceptes du Christianisme.

(2) *Friponnerie* n'est peut-être pas le mot le plus propre à rendre le mot grec ἀπάτη. Ce dernier embrasse, dans son acception, tous les actes d'improbité qui s'entourent de fraude, d'astuce, d'artifice, de tromperie.

(3) Ces paroles sont de Pindare. Platon les a citées, dans le second livre de sa *République*, ainsi que Cicéron, dans une de ses *Lettres à Atticus*, ainsi qu'Eusèbe, dans le livre XV, chap. 5, de sa *Préparation évangélique*. Le poëte Claudien y fait allusion, dans son poëme sur le *quatrième Consulat d'Honorius*, vers 199. Au surplus, de la manière dont l'estimable traducteur de la *République de Platon* les a rendues, tom I, pag. 81, il paroit n'avoir pas aperçu que l'ἥσσον de son texte étoit un comparatif. Pacci a fait ici un contre-sens. Il a traduit :

Utrum justitiæ sit domus altior
Quàm ut pravis homines hanc superent dolis.

(4) C'est la lettre du texte, sauf à ne pas prendre ce mot dans le sens odieux qu'il a en françois. Pacci a traduit *Tyrannis ;* Heinsius a mieux aimé traduire *Regum*, quoique, assurément, le plus grand nombre de ceux pour lesquels Pindare a composé ses Odes, ne fussent pas plus des Rois que des Tyrans.

(5) Quelques Auteurs les nomment les *Aloades*. C'étoient *Otus* et *Ephialtes*, fils d'*Alôée* et d'*Iphimédée*, dont Virgile fait mention, au sixième livre de l'*Énéide*, vers 582, où, après avoir parlé des Titans, il ajoute :

Hic et Aloïdas geminos immania vidi
Corpora, qui manibus magnum rescindere cœlum
Aggressi, superisque Jovem detrudere regnis.

Formey n'y a pas regardé de si près. Il les a pris pour les Titans. On peut consulter sur les Aloïdes, Thémistius, dans la seconde de ses *Oraisons*, p. 36 ; Claudien, *de bello Getico*, vers 68 et suivans ; Hyginus, fable 28, et les autres Auteurs indiqués dans la note de Davies.

(6) Pacci paroit avoir lu, dans son manuscrit, αὑτῷ, avec l'esprit rude, au lieu de αὐτῷ, avec l'esprit doux. Sa version, *an forte injuriam sibi ipsi quemquam inferre fas sit*, ne permet pas d'en douter. Cette leçon semble meilleure que la leçon vulgaire, et d'un sens plus concordant avec ce qui suit. Néanmoins, il est aisé de voir qu'elle n'est pas pleinement satisfaisante. S'il m'étoit permis de hasarder une conjecture, je dirois qu'il faut lire, μὴ γὰρ ἂν ἀδικεῖν καὶ ἀδικεῖσθαι αὐτῷ θέμις ᾖ. Il me paroit évident que le premier de ces deux infinitifs a disparu par l'inadvertance des copistes ; et le sens du passage le réclame si impérieusement, qu'en m'étonnant d'avoir les prémices de cette idée, je prends la liberté de l'adopter.

(7) Pacci ne doit pas avoir trouvé, dans son manuscrit, ces quatre mots, καὶ τέμνειν, καὶ τέμνεσθαι, car il ne les a pas rendus.

(8) Les interprètes Latins ne m'ont point paru avoir donné aux deux infinitifs ἐλέγχειν καὶ ἐλέγχεσθαι, l'acception qui leur convient. J'ai cru être plus dans le sens de Maxime de Tyr, en attribuant à celui qui connoit la vérité, *la fonction de convaincre*, qu'en *lui attribuant la fonction de Censeur*.

(9) Il faut entendre ici cette expression en italique, dans le sens d'abstraction métaphysique, et de généralité, que lui donnent les philosophes, et spécialement les Stoïciens.

(10) En effet, comme le dit Élien, au livre XIV, chap. 28 de ses *Histoires diverses*, « Le méchant est non-seulement celui qui a réel-
» lement commis l'injustice, mais celui-là même qui en a eu l'inten-
» tion ».

(11) J'ai adopté ici la correction de Markland, qui a repris Hein-
sius de n'avoir pas aperçu qu'il n'étoit point, et ne pouvoit point être question, dans la pensée de Maxime de Tyr, d'un voleur pris en fla-
grant délit.

(12) Davies a judicieusement remarqué ici, que le sens, tel que le présentent les éditions vulgaires, implique contradiction. J'ai suivi la correction qui lui a été indiquée par ses deux manuscrits. *Voyez* Gataker, sur *Marc-Antonin*, liv. VI, n°. 6.

(13) Ceci ne va point, et ne peut point aller, jusqu'à proscrire ce qui entre dans le droit de la défense de soi-même, dans le cas instantané d'une agression à force ouverte. La philosophie ne peut pas vouloir que l'on prête la gorge à un assassin, au lieu de tout faire pour échapper au danger, pas plus que la religion qui commande à celui qui re-
çoit un soufflet sur une joue, de présenter l'autre. A cet égard, le droit naturel décide, comme le dit Quintilien, liv. VII, chap. 4 de ses *Institutions oratoires*, que « la force que l'on oppose à la force, et
» les autres traitemens de cette nature, n'ont rien d'injuste envers le
» provocateur ». Cicéron, dans son *Oraison pro Milone*, a, là-dessus, un très-beau passage qui renferme toute la théorie de ce principe élémen-
taire du droit naturel. *Est enim hæc non scripta sed nata lex, quam non didicimus, expressimus, accepimus, legimus, verùm ex naturá ipsá arri-
puimus, hausimus, ad quam non docti, sed facti, non instituti, sed imbuti sumus, ut si vita nostra in aliquas insidias, si in vim, si in tela aut latro-
num aut inimicorum incidisset, omnis honesta ratio esset expediendæ salu-
tis : silent enim leges inter arma, nec se expectari jubent, cum ei qui ex-
pectare velit, ante injusta pœna luenda sit quam justa repetenda.* On peut consulter sur cette importante matière, *Puffendorf et Grotius.*

(14) Io, fille d'Inachus.

(15) Les Argonautes, qui enlevèrent Médée.

(16) Hélène. *Voyez* Hérodote, liv. I, n°. 1, 2, 3.

(17) « A Rome », dit quelque part J. J. Rousseau, « les grandes
» révolutions y vinrent des femmes ». Maxime de Tyr va plus loin. Il
les regarde comme la cause originelle des malheurs de l'humanité.
Horace avoit dit avant lui :

> *Nam fuit ante Helenam cunnus teterrima belli*
> *Causa.*   Lib. I, Satyr. III.

La tradition de Moïse, sur la *malheureuse histoire du premier Homme*,
auroit-elle donné lieu à cette opinion ?

(18) Dans le *Gorgias de Platon*, Socrate dit, que « commettre l'in-
» justice est le plus grand de tous les maux ». Constantin, dans l'*Oraison de l'assemblée des Saints*, chap. 15, professe la même doctrine :
« Il est, vraiment, dit-il, d'une sagesse céleste, de préférer éprouver
» une injustice, que de la commettre, et d'être plus disposé, dans un
» cas de nécessité, à souffrir du mal qu'à en faire. Car, en matière
» d'injustice, le pis étant de la commettre, ce n'est point celui qui
» l'éprouve, mais celui qui la commet, qui est le plus cruellement
» puni ». *Voyez* Aulugelle, liv. XII, chap. 9. Sénèque, *de la Colère*,
liv. III, chap. 6; et *de la Constance*, chap. 16. Cyprien, épît. 55,
p. 85; et Boëce, *Consolation de la philosophie*, liv. IX, p. 4.

(19) C'est par ce sublime mot de Socrate, que le *Manuel* d'Épictète
se termine : « O, Criton, si les Dieux le veulent ainsi, que cela soit
» ainsi ! Anytus et Mélitus peuvent me faire mourir, mais ils ne peu-
» vent me nuire ». *Voyez* Platon, dans l'*Apologie de Socrate*; Origène
contre Celse, liv. VIII, p. 383, et Arrien sur Épictète, liv. II, n°. 2.

(20) Citons, à ce sujet, une excellente pensée d'Héraclite le pleureur :
« Il faut être plus prompt à éteindre un ressentiment qu'un incendie ».

(21) Davies dit ici que Plutarque, dans son Traité contre les *Stoï-
ques*, emploie une *comparaison semblable*. Cette comparaison, qu'on
trouve au commencement du Traité en question, diffère de celle de
Maxime de Tyr, en ce qui concerne le résultat.

(22) Voyez *Dissert.* 9, §. 5. *Diss.* 36, §. 5; et Arrien, sur *Épictète*,
IV. 7.

(23) Lorsqu'on vint annoncer à Socrate que ses juges l'avoient condamné à la mort, il répondit : « La nature les y a condamnés eux-
mêmes ».

(24) Ces paroles sont empruntées du 9ᵉ. chant de l'*Iliade*, vers 604.

(25) Comment résister ici à la tentation de citer des vers de ce poëte célèbre, qui s'est acquis tant de gloire, en ornant le langage philosophique des charmes de la poésie?

> *Vir bonus et sapiens audebit dicere: Pentheu,*
> *Rector Thebarum, quid me perferre, patique,*
> *Indignum coges? Adimam bona, nempe pecus, rem,*
> *Lectos, argentum. Tollas, licet. In maniris, et*
> *Compedibus, sœvo te sub custode tenebo.*
> *Ipse Deus, simul atque volam, me solvet. Opinor,*
> *Hoc sentit, moriar: mors ultima linea rerum est.*
>
> Horat. *epist. lib. I, ep.* 16.

Paris, le 9 prairial an IX. (29 mai 1801.)

DISSERTATION XIX.

En admettant la divination, la prudence humaine est-elle, de son côté, capable de quelque chose (1)?

LES Athéniens, instruits que les Mèdes préparoient une expédition contre la Grèce, coururent à l'Oracle d'Apollon. Ils lui demandèrent ce qu'ils devoient opposer à une armée de Barbares, composée de cavalerie Médique, de chars Persiques, d'infanterie Égyptienne, de frondeurs Cariens, d'archers de Paphlagonie, de troupes légères de Thrace, de phalanges de Macédoine, et de dragons (2) de Thessalie. Les Athéniens consultèrent donc le Dieu sur ce qu'il y avoit à faire, pour conjurer l'orage dont Athènes étoit menacée; et l'Oracle leur répondit qu'il falloit fortifier leur ville avec un rempart de bois (5). Thémistocle pensa que par un rempart de bois, l'Oracle avoit voulu désigner une flotte. Tous les Athéniens pensèrent comme lui. Ils abandonnèrent leur ville, et s'entourèrent du rempart de bois qu'Apollon sembloit indiquer. Si donc les Athéniens, dans cette conjoncture, n'avoient pas voulu recourir à Delphes; s'ils s'étoient bornés à s'en rapporter à l'avis d'un habile homme, capable d'apprécier leurs forces disponibles, leurs ressources militaires, la nature du danger, et les moyens probables de défense, est-il apparent que l'avis d'un pareil homme eût été moins sage que le conseil de l'Oracle? Pour moi, je pense que les Athéniens n'auroient eu besoin ni de langage équivoque, ni de rempart énigmatique, mais que cet homme auroit pu

leur dire : « O Athéniens, abandonnez aux Barbares
» vos murailles de pierre et vos maisons. Réfugiez-
» vous sur les flots, avec vos biens, vos enfans, votre
» liberté et vos lois ».

II. Pourquoi donc les hommes s'adressent-ils aux
Oracles, et négligent-ils les lumières de semblables
conseillers pris parmi leurs pareils ? Est-ce parce que
les conseils de l'homme sont incertains, infidèles,
contrariés par la jalousie, peu sincères, variables, et
sujets à manquer leur but ; au lieu que les réponses
des Dieux sont d'une exactitude rigoureuse, d'une
vérité qui commande la confiance, d'une justesse à
toute épreuve, et d'une autorité qui imprime le respect ? Cependant les Oracles des Dieux, et l'intelligence des hommes (je le dirai, quoiqu'il y ait de la
hardiesse à le dire) viennent de la même source ;
et, s'il existe des choses qui se ressemblent, rien ne
s'approche plus de la prudence des Dieux que la prudence des hommes. Ne mettez donc en question, ni
comment l'homme, étant capable de se diriger lui-
même, a néanmoins recours aux Oracles ; ni comment, les Oracles disant toujours la vérité, la prudence humaine est capable de quelque chose. Il ne
s'agit que d'un seul et même point. C'est proposer, dé-
battre, retourner la même question, tandis qu'on peut
la diviser comme il convient.

III. Ni les Oracles des Dieux ne frappent (4) toujours au but, ni l'intelligence humaine ne le manque
toujours. Je parlerai, ci-dessous, de ce qui regarde
l'homme, sous ce rapport. Quant aux Dieux, pensez-
vous qu'ils connoissent toutes choses en détail, ce qui
est beau, ce qui est honteux, ce qui est honnête, ce
qui est déshonnête ? Je ménage les termes, par respect

pour eux. Sans doute, c'est quelque chose d'important que de savoir, et le nombre des grains de sable, et les distances maritimes, ainsi que de connoître le bizarre secret du vase qui bout en Lydie (5). Sans doute, dans leurs Oracles, les Dieux enseignent la vérité à ceux qui en ont besoin, et il importe de la connoître, quand même le méchant, qui l'apprend, devroit la tourner à son avantage. Mais c'est faire de Dieu un jongleur qui se donne de l'importance, qui montre de la fatuité; c'est le rendre semblable à ces bateleurs qui font faire cercle autour d'eux, et qui disent pour deux oboles (6) la bonne aventure au premier venu. Quant à moi, je ne pense pas qu'il convienne non-seulement à Dieu, mais même à un homme de bien, de s'ingérer, avec un certain empressement, de dire la vérité. Car, à quoi bon la manifester, si ce n'est pour l'avantage de celui qui a intérêt à l'apprendre? C'est ainsi que le médecin trompe son malade, le Général ses soldats, le pilote son équipage. Et il n'y a pas de mal à cela. Car il est des circonstances, où le mensonge est utile et la vérité nuisible (7). Si donc vous pensez que la science des Oracles est autre chose que l'intelligence divine, supérieure à celle de l'homme en justesse et en solidité, c'est tout comme si vous pensiez que la raison est en conflit avec la raison. Si, au contraire, il n'y a pas plus de différence entre l'une et l'autre, qu'entre la lumière du soleil et celle du feu, qui sont chacune de la lumière; admirez la plus brillante, à-la-bonne-heure; mais n'avilissez point, sous prétexte de la différence, celle qui a moins d'éclat. Pensez, au contraire, que cet Univers est comme l'ensemble d'un instrument de musique : que Dieu est le facteur de cet instrument : qu'il est le premier

terme de cette harmonie, dont l'échelle embrasse les
airs, la terre, la mer, les animaux, les plantes ; laquelle
s'étend ensuite à une infinité d'êtres de diverse nature,
afin de faire cesser la discordance qui existe entr'eux ;
semblable à l'harmonie musicale (proprement dite),
qui, dans un chœur nombreux, prend la place de la
polyphonie, et fait succéder l'ordre à la confusion.

IV. Mais quel est donc le mode de cet art divin ? car
je n'ai point de terme pour l'exprimer. Au moins la
comparaison qui suit vous donnera-t-elle une idée de
sa puissance. Considérez, lorsqu'on tire un vaisseau
à terre, lorsqu'on élève des pierres d'une grandeur dé-
mesurée, les divers instrumens et le mécanisme com-
pliqué qui servent à cette opération ; comment chaque
partie distribue la force à celle qui l'avoisine ; comment, de cette progressive communication d'efforts,
résulte l'entraînement du mobile. La machine entière
est bien la cause du mouvement : mais chaque rouage,
chaque mouffle, y participe également. Regardez donc
DIEU comme un architecte ; la Raison et la Prudence
de l'homme comme son attirail mécanique, et comme
son art, cette espèce de divination (8), qui nous entraîne où nous conduit le destin. Voulez-vous une
comparaison plus frappante ? Considérez DIEU, comme
un Général ; la vie, comme une armée ; l'homme, comme un soldat ; le destin, comme un étendard ; toutes
les choses qui composent le bonheur, comme des armes ; toutes celles qui composent l'infortune, comme
des ennemis ; le raisonnement, comme un allié ; la
vertu, comme la victoire ; la méchanceté, comme la
défaite ; la divination, comme un art qui apprend à
prédire les évènemens, sur la foi des pronostics. Le
pilote, à son bord, s'il connoît sa manœuvre, l'état de

la mer, et la nature du vent, prévoit ce qui doit arriver. Le Général, à la tête de son armée, s'il connoît ses troupes, ses dispositions, et celles de son ennemi, prévoit ce qui doit arriver. Un médecin, qui voit un malade, qui étudie la maladie, et qui sait son métier, prévoit ce qui doit arriver. Vous voyez comme les devins sont nombreux ; comme ils sont clairvoyans ; comme ils sont habiles ; comme ils vont au but. Eh bien, si chacune des choses qui sont en notre pouvoir ne dépendoit que d'elle-même, et qu'il n'y eût point de destin, on n'auroit nul besoin de divination. Mais, s'il existe une liaison entr'elles et toutes les autres choses, et que cette liaison même soit une partie du destin, la divination aura lieu en ce qui concerne les choses nécessaires; et quant à celles que la sagacité humaine pourra, ou ne pourra pas atteindre, elles resteront soumises à la prévoyance de l'homme.

V. Mais, si la prudence humaine n'est pas moins propre que la divination à faire connoître les choses nécessaires, quelle sera la marche, quel sera le procédé de l'une et de l'autre ? Les chaleurs ardentes, les grandes pluies, les tremblemens de terre, les explosions des volcans, les ouragans, les tempêtes, sont susceptibles d'être prévus, non-seulement de la part des Dieux, mais encore de la part des hommes qui ont des lumières. C'est ainsi que Phérécyde annonça aux Samiens un tremblement de terre ; qu'Hippocrate annonça aux Thessaliens une famine ; que Timésias (9) de Clazomène annonça une éclipse de soleil à ses concitoyens, et ainsi des autres. Mais comment DIEU appliquera-t-il la divination aux choses qui sont en notre pouvoir ? *Ne sème point le champ aux enfans malgré les Dieux* (10), dit un Oracle; *car, si tu plantes un enfant, celui qui naîtra de ton œuvre, te donnera la mort.* Voilà bien sa prophétie; mais, en la faisant, l'Oracle savoit qu'il s'adressoit à un homme intempérant, sujet à l'ivresse, et de là vint qu'il lui annonça ce malheur. Car Laïus avoit manifesté son inclination à ce vice; et les Dieux savoient quelles en étoient les conséquences. Lorsque *Crésus aura passé le fleuve Halis, un grand empire sera renversé* (11). L'Oracle ne dit point que Crésus doive passer le fleuve. Mais il prédit ce qui doit lui arriver, après qu'il l'aura passé. Si l'on détruit la liaison, et que l'on sépare la divination qui appartient aux Dieux, de la prudence qui appartient à l'homme, on rompt la plus concordante des harmonies.

VI. Les Dieux et les hommes ont pour domicile commun le ciel (12) et la terre. Voilà leurs foyers, leurs demeures éternelles. L'une est habitée par les Dieux, et par les enfans des Dieux : l'autre, par les hommes, leurs interprètes, « non pas ceux », comme dit Homère, « qui couchent à terre, et qui ne lavent » point leurs pieds (13) », mais ceux qui portent leurs regards vers les cieux, qui y dirigent leur âme; ceux dont l'intelligence est comme un chaînon attaché à l'intelligence de Jupiter. Les Dieux du second ordre sont chargés de veiller sur leur existence. Ils donnent à la terre sa fécondité, et conservent les fruits qu'elle produit. Ils sont invisibles (14). Ils ne lancent point de flèches; ils ne peuvent être blessés, « car ils ne man- » gent point de pain, et ne boivent point de vin (15) ». Les hommes, de leur côté, tournent les yeux vers le ciel, et contemplent, à leur aise, la resplendissante demeure de Jupiter, laquelle ne reçoit point son éclat, comme dit Homère, « d'ornemens dorés, et de flam-

» beaux portés par des mains d'enfans (16) », mais
du soleil, de la lune, et du feu brillant des astres, qui
peuplent le firmament avec eux. Vous voyez une
armée fournie d'excellens chefs, et des goujats nécessaires. Gardez-vous de détruire cette aggrégation; et
vous connoîtrez ce que c'est que la divination, ce que
c'est que la prudence humaine (17), et en quoi consistent l'efficacité et l'union de l'une et de l'autre.

VII. Vous voyez qu'il en est de la vie de l'homme
comme d'une République, qui n'a aucune solidité,
et qui est livrée à de continuelles vicissitudes. Vous
diriez d'un vaisseau de transport, qui navigue sans
cesse, et qui est perpétuellement le jouet des vagues.
Il a besoin, pour se conserver, non-seulement du talent du pilote, mais encore de la faveur des vents,
de l'habileté de la manœuvre de la part de l'équipage,
de la souplesse des agrès, et de la facilité de la mer.
Considérez donc les facultés intellectuelles de l'âme,
comme les agrès et la manœuvre; les choses cachées aux regards de l'homme, comme les vents et
les flots; et les justes prédictions de la divination,
comme les pronostics du pilote. Si le mélange de cet
ordre de choses embarrasse votre raisonnement, écou-
tez Platon, qui dit que « Dieu gouverne l'Univers;
» qu'après lui, l'occasion et la fortune gouvernent
» les choses humaines (18), en y joignant l'adresse,
» troisième puissance, plus bénigne que les deux au-
» tres ». Car, au fort d'un orage, je regarde comme
un plus grand bien d'avoir le secours d'un pilote, que
d'en être privé.

VIII. Cette matière de la divination jète mon âme
dans l'embarras. Je ne peux me décider, ni à la mé-
priser entièrement, ni à prendre dans la raison hu-

maine une pleine confiance. Mais, semblable à ces animaux amphibies, qui partagent avec les oiseaux la faculté de s'élever et de planer dans les airs, le train de la vie de l'homme me paroît être soumis à une double influence, et se partager entre le libre arbitre et la nécessité. Tel seroit le libre arbitre d'un homme chargé de chaînes, et qui suivroit néanmoins, de lui-même, ses conducteurs. Cela me donne bien la notion de la nécessité; mais je n'ai point de terme pour l'exprimer proprement. Car, si je l'appéle *fatalité*, j'employe un mot sur lequel les opinions des hommes ne sont point d'accord. Qu'est-ce, en effet, que la fatalité? Quelle est sa nature, quelle est son essence? « Est-» elle un des Dieux qui habitent l'immensité des » cieux (19) »? Le mal n'est point son ouvrage. Les calamités humaines ne tiennent point au destin. (Car il n'est pas permis d'imputer le mal aux Dieux (20)). « Si elle est un des hommes mortels qui habitent la » terre (21)», c'est un mensonge de la part d'Elpenor, de dire, « Un funeste destin est la cause de ma » blessure (22) » : C'est un mensonge, de la part d'Agamemnon, de dire, «Ce n'est pas moi qui suis le » coupable, c'est Jupiter, c'est le Destin, ce sont les » Furies (23) ».

IX. Ces mots ne me paroissent être que de spécieux détours de la méchanceté humaine, pour attribuer à un mauvais génie, aux parques, ou aux furies, ses propres forfaits. Que de pareilles excuses soient employées dans les tragédies, nous ne chicanerons pas les poëtes sur leurs expressions. Mais le drame de la vie n'admet point ces futilités. Les Furies, les Parques, les Dieux du second ordre, et les autres puissances qui désignent la fatalité, sous une dénomination quelconque, renfermées dans le sein d'Agamemnon, le déchirent, « parce qu'il n'a point montré les égards » convenables au premier des héros des Grecs (24) ». Ce sont ces puissances qui plongent Elpénor dans l'ivresse, qui conduisent Thyeste aux noces de son frère, qui arment Œdipe d'un fer parricide. Ce sont elles qui poussent les calomniateurs devant les Tribunaux, les pirates sur les ondes, l'assassin contre sa victime, et l'intempérant aux voluptés. Elles sont la source des malheurs des hommes. La foule des maux émane d'elles, comme la lave s'élance des gouffres de l'Etna, et la peste des sables brûlans de l'Éthiopie. A la vérité, la lave de l'Etna ne va point au-delà des régions qui l'environnent, et la peste s'arrête, lorsqu'elle est arrivée à Athènes (25). Au lieu que les canaux de la méchanceté sont sans nombre, et vont continuellement leur train. De là, le besoin perpétuel de prédictions et d'oracles. Qui donc se tromperoit à prédire le sort de la méchanceté, de la déloyauté, de l'intempérance ? Apollon n'est pas le seul qui ait pronostiqué juste. Socrate en a fait autant. De là vient qu'Apollon loue Socrate de faire le même métier que lui (26).

N O T E S.

(1) Cette Dissertation a été traduite en latin, par le célèbre Grotius, dans celui de ses ouvrages, où il a traité *de l'Opinion des philosophes touchant le Destin*, p. 63 et suivantes.

(2) Sans doute, dans l'organisation militaire des peuples de l'antiquité, le mot de *Dragon* n'étoit pas connu. Mais ceux qui savent qu'une des règles fondamentales de notre langue est écrite dans ce vers de Boileau,

« Sans cesse, en écrivant, variez vos discours, »

sentiront que je ne pouvois pas mettre dans la même phrase, les mots *de cavalerie Médique* et *de cavalerie de Thessalie*.

(3) Hérodote, au 7ᵉ. livre de son histoire, nº. 141, nous a conservé les propres termes de l'Oracle. Entr'autres Auteurs de l'antiquité qui font mention de ce trait historique, on peut consulter Philostrate, *Vie des Sophistes*, *in procemio;* Cornélius-Népos et Plutarque, *Vie de Thémistocle;* Justin, liv. II. 12; Dion-Chrysostôme, oraison 25, et Synèse, *de insomniis.*

(4) A l'exception d'Épicure, les philosophes, et principalement les Platoniciens, ont reconnu la toute-science du Dieu suprême. Platon pensoit, d'ailleurs, que Dieu ne communiquoit jamais immédiatement avec les hommes, mais qu'il se servoit pour cela, de l'intermédiaire des Dieux du second ordre. *Voyez* Apulée, *du Dieu de Socrate.* « C'est, dit Platon, dans son *Symposiaque* », c'est par le moyen » de ces Dieux que s'opère tout ce qui constitue la Divination. D'ail-» leurs, Dieu ne se met point en commerce direct avec les hommes ». Alcinoüs s'en explique bien disertement, au 15ᵉ. chapitre de son *Introduction à la philosophie de Platon,* p. 99. On peut consulter là-dessus Martianus Capella, liv. II, p. 38; Porphyre, de l'*Abstinence des viandes,* liv. II, p. 38; Plutarque, dans son Traité de la *Défaillance des Oracles,* et Théodoret, dans ses *Thérapeutiques,* liv. X, pag. 135 et 137.

(5) *Voyez* ci-desus, *Dissert.* XVII, sect. VI, ainsi que la note relative à Crésus.

(6) Isaac-Casaubon a cité ce passage de Maxime de Tyr, dans une de ces savantes notes, dont il a composé son Commentaire sur les *Caractères de Théophraste.* Voyez cet ouvrage du moraliste Grec, ch. VI, περὶ ἀπονοίας, et la note de Casaubon sur les mots καὶ ἐν θαύματι διὰ τοὺς χαλκοῦς ἐκλέγειν.

(7) A la fin du second livre de la *République,* Platon pose d'abord en principe, que *le vrai mensonge est également détesté des hommes et des Dieux.* Mais bientôt après, il établit une distinction entre ce qu'il appelle *le mensonge proprement dit,* ou l'ignorance dans l'âme, et entre *le mensonge dans les paroles;* et c'est de ce dernier qu'il enseigne ce que dit ici Maxime de Tyr, qu'il « est des circonstances où le men-» songe dans les paroles, perd ce qu'il a d'odieux, parce qu'il devient » utile ». Il justifie cette doctrine par deux exemples. « Le mensonge », dit-il, « n'a-t-il pas son utilité, lorsqu'on s'en sert pour tromper un » ennemi, ou même un ami, que la fureur ou la démence porte à » quelque action mauvaise en soi; le mensonge devenant alors un » remède que l'on emploie pour le détourner de son dessein »? Je me suis servi de la traduction de Grou, tom. I, p. 123 et suivante.

(8) Davies et Markland sont les seuls qui se soient aperçus que le texte étoit corrompu en cet endroit. J'ai suivi la correction de ce dernier.

(9) Les critiques ne sont pas d'accord sur le nom propre du personnage cité ici par Maxime de Tyr. Au milieu de ces variantes, le plus sûr est de s'en tenir à la leçon des deux manuscrits, dont Davies et Markland ont reconnu la supériorité, lesquels portent Τιμνσίης, Timésias; et alors ce *Timésias* sera le même que celui dont parle Hérodote, dans son livre premier, n°. 168. Néanmoins Heinsius a mieux aimé lire, Τιμνσίας, que Τιμνσίης, sur la foi de Plutarque, dans son Traité des *Préceptes d'administration publique*, n°. 49, (édition de Cussac, t. XV), et sur celle d'Élien, dans ses *Histoires diverses*, l. XII, ch. 9.

(10) Ce passage est emprunté de la tragédie d'Euripide, intitulée, les *Phéniciennes*, 18e. vers. Ce fut la réponse que fit à Laïus, Roi de Thèbes, l'Oracle qu'il consulta, peu de temps après son mariage.

(11) Aristote, au troisième livre de sa *Rhétorique*, chap. 5, cite ce vers pour exemple, de l'artificieuse ambiguité que les Oracles mettoient dans leurs réponses. *Voyez* Hérodote, lib. I, n°. 53.

(12) Le grec porte littéralement, οὐρανός, *le Ciel*. Il faut néanmoins prendre ici ce mot pour la région éthérée, dont les Platoniciens faisoient la demeure des Dieux du second ordre, au lieu que *le Ciel*, proprement dit, étoit la demeure de Jupiter, ou du DIEU suprême, ainsi que notre Auteur l'insinue plus bas.

(13) Maxime de Tyr emprunte ici le langage d'Homère, au seizième chant de l'*Iliade*, 234e. vers, et, selon Camérarius, on doit entendre ce passage comme désignant ces peuples barbares et nomades, qui mènent une vie errante et vagabonde, et qui sont étrangers à tous les usages de la civilisation. Voyez *Dissert. XIV*, sect. I. *In fin.*

(14) Markland admet le sens qui résulte du mot ὀδυρόμενοι: mais cela ne l'empêche pas de conjecturer, avec quelque probabilité, que Maxime de Tyr a écrit ἐκ ὀδυρόμενα, *inaccessibles aux lamentations et aux chagrins.*

(15) Maxime de Tyr dit ici que les Dieux du second ordre ne peuvent point être blessés; et il en donne pour raison un vers d'Homère, emprunté d'un passage, où ce poëte dit tout le contraire des Dieux, même du premier ordre, puisqu'il y parle de la blessure que Vénus reçut, à la main, de la part de Diomède. Et d'ailleurs, dire que ces Dieux ne peuvent point être blessés, parce qu'ils ne mangent point de pain, et qu'ils ne boivent point de vin! Ils mangeoient du moins l'ambrosie, et buvoient le nectar; et, selon la judicieuse observation de Camérarius, il y a beaucoup d'animaux qui ne mangent point de pain, et ne boivent point de vin, et ne laissent pas d'être sujets aux maux physiques et à la mort.

(16) Voyez l'*Odyssée*, 7e. chant, 100e. vers; et Lucrèce, *de rerum naturâ*, lib. II, vers 24 et 25.

(17) Dans une note précédente, Markland a prouvé que le mot ἀρετὴ devoit s'entendre, ici, de la *prudence humaine*.

(18) Maxime de Tyr emprunte, ici, le langage de Platon, au quatrième livre des *Lois*. *Voyez* Hiéroclès, dans son Traité de la *Providence*, p. 264, et Stobée, *Discours LVIII*, p. 380.

(19) Voyez l'*Odyssée*, sixième chant, 150e. vers.

(20) Platon s'explique d'une manière bien précise, en effet, sur ce point fondamental de sa doctrine, dans le second livre de sa *République*, pag. 117, de la traduction que j'ai déjà eu occasion de citer. « DIEU, étant essentiellement bon, n'est pas cause de toutes choses, » comme on le dit communément; et parce que les biens et les maux » sont tellement partagés entre les hommes, que le mal y domine, » DIEU n'est cause que d'une partie de ce qui arrive aux hommes, » et il ne l'est point de tout le reste. On ne doit attribuer les biens qu'à » lui. Quant aux maux, il en faut chercher une autre cause que DIEU. » Il ne faut donc pas ajouter foi à Homère, ni à aucun autre poëte » assez insensé pour blasphémer contre les Dieux, et pour dire, que » *dans le palais de Jupiter, il y a deux tonneaux pleins, l'un de desti-* » *nées heureuses, l'autre de destinées malheureuses*, etc. » *Voyez* la note du traducteur sur ce passage.

(21) *Ibidem*, 153e. vers.

(22) *Ibidem*, onzième chant, 61e. vers.

(23) Voyez l'*Iliade*, dix-neuvième chant, 86e. vers.

(24) Voyez l'*Iliade*, onzième chant, 412e. vers.

(25) Notre Auteur fait allusion, ici, à la peste, qui passa de l'Égypte dans l'Attique, à l'époque de la guerre du Péloponnèse. *Voyez* ci-dessus *Dissert. XIII.* 4, et *Thucydide*, lib. II, p. 129.

(26) *Voyez* Diogène-Laërce, livre second, *Vie de Socrate*; le *Scholiaste* d'Aristophane, sur le 144e. vers *des Nuées*; Tertullien, dans son *Apologétique*, chap. 46. *Voyez* encore ci-dessus, *Dissert. IX*, sect. I, et XXXIX, sect. V.

DISSERTATION XX.

L'ami, à quoi le distingue-t-on du flatteur (1)?

PRODICUS, dans un de ses apologues (2), fait intervenir Hercule près de passer de l'adolescence à l'âge viril. Il le met en face de deux chemins, au bout de chacun desquels sont la Vertu et la Volupté, pour attirer, chacune de son côté, ceux qui se présentent. Il donne à l'une un air vénérable, un extérieur imposant, une démarche mesurée, une voix harmonieuse, des yeux doux, un costume décent : à l'autre, un air de mollesse, de délicatesse, de luxe, des yeux fripons, des allures immodestes, et une voix sans agrément. Hercule jète un coup d'œil sur l'une et sur l'autre ; et, digne fils de Jupiter, après avoir dit adieu à la Volupté, il s'abandonne à la conduite de la Vertu. Voyons; faisons aussi un apologue : supposons deux routes ouvertes, et un homme de bien ayant à choisir. A l'entrée de l'une, plaçons un ami, au lieu de la Vertu ; et à l'entrée de l'autre, un flatteur (3), au lieu de la Volupté. Ils différeront entr'eux, par l'extérieur, par la physionomie, par le costume, par l'accent, et par la démarche. L'un paroîtra le plus agréable, et l'autre le sera véritablement. L'un, présentant la main d'un air riant, invitera le voyageur à le suivre ; il le louera, fera l'empressé; il prodiguera les instances, les prières; il lui montrera en perspective de grands plaisirs, et se chargera de le conduire dans un lieu de délices, où sont des prés fleuris, des eaux vives, des oiseaux mélodieux, des zéphyrs agréables, des arbres touffus, des allées unies, de jolis cirques, des jardins verdoyans, des vergers où les poires, les pommes, et les raisins se succèdent sur leurs tiges sans interruption (4). L'autre, au contraire, dira peu de chose, mais il dira la vérité. Il dira que le chemin est raboteux, et qu'on y a peu de bons morceaux; qu'il faut que le voyageur, ami de la Vertu, se mette en marche bien muni, qu'il soit prêt à travailler, dans l'occasion, pour se reposer ensuite à son aise.

II. D'après ces discours, auquel des deux guides le voyageur donnera-t-il sa confiance? Auquel des deux la refusera-t-il? Répondons à l'auteur de cet apologue, que s'il s'agit d'un malheureux Assyrien (5), de Straton (6) de Phénicie, de Nicoclès de Chypre, ou du célèbre Sybarite (7), il dédaignera l'ami, il le prendra pour un rustre, sans politesse et sans aménité; il regardera le flatteur comme un homme gracieux, honnête, d'une philantropie admirable. Que ce guide merveilleux se charge donc de cet étranger. Il le conduira, ou au feu, comme il avint à l'Assyrien (8), ou à la misère, comme il avint à Straton, ou aux fers, comme il avint à Nicoclès, ou à tout autre mal véritable, sous l'appas d'un faux plaisir. Mais, si cet étranger est de la trempe d'Hercule, il choisira celui qui conduit au vrai; il choisira l'ami, comme Hercule choisit la Vertu.

III. Là, se termine l'apologue. Tournons-nous à présent du côté de la raison, et cherchons, avec elle, à quel signe l'ami peut être distingué du flatteur. La pierre-de-touche fait connoître l'or, par le frottement. Quelle sera notre pierre-de-touche pour la flatterie et pour l'amitié? Sera-ce ce qui est le terme de l'une et de l'autre? Mais, si nous attendons jusque-là, cette marche sera sujète à un autre inconvénient. Car,

l'épreuve doit avoir lieu avant toute œuvre. Si on n'y
songe qu'après qu'on est engagé, celui qui a commis
cette imprudence, ne peut plus, lorsqu'il se ravise,
examiner et discerner comme il convient. Veut-on
donc que le flatteur et l'ami soient mis dans le creuset
de la douleur et de la volupté? Mais la flatterie, livrée
à l'exagération et à l'hyperbole, est la chose du monde
la plus fâcheuse et la plus accablante (9); au lieu que
l'amitié est la chose du monde la plus agréable, lorsqu'elle prend bien son temps. Ne jugeons donc point
des hommes, ni par le bien, ni par le mal qu'ils font (10).
Il y auroit encore ici de l'équivoque. Car tout le tort
que peut nous causer un flatteur, c'est, ou de nous
faire dévorer notre fortune, ou de nous plonger dans
la volupté. Or, la première de ces deux choses est une
bagatelle. La seconde, est le comble des plaisirs; au
lieu que l'amitié a fait plusieurs fois partager l'exil,
l'opprobre, la mort.

IV. Comment distinguerons-nous donc l'amitié de
la flatterie, si ce n'est par les résultats, c'est-à-dire,
ou par les avantages, ou par les inconvéniens? Voyons,
examinons-les séparément l'une et l'autre. Celui qui
nous conduit à la volupté est-il un ami? Il y a grande
apparence : car, si celui-là est un ennemi, qui nous
procure de la douleur, celui-là est un ami, qui se
donne tous les soins possibles pour nous procurer de
la volupté. Mais il n'en est pas ainsi. Car le Médecin
le plus philanthrope, le Général le plus vigilant, le
Pilote avec lequel on a le plus de sécurité, sont ceux
qui causent le plus de douleur (11). D'un autre côté,
les pères aiment leurs enfans, et les maîtres aiment
leurs disciples. Qu'y a-t-il cependant de plus fâcheux
pour un enfant, que son père, pour un disciple, que

son maître? Ulysse aussi aimoit beaucoup ses compagnons, lui, qui, selon l'expression d'Homère, « brava » beaucoup de dangers, pour se sauver lui-même, et » pour ramener ses compagnons à Ithaque (12) ». Mais ses compagnons n'étoient que des hommes intempérans, sensuels, qui se conduisoient comme des quadrupèdes, en mangeant le succulent *loto*, (c'est le terme par lequel le poëte désigne ce genre de (13) volupté). Ils se plongèrent dans toutes les dissolutions ; ils se livrèrent à toutes les voluptés que leur offrirent leurs hôtes ; et ce ne fut que malgré eux, et en faisant couler leurs larmes, qu'Ulysse put les ramener à ses vaisseaux. Ce n'étoit pas ainsi que se comportoit Eurymaque, parmi les amans de Pénélope. C'étoit un tout autre genre de flatterie. Il permettoit à ses rivaux de manger les cochons gras, les plus belles chèvres, de boire le vin, à longs traits, de s'amuser la nuit avec les petites servantes, de ruiner la maison d'Ulysse, et de proposer à sa femme de convoler.

V. Voulez-vous donc que, mettant à part la volupté et la douleur, nous nous bornions à placer la flatterie sous les enseignes de la méchanceté, et l'amitié sous l'étendard de la vertu? Car, d'ailleurs, l'amitié ne va pas sans volupté, ni la flatterie sans douleur. Ce sont deux choses, naturellement et nécessairement, amalgamées l'une avec l'autre. Car les mères et les nourrices aiment leurs nourrissons. Mais elles trouvent, d'ailleurs, de la volupté à leur donner leurs soins ; et on ne sauroit séparer, chez elles, cet amour de cette volupté. Agamemnon exhorte Ménélas à » être honnête envers tout le monde, à s'abstenir » d'arrogance (14) ». Pensez-vous qu'il lui ait conseillé la flatterie? Ulysse, s'étant sauvé à la nage, sur le territoire des Phéaciens, sort nu des broussailles dont il s'étoit fait un lit; il s'avance vers une troupe de jeunes filles, qui s'amusent à jouer; il reconnoît une Princesse; il la compare « à Minerve, et ensuite à une » belle plante (15) »; et il n'y a pas d'apparence que, pour ces deux complimens, Ulysse soit jamais accusé de flatterie. C'est par l'intention, par l'intérêt, par le motif qui fait agir l'âme, que la flatterie se distingue de l'amitié. Le Général et le Soldat portent également les armes. Mais ils ne font pas le même métier, dans les mêmes vues. Ils diffèrent l'un de l'autre par l'intention. Le premier combat pour la défense et le salut de ses amis; l'autre pour l'argent de celui qui le stipendie. L'un est de bonne volonté, l'autre n'est qu'un mercenaire. L'on se repose sur la foi de l'un, et l'autre trompe ses amis mêmes.

VI. Il en est ainsi du flatteur et de l'ami. Quoiqu'ils fassent souvent l'un et l'autre les mêmes actions, quoiqu'ils suivent les mêmes procédés, ils sont néanmoins différens l'un de l'autre, par le motif, le but, l'intention. L'ami met en commun avec son ami tout ce qui lui paroît un bien; et quelle qu'en soit la sensation, fâcheuse ou agréable, il la partage également avec lui. Le flatteur, au contraire, sans cesse occupé de satisfaire ses désirs, dirige sa conduite vers son propre avantage. L'ami est de moitié avec son ami (16) : le flatteur, au contraire, est concentré dans l'égoïsme. L'ami désire d'inspirer à son ami la même passion qu'il a lui-même pour la vertu : le flatteur, au contraire, ne cherche auprès de lui qu'à multiplier ses jouissances. L'ami vit familièrement et de pair à compagnon avec son ami : le flatteur, au contraire, rampe pour faire sa cour (17). L'ami n'employe, dans son commerce avec son ami, que de la candeur, de la vérité : le flatteur, au contraire, n'y met que de la fausseté et de l'hypocrisie. L'ami porte ses vues d'utilité dans l'avenir : le flatteur, au contraire, ne songe qu'à tirer parti du présent. L'ami mérite que l'on conserve le souvenir de ses actions : le flatteur, au contraire, a besoin que l'oubli ensevelisse ses turpitudes. L'ami soigne ce qui est à son ami, comme bien commun : le flatteur, au contraire, le prodigue comme bien d'autrui. L'ami ne prend qu'une part légère dans le bonheur de son ami, mais il partage rigoureusement son malheur : le flatteur, au contraire, est insatiable, dans la prospérité ; et, dans l'adversité, c'est celui qui y prend le moins de part. L'amitié est une chose louable : la flatterie, au contraire, ne mérite que le blâme. L'amitié est d'un ensemble, d'un accord réciproque : la flatterie, au contraire, ne va que d'un pied. Car celui qui, dans le besoin d'une chose, fait la cour à celui de qui il peut l'obtenir, met à découvert son infériorité à l'égard de ce dernier, en ce qu'on ne lui rend pas les soins qu'il prodigue. L'ami est malheureux, s'il est méconnu : le flatteur est perdu, s'il est pénétré. L'amitié, mise à l'épreuve, resserre ses nœuds : la flatterie qui est dévoilée rompt les siens. L'amitié se fortifie avec le temps : la flatterie se décèle avec les années. L'amitié est entièrement désintéressée : la flatterie ne va jamais sans intérêt. S'il existe quelque relation, quelque commerce entre les Dieux et les mortels, l'homme pieux est l'ami des Dieux : celui qui ne les honore que parce qu'il les craint, en est le flatteur. Le premier est un être heureux : le second est un être misérable.

VIII. De même donc que l'ami des Dieux, fort de sa vertu, s'approche d'eux avec confiance ; et que celui qui n'a pour eux que des sentimens de crainte, à cause de la conscience de sa méchanceté, ne va vers eux qu'en tremblant, que dénué d'espérance, et les redoute comme s'ils étoient des tyrans ; de même en est-il de la flatterie et de l'amitié entre les hommes. La première a de la hardiesse, de l'assurance ; l'autre est continuellement en transes, en perplexité. Les tyrans n'ont point d'amis, les Rois n'ont point de flatteurs. Car les Rois ont plus de ressemblance avec les Dieux que les tyrans. L'amitié consiste dans une conformité de mœurs, au lieu que la méchanceté ne ressemble ni à elle-même, ni à la vertu. L'homme de bien est l'ami de l'homme de bien ; car il lui ressemble. Mais un flatteur, comment seroit-il le flatteur de l'homme de bien ? Il ne sauroit lui en imposer. Seroit-il donc le flatteur du méchant ? Mais s'il ressembloit au méchant, il ne seroit point son flatteur. Car la flatterie n'admet point de conformité, de ressemblance ; et s'il ne lui ressembloit pas, il n'en seroit point l'ami. Dans l'ordre politique, la forme de Gouvernement où le pouvoir est entre les mains des plus gens de bien (18), comporte beaucoup d'amitié ; et la démocratie regorge de flatterie. Or, la première de ces deux formes de Gouvernement vaut mieux que l'autre. Il n'y avoit à Lacédémone ni des Cléons, ni des Hyperbolus, flatteurs perfides d'un peuple corrompu. A la vérité, Eupolis, dans ses Comédies (19), couvrit de ridicule, au milieu des fêtes de Bacchus, Callias, cet homme privé, qui portoit ses flagorneries, ses adulations, dans toutes les tables, où ce genre de talent étoit récompensé, avec des vases, avec des courtisanes, ou autres voluptés non moins serviles et non moins infâmes. Mais qui auroit osé jouer dans une Comédie, ce même peuple qui venoit rire aux facéties et aux sarcasmes d'Eupolis? Quel théâtre, quelles fêtes eût-on pu choisir? Comment se permettre une pareille liberté envers ces foules de flatteurs, qui ne se contentoient pas d'un médiocre salaire en festins, ou en débauches, mais qu'on payoit aux dépens du bonheur de toute la Grèce? Si les Athéniens eussent été assez sages pour dédaigner tous ces flagorneurs, et s'abandonner aux conseils de Nicias ou de Périclès; au lieu de perfides conducteurs, ils auroient eu de bons guides.

VIII. Si nous jetons les yeux sur les Monarchies, nous verrons Mardonius flatter Xerxès, un Barbare aduler un Barbare, un insensé flagorner un insensé, un vil esclave ramper aux pieds d'un tyran perdu de luxe. Aussi le fruit de tant de lâcheté et de tant de bassesse fut de mettre toute l'Asie en armes, de fouetter la mer, de construire un pont de bateaux sur l'Hellespont, de creuser le mont Athos; et, après tant de soins et tant d'efforts, d'être battu, mis en déroute, et de couronner cette grande équipée par la mort de son auteur. Les Macédoniens prodiguèrent les adulations à Alexandre. Quels en furent les résultats? Un costume Persan, des adorations de Barbares, et l'oubli du sang de Philippe, d'Hercule, et des Argéades (20). Que dirons-nous des Gouvernemens despotiques? Car, sous un Gouvernement où toutes les âmes sont comprimées par la terreur, et par un pouvoir tyrannique, là, nécessairement la flatterie doit fleurir, et l'amitié être enterrée. Les sciences, les beaux-arts eux-mêmes ne sont point exempts de cette espèce de vice. Une apparente identité de procédés conduit à des résultats différens. Une musique bâtarde trompa les hommes par ses *flatteries*, lorsque les Doriens abandonnèrent leur musique indigène et agreste. En se passionnant pour un nouveau genre de sons, d'instrumens et de danse, au milieu de leur vie pastorale, ils laissèrent dégénérer à la fois leur genre musical et leurs mœurs. Une hygiène (21) bâtarde trompa les hommes par ses *flatteries*, lorsque, renonçant au régime prescrit par Esculape et ses disciples, ils créèrent l'art des Apicius (22), qui ne le vaut pas, flatteur pernicieux des tempéramens dépravés. Il en est ainsi du sycophante, dans l'art oratoire. Il met la raison en conflit avec la raison; il édifie l'injuste sur le juste, et le vice sur la vertu (23). Le sophiste joue le même rôle, à l'égard de la philosophie; et ce dernier est le plus adroit, le plus spécieux des flatteurs.

NOTES.

(1) Cette Dissertation a été traduite en latin par Jean Caselius, et imprimée à Rostock, en 1587, in-4°. J. Adam Schier a fait imprimer à Leipsick, en 1774, in-8°., la même Dissertation, en grec et en latin, *cum notis variorum*, et avec ses propres annotations. Plutarque, a, parmi ses morales, un Traité qui roule sur le même sujet.

(2) Le sophiste Prodicus étoit originaire de Chio. Il florissoit du temps de Socrate. Le *Scholiaste* d'Aristophane, sur le 360e. vers des *Nuées*, parle de cet Apologue de Prodicus. Suidas, qui en parle aussi, paroit n'avoir fait que copier ce Scholiaste. Xénophon, au commencement du second livre de ses *Mémoires*, est entré dans tous les détails de cet Apologue. On peut consulter Cicéron, dans ses *Offices*, liv. I. chap 32; Quintilien, dans ses *Institutions oratoires*, liv. IX, chap. 2; Justin, martyr, dans son *Apologétique*, liv. II, chap. 12; Clément d'Alexandrie, dans ses *Stromates*, lib. V, p. 664; Philostrate, *Vie*

d'Apollonius, liv. VI, chap. 10; et *Vie des Sophistes*, liv. I; enfin, Thémistius, *Oraison XXII.*

(3) La flatterie est un vice trop commun, dans la société, et trop funeste en même temps, pour que le célèbre Théophraste, le La-bruyère des Anciens, ait négligé de nous en tracer le portrait en miniature, dans ses *Caractères.* Il y a plus; quelques Auteurs de l'antiquité prétendent que cet illustre peintre des mœurs écrivit, sur cette matière, un Traité *ex Professo*, qui n'est point parvenu jusqu'à nous, et l'on trouve, en effet, l'éloge de ce Traité, dans le sixième livre des *Dipnosophistes d'Athénée.* Le même Auteur nous apprend que Ménandre avoit mis ce sujet sur la scène, ain si qu'Eupolis, autre poëte comique, dont nous dirons un mot tout-à-l'heure.

(4) Maxime de Tyr fait allusion, dans ce passage, au jardin d'Alci-noüs, dont Homère a fait une si délicieuse description, dans le 7e. livre de l'*Odyssée.*

(5) De Sardanapale.

(6) Il s'agit ici de Straton, Roi de Sidon, dans la Phénicie. Athénée raconte son histoire, au 12e. livre de ses *Dipnosophistes.* Il se faisoit un point-d'honneur de rivaliser pour la magnificence et le luxe avec Nicoclès, Roi de Chypre, qui en faisoit autant, à son égar d. Élien, qui parle de l'un et de l'autre, dans le chap. 2 du livre VIII de ses *Histoires diverses*, remarque que ces deux Princes périrent de mort violente.

(7) Notre Auteur fait allusion à Smyndiride, ce Sybarite c élèbre, dont il a parlé plus haut, *Dissert. III*, sect. IX.

(8) Voici ce que Justin, l'Abréviateur de Trogue-Pompée, rapporte de la fin tragique de Sardanapale : *Victus, in regiam se recipit, et extructâ incensâque pyrâ, et se et divitias suas in incendium mittit, hoc solo imitatus virum.* lib. I, cap. 3.

(9) Est-ce parce que Platon n'a pas donné *de la flatterie*, une défi-nition qui la sépare *de la complaisance*, que Maxime de Tyr ne la donne point? Dans le *Théœtète*, en effet, ce que dit Platon de la flat-terie, ne la définit pas, à be aucoup près, aussi bien que ce qu'en dit Théophraste, qui la fait consister dans *un indécent et honteux commerce de soins, d'attentions, d'empressemens, qui n'a d'autre but que l'intérêt personnel du flatteur.* Aux expressions près, la définition de Théo-phraste est la même que celle de St. Chrysostôme, dans sa cinquième Homélie, sur l'*Épître aux Philippiens*, Κολακεία ἐστὶ καὶ ἀνελευθερία ἵνα τίς θεραπεύῃ τινὰς ἐπὶ μηδενὶ τῶν δεόντων, ἀλλὰ θηρώμενός τι τῶν βιοτικῶν. Galien, dans son Traité *de Dignoscendis curandisque animi affectibus*, indique trois signes auxquels il reconnoît *un flatteur;* 1º. à la manière dont il salue l'homme puissant, ou l'homme riche; 2º. à la manière dont

il marche à côté de lui ; 3°. à la manière dont il se conduit à sa table ;
τῷ προσαγορεύειν, τῷ παραπέμπειν, τῷ συνδειπνεῖν τοῖς πολὺ δυναμένοις ἢ πλετᾶσι.

(10) C'est-à-dire, ni par le bien *absolu*, ni par le mal *absolu* qu'ils font.

(11) C'est-à-dire, que par la sage rigueur avec laquelle ils font chacun leur devoir, ils ménagent moins la délicatesse de ceux à l'égard desquels ils remplissent leurs fonctions.

(12) Voyez l'*Odyssée*, chant premier, 5°. vers.

(13) Il seroit difficile de déterminer en quoi consistoit ce fruit que les compagnons d'Ulysse mangèrent chez les Lotophages, et qui produisit sur eux l'effet étonnant dont parle Homère. L'Archevêque de Thessalonique, son commentateur, Eustathe, y est lui-même très-embarrassé. Il a beau mettre à contribution Hérodote, Polybe, Athénée ; il ne fait que nous laisser dans une plus grande incertitude. Seulement il paroit constant que le *loto*, au moins celui qui produisit sur les compagnons d'Ulysse l'effet des eaux du Léthé, n'étoit pas *une liqueur*, ni par conséquent une espèce de **vin**, puisque le poëte dit qu'Ulysse, instruit de ce qui étoit arrivé à ceux des hommes de son équipage qu'il avoit envoyés pour reconnoitre le pays, ne voulut pas laisser débarquer les autres, *de peur qu'ils n'allassent aussi manger du loto.*

Μὴ πως τις λωτοῖο φαγὼν, νόστοιο λάθηται.

Un trait remarquable que cite Athénée, au 15°. livre de ses *Dipnosophistes*, en parlant du *loto*, c'est qu'un poëte d'Alexandrie, nommé *Pancratès*, ayant recueilli le sang d'un énorme lion, que l'Empereur Adrien avoit tué, en chassant dans la Lybie, au voisinage de l'Égypte, et, ayant imbibé de ce sang la terre qui couvroit un pied de *loto*, la tige en devint prodigieuse *et couleur de rose ;* ce qui parut si curieux, et si ingénieux à l'Empereur, qu'il donna à Pancratès une place dans le Musée d'Alexandrie.

(14) Voyez l'*Iliade*, 10°. chant, 69°. vers.

(15) Voyez l'*Odyssée*, 6°. chant, 151°. vers.

(16) La communauté des biens, sur laquelle la philosophie a si souvent rêvé, n'est pas plus ordinaire entre les amis, c'est-à-dire, entre ceux qui se qualifient ainsi, qu'elle n'est praticable dans l'ordre social. Mais pourquoi les modernes ne ressusciteroient-ils point un établissement qui existoit dans l'antiquité, et notamment chez les Grecs, institution vraiment philantropique, et admirable dans ses résultats, en s'abstenant, bien entendu, de la placer sous la bannière de la superstition, à l'instar de ces ci-devant confrairies, qui n'en étoient que la ridicule caricature ? Laissons parler Casaubon : *Ubi*

(ἐν τῷ Θεοφράστου ἀποσπασματίῳ) *quoties dictio* ἔρανος *occurrit, semper referri debet ad pulcherrimum et verè pium Græcorum morem pauperes amicos sublevandi : Fuit enim apud illos moribus receptum, ut, cùm adversam fortunam passus esset aliquis, amicorum atque sodalium facultatibus sublevaretur : accipiebat enim ab iis pecuniæ aliquam summam, eâ lege ut, si Deus aliquando meliora daret, quantum illi erogatum esset, tantumdem ipse restitueret. Voyez* le Commentaire de Casaubon, sur les *Caractères de Théophraste*, pag. 281, in-8°.

(17) Voilà le mot de Suétone : *Indecora adulatio est.* Voilà bien mieux le mot de Tacite : *Adulationi fœdum crimen servitutis inesse.* Que dirons-nous du mot de ce Tyran, qui, selon l'expression de ce dernier historien, ne pouvoit supporter, ni les bassesses de l'adulation, ni le ton mâle de la liberté (*qui libertatem metuebat, adulationem oderat.* Annal. *lib. II,* n°. 87), et qui, honteux de la lâcheté avec laquelle le Sénat de Rome lui frayoit le chemin de l'autorité arbitraire et du despotisme, s'écrioit, dans ce sentiment : *ô Homines, ad servitutem paratos!* Annal. *lib. III.* 65. Nous dirons, qu'il y a peu d'hommes despotes par caractère, comme Sylla et Louis XI, qui, dans leur audace, ne prennent conseil que d'eux-mêmes ; que, partout ailleurs, c'est l'abjecte lâcheté de l'adulation, la basse servilité de la flatterie, qui fait les Tyrans ; et que les maux des Nations, ainsi que des chefs de Gouvernement, sont toujours l'ouvrage de ces misérables, si bien caractérisés par un de nos premiers poëtes, de ces Tigellins, qui,

> « Par de lâches adresses,
> » Des Princes malheureux nourrissent les foiblesses,
> » Les poussent au penchant où leur cœur est enclin,
> » Et leur osent du crime aplanir le chemin,
> » *Détestables flatteurs, présent le plus funeste,*
> » *Que puisse faire aux Rois la colère céleste* ».
>
> PHÈDRE, *tragéd. de Racine,* act. IV, scène dern.

(18) C'est proprement, selon l'étymologie de la langue grecque, l'*aristocratie,* mot fameux, dont l'acception fut si étrangement pervertie dans les premiers temps de notre révolution.

(19) La comédie d'Eupolis, dans laquelle Callias fut joué, étoit intitulée, *les Flatteurs.* Aristophane a daubé ce même Callias, dans le 284ᵉ. vers de sa comédie des *Oiseaux ;* et le Scholiaste de ce poëte remarque que Callias étoit fils d'Hipponicus, qu'il dissipa, en débanches, le bien que son père lui avoit laissé, et principalement en acquittant une amende à laquelle il fut condamné, au sujet d'un adultère, ὡς ληφθεὶς μοιχεύων, ἀποτίσας χρήματα. La vindicte publique atteignoit donc l'adultère, à Athènes, quelque populaire que fût la forme du Gouvernement. D'où vient donc que les rédacteurs de notre code pénal ont

retranché l'adultère de la nomenclature des crimes ? Est-ce parce qu'ils ont présumé de la chasteté conjugale, chez nous, comme Solon présuma de la piété filiale, chez les Athéniens, lorsqu'il s'abstint de rien statuer contre le parricide ; ou bien, est-ce parce qu'ils n'ont pas voulu ajouter au scandale des intrigues galantes de tous les jours, le scandale quotidien des accusations et des procédures ?

(20) Voyez *Quinte-Curce*, liv. VI. ch. VI, 7, chap. XI, 23, et liv. VIII, chap. V, 5. 6.

(21) Le mot *Hygiène* vient d'une racine greeque, qui signifie, *sain, en bonne santé*. Les Médecins anciens et modernes ont donné ce nom à la partie de leur art qui traite des règles propres à maintenir en santé le corps humain. *Voyez* d'ailleurs, le *Gorgias de Platon* ; Apulée, *de habit. Doctr. plat.* ; Quintilien, *Institut. Orat.* lib. II, cap. 15, et *Ammian. Marcell.* lib. XXX. 4.

(22) Le texte porte littéralement, l'*Art de la Cuisine*. J'ai cru devoir recourir ici à l'*Euphémisme*.

(23) Isocrate définissoit l'art oratoire l'art d'agrandir les petites choses, et de rapetisser les grandes. C'étoit définir l'abus de la chose, et non la chose même.

Paris, le 9 messidor an IX. (28 juin 1801.)

FIN DU TOME PREMIER.

9 782013 567763